The Japanese Association of Financial Econometrics and Engineering
ジャフィー・ジャーナル｜金融工学と市場計量分析

実証ファイナンスとクオンツ運用

日本金融・証券計量・工学学会 ◉編集
津田博史　中妻照雄　山田雄二 [編集委員]

朝倉書店

はしがき

　ジャフィー（日本金融・証券計量・工学学会）は，1993年4月に設立されて以来，年2回の国内大会に加えて，国際大会，コロンビア大学との共同コンファランス，フォーラム等の開催，英文学会誌，和文学会誌（ジャフィー・ジャーナル）の刊行を通じて，日本における金融・証券領域，企業経営の意思決定・リスクマネジメントにおける計量分析・金融工学の発展と普及に尽力して参りました．本書は，本学会の和文機関紙であるジャフィー・ジャーナルの第12巻です．

　近年，企業の経営を取り巻く環境は大きく変化しつつあります．日本企業は，2008年9月に発生したリーマンショック，および，その後の欧州を中心とした世界的な金融・財政危機により国内の景気低迷の長期化と円高を背景とする競争環境の悪化により，新興国市場を中心にこれまで以上に積極的に事業のグローバル展開を行うようになってきています．海外で事業を拡大する手段としては伝統的な直接投資がまだ主流ですが，それに加えてクロスボーダーM＆Aも多用されるようになり，2012年には過去最高の件数となっています．

　このような状況においては，会計基準や税制の違いを考慮した上でプロジェクトや被買収企業の価値を的確に評価し，適切な資金調達の手段を選択することが今まで以上に重要になってきています．しかしながら，多くの企業が積極的に海外への事業拡大を目指す一方で，経営陣による不祥事が発覚し，企業価値が大きく毀損されるという事態が起きており，今後，国内外の投資家が日本の経営陣を見る目は厳しさを増し，望ましい企業統治のあり方がいっそう問われていくものと思われます．

　本特集号では，このような状況を鑑みて，「コーポレート・ファイナンス」をテーマとして特集を組むことを企画しました．コーポレート・ファイナンスの実証研究を中心に広い意味での実証ファイナンスに関する研究論文を幅広く募集しました．審査の結果として採択されました論文には，伝統的なコーポレー

ト・ファイナンスの範疇にあるトピックを扱ったものもありますが，他方，機械学習，テキスト・マイニング，粒子学習の手法を駆使したベイズ予測などコンピュータ集約的（computer intensive）な手法による資産運用に関する研究も広い意味での「実証ファイナンス」の論文として採択されています．近年の「ビッグデータ（big data）」および「ハイ・パフォーマンス・コンピューティング（high-performance computing：HPC）」の興盛という時代の潮流からしますと，このようなトレンドが現れるのも当然のことと思われます．従いまして，コーポレート・ファイナンスの実証分析のみならず，データとモデルに依拠してコンピュータ集約的な技法で効果的な資産運用を追求する手法としての「クオンツ運用」を特集の目玉とすべく，特集のタイトルを「実証ファイナンスとクオンツ運用」と決定いたしました．

本書に収められた論文は，理論だけでなく，実務的にも有意義な内容を取り扱ったものも多く見受けられます．いずれの論文も，先端的な問題をテーマにしており，幅広い読者の興味に応えられるものと考えております．

序論　特集「実証ファイナンスとクオンツ運用」によせて（中妻照雄）

特集論文
1. 「英文経済レポートのテキストマイニングと長期市場分析」（和泉　潔・余野京登・陳　昱・後藤　卓・松井藤五郎）
2. 「売買コストを考慮した市場急変に対応する日本株式運用モデル」（曹治平・古幡征史・水田孝信）
3. 「株式市場の状態とウイナーポートフォリオのポジティブリターン」（吉野貴晶・橋本純一）
4. 「線形情報ダイナミクスと株式のバリュエーション：残余利益の予測精度と株式リターンの予測可能性」（松村尚彦）
5. 「決算情報が社債市場に及ぼす影響について」（上瀧弘晃・山下泰央・高橋大志）
6. 「確率的ボラティリティモデルの推定と VIX 予測への応用」（桂　宏明・マクリン謙一郎）

一般論文

7. 「I-共変動：市場ユニバースにおける新たなリスク指標」(山田雄二・吉野貴晶・斉藤哲朗)
8. 「Time-changed Lévy 過程の下でのアメリカンオプションの評価」(杉浦大輔・今井潤一)

出版にあたり，レフェリーの皆様方と，お世話になりました朝倉書店の編集部の方々に記して感謝致します．

2013 年 3 月

チーフエディター：津田博史

アソシエイトエディター：中妻照雄・山田雄二

目　次

はしがき
序論　特集「実証ファイナンスとクオンツ運用」によせて
　　　　………………………………………………………………中妻照雄……1

特集論文
1　英文経済レポートのテキストマイニングと長期市場分析
　　　…………和泉　潔・余野京登・陳　昱・後藤　卓・松井藤五郎……12
　　　1　はじめに　12
　　　2　分析対象のテキストデータと金融市場　13
　　　3　テキストデータによる長期市場分析手法　14
　　　4　従来手法をそのまま適用した場合の外挿予測と運用テスト　17
　　　5　英文テキストマイニングのための拡張　20
　　　6　テキストマイニングによる日英中央銀行の経済政策の国際比較
　　　　　23
　　　7　まとめ　29
2　売買コストを考慮した市場急変に対応する日本株式運用モデル
　　　……………………………曹　治平・古幡征史・水田孝信……32
　　　1　はじめに　32
　　　2　提案手法　34
　　　3　日本株でのバックテスト　40
　　　4　まとめと展望　47

3 株式市場の状態とウイナーポートフォリオの
　ポジティブリターン……………………吉野貴晶・橋本純一……50
　　　1 はじめに　50
　　　2 先行研究　52
　　　3 日本市場におけるモメンタム現象の存在に関する分析　56
　　　4 仮説の設定と検証モデル　64
　　　5 ウイナーポートフォリオのリターンを説明する変数とデータ
　　　　　67
　　　6 分析結果　70
　　　7 経済変数との関係に関する頑健性の検証　74
　　　8 おわりに　76
　　　付録A　79
　　　付録B　81
　　　付録C　81
　　　付録D　83

4 線形情報ダイナミクスと株式のバリュエーション：残余利益
　の予測精度と株式リターンの予測可能性…………松村尚彦……86
　　　1 はじめに　87
　　　2 残余利益モデルと線形情報ダイナミクス　88
　　　3 Dechow, Hutton and Sloan（1999）の実証分析　95
　　　4 日本市場における分析　102
　　　5 おわりに　119

5 決算情報が社債市場に及ぼす影響について
　　……………………………上瀧弘晃・山下泰央・高橋大志……122
　　　1 はじめに　122
　　　2 分析手法　124
　　　3 分析結果　128
　　　4 まとめ　142

6 確率的ボラティリティモデルの推定とVIX予測への応用
　……………………………………桂　宏明・マクリン謙一郎……146
　　1 序　　　論　146
　　2 Particle learning　149
　　3 実　証　分　析　155
　　4 まとめと今後の課題　160
　　付録A　162
　　付録B　163

一　般　論　文

7 I-共変動：市場ユニバースにおける新たなリスク指標
　……………………………山田雄二・吉野貴晶・斉藤哲朗……168
　　1 は　じ　め　に　168
　　2 共変動モデル　170
　　3 I-共変動の導入　174
　　4 I-共変動の理論的性質　178
　　5 日本市場におけるI-共変動の有意性実証分析　182
　　6 お　わ　り　に　187
　　付録A　189
　　付録B　192

8 Time-changed Lévy過程の下でのアメリカンオプションの評価……………………………杉浦大輔・今井潤一……196
　　1 は　じ　め　に　196
　　2 Time-changed Lévy過程　202
　　3 アメリカンオプションの価格評価　210
　　4 数　値　実　験　214
　　5 結　　　論　228

『ジャフィー・ジャーナル』投稿規定　　233

役員名簿　　235

日本金融・証券計量・工学学会（ジャフィー）会則　　236

特集「実証ファイナンスとクオンツ運用」によせて

特集号世話人
中 妻 照 雄

1 特集号のねらい

　近年，企業の経営を取り巻く環境は大きく変化しつつある．日本企業は，円高を背景とする競争環境の悪化と少子高齢化による国内市場の縮小を受け，新興国市場を中心に今まで以上に積極的に事業のグローバル展開を行うようになった．海外で事業を拡大する手段としては伝統的な直接投資がまだ主流だが，それに加えてクロスボーダー M&A も多用されるようになり，2012 年には過去最高の件数を達成するところまできた．

　このような状況においては，会計基準や税制の違いを考慮した上でプロジェクトや非買収企業の価値を的確に評価し，適切な資金調達の手段を選択することが今まで以上に重要になってくる．しかし，多くの企業が積極的に海外への事業拡大を目指す一方で，経営陣による不祥事が発覚し，企業価値が大きく棄損されるという事態が相次いで起きている．今後，国内外の投資家が日本の経営陣を見る目は厳しさを増し，望ましい企業統治のあり方がいっそう問われていくのは必定と思われる．

　以上のような昨今の状況を踏まえ，ジャフィー・ジャーナルでは特集のテーマとしてコーポレート・ファイナンスを選び，コーポレート・ファイナンスの実証研究を中心に広い意味での実証ファイナンスに関する研究論文を幅広く募集した．その結果，匿名のレフェリーによる厳正な審査と修正の過程を経て 6 編の論文が採択された．

　採択された論文には，残余利益モデルによる企業価値評価法や企業の決算情報の株価や社債利回りなどへの影響の検証など伝統的にコーポレート・ファイ

ナンスの範疇にあるトピックを扱ったものもあった．しかし，機械学習，テキスト・マイニング，粒子学習の手法を駆使したベイズ予測などコンピュータ集約的（computer intensive）な手法による資産運用に関する研究も広い意味での「実証ファイナンス」の論文として採択されている．昨今の「ビッグデータ（big data）」および「ハイ・パフォーマンス・コンピューティング（high-performance computing：HPC）」の興盛という時代の潮流からすると，このような傾向が現れるのも当然のことと思われる．そこで，コーポレート・ファイナンスの実証分析のみならず，データとモデルに依拠してコンピュータ集約的な技法で効果的な資産運用を追求する手法としての「クオンツ運用」を特集の目玉とすべく，特集のタイトルを「実証ファイナンスとクオンツ運用」とした．以下に，6編の特集論文の概要を示す．

2　特集論文の概要

「英文経済レポートのテキストマイニングと長期市場分析」（和泉・余野・陳・後藤・松井）

　検索エンジン，ブログ，ソーシャル・ネットワーク・サービスなどの普及によって，インターネット経由時で膨大なテキスト情報を大量かつ容易に入手し分析することが可能となった．そして，このビッグデータから有用な情報を採掘（マイニング）する効果的な方法として，機械学習の分野で発展してきたテキストマイニングと呼ばれる手法が注目されている．今のところテキストマイニングの応用はマーケティングが中心であるが，金融市場への応用も始まっている．例えば，Twitterのテキスト情報に基づくダウ平均株価指数の予測やオンラインニュースのテキストから抽出した指数をトレーディングに利用する試みなどが行われている．しかし，先行研究の多くで利用されるテキスト情報は，情報源が市場関係者から必ず信頼されているとは言い難い不特定多数のつぶやきなどであり，書式も不定形なものが多く文脈の中でキーワードの重要性をはかることが難しいものであった．

　これに対して和泉他（2010, 2011a, 2011b）は，日本銀行が発行する金融経済月報のテキストを情報源として，将来の株価指数や金利の予測を試みている．

本論文は，このテキストマイニングによる予測手法を英文テキストに応用できるように拡張し，イングランド銀行の議事録を情報源として金利の騰落予測を試みている．本論文のテキストマイニングでは，和泉他 (2010, 2011a, 2011b) などの先行研究で扱った日本語にはない英語特有の問題点を解決しており，日英の中央銀行の発信するテキスト情報から金利の予測を行うことでポンド円レートの予測精度の向上にも成功している．市場関係者が常に注目している上に継続して定型的な表現が使われる中央銀行のレポートをテキストマイニングに使うという発想は秀逸である．同じ手法を他の中央銀行にも適用できることから，さらなる進展も期待される研究である．

「売買コストを考慮した市場急変に対応する日本株式運用モデル」(曺・古幡・水田)

サブプライムショックやリーマンショックなどに代表される市場環境が急変する状況では，それまで効果的と思われてきた投資手法が急に効力を失う場合がある．これは運用に携わる実務家であれば誰でも経験のあることであろう．特にファクターモデルの文脈では，これは金融市場の状態によって効くファクターと効かないファクターが変わってしまって安定しなくなることを意味する．

このような市場の急変に対応するための運用手法として本論文は，Sorensen et al. (2004) による IC (information coefficient) 最大化に基づく合成ファクターを用いたポートフォリオ構築において，時々の金融市場の状態に合わせて合成ファクターを作る際に使用するファクターの予測値を自動的に使い分ける方法を提案している．ここでの IC とはファクターの加重平均（すなわち合成ファクター）のシャープ比を指し，これが最大となるようにウェイトを選んで合成ファクターを構築するのが IC 最大化法である．本論文では，前期実績 PBR，今期予想 PER，今期予想配当利回り，今期予想 ROE をファクターとして使っている．この4つのファクターの予測値として前月の実現値と過去3ヶ月の平均（前者は短期ファクター，後者は長期ファクターと論文の中で区別される）の使い分けを機械学習の一種である Q 学習 (Watkins (1989)) によって自動的に行うというのが本論文で提案する方法である．

日本株を対象として行ったバックテストでは，IC 最大化法の最適ウェイトで

Q学習によって選択されたファクターの予測値の加重平均を求め，その順位で銘柄を並べ替えて上位20%をショート，下位20%をロングとするポートフォリオのパフォーマンスを短期ファクターのみあるいは長期ファクターのみを使う方法と比較している．その結果，提案手法は累積リターンでは短期ファクターのみあるいは長期ファクターのみを使う方法を凌駕し，回転率で見ても短期ファクターのみの場合よりも大幅な改善が見られた．

機械学習によるファクターの自動切り替えというアイディアは斬新であり，ファクターの予測方法だけでなくファクターの組み合わせの選択まで手法を拡張できれば，さらに面白い研究になるであろうと思われる．

「株式市場の状態とウイナーポートフォリオのポジティブリターン」(吉野・橋本)

ウイナーポートフォリオとは，株式市場において過去の一定期間に他の銘柄と比べて高いリターンを達成した銘柄で構成されたポートフォリオである．その反対に過去の一定期間に他の銘柄と比べて低いリターンしか達成できなかった銘柄で構成されたポートフォリオをルーザーポートフォリオと呼ぶ．そして，ウイナーポートフォリオがルーザーポートフォリオにその後も勝ち続けて相対的に高いリターンを生み出すことはモメンタム現象と呼ばれる．逆にルーザーポートフォリオがウイナーポートフォリオに勝つことはリバーサル現象と呼ばれる．米国の株式市場では古くからモメンタム現象の存在が言われてきたが，日本の株式市場では明確なモメンタム現象は見られないというのが通説とされてきた．しかし，本論文では日本市場における外国人投資家のプレゼンスの増大という事実を鑑み，特に外国人投資家の保有比率が高い傾向のある大型株を対象に分析を行うことで，1996年5月から2010年9月の期間に限ると大型株のウイナーポートフォリオは将来の一定期間においても上昇を持続する傾向があることを明らかにした．

続いて本論文では，株式市場がどのような状態の時にウイナーポートフォリオの正のリターンが強く観察されるかを2つの仮説を立てて検証している．第1の仮説は，Stivers and Sun (2010) による RD (return dispersion) が小さいときにウイナーポートフォリオが正のリターンとなるというものであり，第

2の仮説は，Asem and Tian (2010) による過去と将来の株式市場の騰落の方向が一致する場合にウイナーポートフォリオが正のリターンとなるというものである．全期間では第1の仮説は支持されなかったが，1996年5月から2010年9月の期間ではRDが小さいとウイナーポートフォリオの正のリターンとなる傾向が有意に見られた．さらに，Stivers and Sun (2010) が考案したポートフォリオベースのリターンを使ったRRDより，個別銘柄要因を用いたIRRDの方がウイナーポートフォリオの正のリターンとの関係が強いこともわかった．これは興味深い発見である．しかし，第2の仮説については，過去の株式市場全体が上昇する場面では将来の株式市場の騰落と関係なく過去の株式市場の上昇が小さい方がウイナーポートフォリオが正のリターンとなる傾向が強いことがわかったため，仮説は支持されなかった．

本論文の分析結果は全体としては先行研究と整合的に日本の株式市場におけるモメンタム現象を否定するものであるが，期間を限定し対象を大型株に限るとモメンタム現象が必ずしも否定はされないといえる結果も得られた．この点は評価できるところである．

「線形情報ダイナミクスと株式のバリュエーション：残余利益の予測精度と株式リターンの予測可能性」（松村）

企業価値評価法としては将来の配当の現在価値から理論株価を求めるDDM (discount dividend model)，将来のフリーキャッシュフローの現在価値から理論株価を求めるDCF (discount cash flow)，そして，現在の純資産と将来の残余利益の現在価値から理論株価を求めるRIV (residual income valuation) などが広く知られている．その中でOhlson (1995) はRIVの文脈で残余利益に時系列構造（タイトルにある線形情報ダイナミクス）を仮定し，企業価値評価を行う方法を提案した．Ohlson (1995) のモデル（以下，「Ohlsonモデル」と呼ぶ）では，残余利益はAR (1) 過程に従いつつも「その他情報」によってその水準が上下し，この「その他情報」もまたそれ自身がAR (1) 過程に従って変動していくと仮定されている（これはLID (linear information dynamics) と呼ばれる）．「その他情報」は直接観測はされないが推定のための代理変数としてアナリスト予想などが使われる．Ohlsonモデルは，パラメータの値を変え

るだけで様々な企業価値評価公式を表現できるため，モデル間の統計学的な比較を行うことが用意であるという特徴を有する．先行研究としては，米国の株式市場では Dechow et al.（1999），日本の株式市場では新谷（2009）などがある．

　本論文は，Dechow et al.（1999）と新谷（2009）に依拠しつつ日本の株式市場における Ohlson モデルの有効性の実証分析を行っている．主な発見としては，(a) 残余利益の時系列構造に日米で共通する特徴がみられること，(b) 日本市場においても残余利益の予測，株価水準の予測，株式リターンの予測において Ohlson モデルが有効であることを確認できたこと，(c) 株価水準の予測については，LID を取り入れたモデルの予測精度が高かったが，米国ではモデルによる予測精度に大きな違いがなかったこと，(d) 株式リターンの予測については，アナリスト予想を取り入れたモデルの予測力が高かったが，米国ではリターンの予測力に統計的な有意性は認められなかったこと，(e) Dechow et al.（1999）は，市場が残余利益の持続性を過大評価している（ミスプライシング仮説）と主張するが，本論文の分析ではそうした証拠を得られなかったこと，(f) 株価に対する純資産，会計利益，アナリスト予想の説明力が，日米では大きく異なっていたこと，などが挙げられる．

　さらに本論文は，Ohlson モデルが持つ株式リターンの予測力の源泉に関してスタイル投資の観点からも分析を試みている．その結果 Ohlson モデルのリターンの源泉が，市場が低い残余利益の持続性を過大評価していることを利用するバリュー型運用と，市場が高い残余利益の持続性を過小評価していることを利用する GARP 型運用の両方のスタイルの折衷案のような形になっていることを見いだした．

　本論文は，Dechow et al.（1999）と新谷（2009）をなぞる部分が多いとは言え，日本でもまだ十分普及しているとは言い難い Ohlson モデルよる企業価値評価の有効性の実証分析に果敢に挑んだ意欲作である．会計情報，アナリスト予想などを包括的に使ったコーポレート・ファイナンスの統計分析はまだまだ伸びる余地がある研究領域であり，もっと多くの研究者の参入が望まれるところである．

「決算情報が社債市場に及ぼす影響について」（上瀧・山下・高橋）

　企業の決算情報が株式市場に及ぼす影響の実証研究には数多くの事例があるが，その多くではイベントスタディと呼ばれる手法が使われている．イベントスタディとは，株価などの超過リターンの累積和，すなわち累積超過リターン（CER）を用い，決算情報など公開された時点を基準として CER がどのように変化していくかを見ることで情報が株価などに与える影響を評価する手法である．株式市場に比べて社債市場への影響の実証研究はそれほど多くはないが，株式市場の低迷と社債発行による資金調達が活発化しつつある現状を鑑みると，純粋な学術研究の観点のみならず効果的な資産運用のためにも債券投資における超過収益の源泉の探索は重要な課題といえるだろう．

　本論文では，決算情報の中でも当期純利益と翌期利益予想に着目し，その公開が当該企業の社債価格に及ぼす影響についてイベントスタディを行っている．実証分析の結果，社債価格は（a）当期純利益が前期比増益の場合は CER に変化が見られないのに対し，減益の場合は CER がマイナスとなる傾向にあること，（b）当期減益の場合は経営者の翌期利益が減益予想で且つ格付が低い場合に CER のマイナスが大きくなる傾向にあること，（c）これらの傾向は社債市場独自のものであり，株式市場とは異なること，などを見いだした．これらの結果は，債券市場において決算情報が価格に反映されるメカニズムについて興味深い結果を示すと同時に，資産運用実務における超過源泉に関しても興味深い結果を示すものである．

「確率的ボラティリティモデルの推定と VIX 予測への応用」（桂・マクリン）

　近年，投資指標として VIX（volatility index）が注目されている．VIX は米国株価指数 S&P500 のインプライドボラティリティに基づいて算出されており，投資家の不安心理を示す指標として投資判断に利用されている．そのため VIX はメディアではしばしば「恐怖指数」というおどろおどろしい名称で呼ばれたりもする．

　本論文では，S&P500 の日次リターンの確率的ボラティリティ（stochastic volatility：SV）モデルをベイズ推定し，推定した SV モデルによる VIX の予測可能性について検証を行っている．SV モデルは尤度関数の数値的評価が難し

いため，その推定にはモンテカルロ法，特にマルコフ連鎖モンテカルロ（Markov chain Monte Carlo：MCMC）法によるベイズ的手法が主に使われている．しかし，MCMC法による推定は計算時間が長くなる傾向があるため，実務においては必ずしも普及しているとは言い難い．そこで本論文では，MCMC法の代わりにCarvalho et al. (2010)によって提案された粒子学習（particle learning：PL）を用いている．PLは粒子フィルター（particle filter）などと同じ逐次モンテカルロ法の一種であり，状態変数の推定に加えて逐次学習による未知パラメータの推定が可能な手法である．そのため，新たな観測データが入手されるたびに一からモデルの再推定をしなければならないMCMC法と異なり，PLでは高速なモデルの更新が可能となる．さらにPLでは周辺尤度を直接的に計算できるためモデル選択を容易に行えるという利点もある．

推定の結果，周辺尤度によるモデル選択では誤差項がt分布に従うSVモデルが選ばれた．これは裾の厚い分布に株価のリターンが従うというよく知られた事実からすると当然の結果である．しかし，予測したボラティリティによりVIXの変動の再現を試みると，VIXの予測精度は誤差項が正規分布に従うSVモデルが高かった．これは興味深い結果である．このような結果になった理由として，VIXの計算の元となるインプライドボラティリティがリターンの正規性を仮定したBlack–Scholesの公式に基づいている可能性が考えられる．また，本論文ではPLとMCMC法の計算速度の比較を行い，計算速度におけるPLの優位性も示している．

MCMC法に比べてまだまだ応用が少ないPLであるが，MCMC法と異なりリアルタイムでの推定，予測，モデル選択が可能であるという利点は極めて大きいと言える．PLは，計算時間の厳しい制約に直面する実務家こそ注目すべき手法ではなかろうか．

3 一般論文の概要

ジャフィー・ジャーナルでは常時投稿論文を受け付けており，今回は審査の過程を経て採択された論文が2編あった．以下は，その論文の概要である．

「I-共変動：市場ユニバースにおける新たなリスク指標」（山田・吉野・斉藤）

本論文では，資本資産価格付けモデル（CAPM）におけるベータを市場ポートフォリオの超過収益率の高次項を考慮するように拡張した共変動と呼ばれるリスク指標の問題点を指摘した上で，新たな指標として Idiosyncratic 共変動（I-共変動）を提案し，その性質について議論している．

I-共変動とは，市場ポートフォリオの超過収益率の累乗の空間に対する個別資産超過収益率（あるいは前段階回帰の残差項）の直交射影を与える回帰係数によって定義される．1 次 I-共変動は個別資産の通常の意味でのベータを与える一方，2 次 I-共変動は市場ユニバースにおける個別資産収益率の分布の歪み，3 次 I-共変動は裾野の特性に関係している．I-共変動は，全ての資産収益率が正規分布に従えば，2 次以上の I-共変動は全て 0 となり，2 次以上の I-共変動の市場ポートフォリオのウェイトによる加重平均も 0 となる，という性質を持っているため，クロスセクション方向での I-共変動の分布における標準偏差等の統計量は市場ユニバース全体における正規性からのかい離を測る尺度を与えると考えられる．

以上を念頭に本論文では東証 1 部上場銘柄を分析対象に 6 次までの I-共変動を推定した上で，全対象銘柄に対する I-共変動が有意な銘柄の割合を I-共変動の有意比率と定義し，日本市場における I-共変動の有意性および市場ユニバースにおける資産収益率分布の歪みや尖りについて検証している．全期間を対象とした分析では，2 次 I-共変動はマイナス方向の有意性が高く，3 次 I-共変動についてはプラス方向で有意性が高いことが検出された．期間別の分析では，3 次 I-共変動のプラス有意比率が直近の金融危機において強く反応した一方，2 次 I-共変動は日経平均が上昇し続けた期間あるいはバブル崩壊期などの急激な下落を伴う期間にマイナス有意比率が高くなる傾向が見られた．さらに属性別の分析では，2 次 I-共変動については時価総額が低い分位の方がマイナス有意比率が高く，時価総額の高い分位の方がプラス有意比率が高くなる傾向にある一方，3 次 I-共変動については時価総額の低い銘柄ほどプラス有意比率が高くなった．B/P 比率の低い順に分割した場合では B/P 比率が高いほど 2 次 I-共変動のマイナス有意比率および 3 次 I-共変動のプラス有意比率がともに上昇し，3 次 I-共変動のマイナス有意比率は B/P 比率が低いほど上昇するという結果が

得られた．

　本論文が提案する I-共変動は，市場におけるリスクに対する新しい視点を与えてくれる概念であり，Fama-French の 3 ファクターモデルなどの他のよく知られたモデルとの関係やポートフォリオ最適化およびリスク管理などへの応用などについて，さらに詳しく研究が進められることが期待される．

「Time-changed Lévy 過程の下でのアメリカンオプションの評価」（杉浦・今井）

　オプションの評価において，原資産価格が従う確率過程には，これまでの実証研究で示されている資産価格のジャンプ，確率的なボラティリティの変動，株価とボラティリティの相関を考慮することが望ましいが，これまでの研究においてアメリカンオプションの評価に用いられてきた Black-Scholes モデルや，Heston の確率ボラティリティモデルではこの現象を説明しきれない．そこで本稿では，これらを考慮することのできる Time-changed Lévy 過程に属する NIG（Normal Inverse Gaussian）- CIR（Cox-Ingersoll-Ross）過程の下で，アメリカンオプションの評価を最小二乗モンテカルロ法を用いて行う．そして，NIG-CIR 過程の下で求めた価格と早期行使境界が，Black-Scholes モデル，Heston モデル，NIG 過程の下で求めたものと比較して，想定する確率過程がアメリカンオプションの最適行使境界に与える影響について検証する．本研究の数値実験により，アメリカン・プットオプションの価格は原資産にジャンプを入れた過程では，低く評価され，ボラティリティ変動を考慮すると，高く評価されることが明らかになる．

（慶應義塾大学経済学部）

特 集 論 文

1 英文経済レポートのテキストマイニングと長期市場分析

和泉　潔・余野京登・陳　昱・後藤　卓・松井藤五郎

概要　本論文は，金融市場の長期的な分析のために，従来のテキストマイニング方法を英文テキスト用に拡張した手法を新たに開発した．本手法により，英国スワップ金利の分析を行い，運用テストを行った結果，従来の手法では，英文テキストに対して得られなかった高いリターンを得ることができた．また，訓練データの決定係数に関しても 75% 前後と高く，訓練データについても十分な説明力をもつことがわかった．さらに，日本と英国の中央銀行のリポートを比較することによって，従来の単独のテキストマイニングだけでは困難であった，外国為替レートの動向分析を行うことができた．これらの結果は，複数言語のテキストに対するテキストマイニング方法の拡張の有効性を示している．

1 はじめに

近年，機械学習を用いたテキストマイニング手法によって，テキスト情報と金融価格の関係性を発見し市場分析に応用する研究が増えてきた．例えば，毎日のツィッターのテキスト情報から米国のダウ平均株価指数を予測したり (Bollen, Mao, and Zeng, 2011)，オンラインニュースのテキストから抽出した指数をトレーディングに利用する試み (岡田・羽室, 2011；Schumaker and Chen, 2010) が行われている．しかし，多くの既存研究は，数分から 24 時間以内の短期的な市場変動を分析している．和泉らは，CPR 法と呼ばれるテキストマイニング手法を開発し，日本銀行が毎月公表する経済レポートから，日本国内の株式市場・国債市場・外国為替市場の数週間以上の長期市場分析を行った (和泉・後藤・松井, 2010)．その結果，株式市場・国債市場については，既存のサポートベクター回帰や計量経済モデルと比べて，日本国債の月次の運用テストで安定してほぼ最高水準の運用益をあげることができた（和泉・後藤・松

1 英文経済レポートのテキストマイニングと長期市場分析 13

井, 2011a；2011b)．しかし，日銀のテキスト分析だけでは外国為替市場を推定することは困難であった．外国為替市場の外挿予測正答率は38.46％で，国内株価平均や国債市場が60％以上の正答率であったのに比べて大幅に精度が低かった（和泉・後藤・松井，2010)．運用テストでも他の市場がプラスの利得結果を得た中で，為替市場でのテスト結果のみがほとんど利益を上げることが出来なかった（和泉・後藤・松井，2011a)．為替レートは2国間の経済の相対的な状況を反映するので，日本銀行のレポートだけでは分析が困難であることは当然であった．そこで本研究では，先ず，英文テキストを用いた場合でも，従来のCPR法による日本語テキスト分析による市場推定と同程度の精度が出るように，新たに英文テキスト用のCPR法を開発した．開発した英文用CPR法による英国金利の分析と，従来CPR法による日本国債の分析結果を用いて，抽出した特徴量の比較による定性的な評価と，予測金利差による外国為替市場分析という定量的な評価を行った．

2 分析対象のテキストデータと金融市場

2.1 入力となる英文テキストデータ

従来の金融テキストマイニング研究では，ニュース記事（Fung, Yu and Lam, 2002；Mittermayer and Knolmayer, 2006)や掲示板（Antweiler and Frank, 2004；丸山・梅原・諏訪・太田，2008)などの形式が多様なテキスト情報を使用したため，異なる時点間のテキストを比較して長期的な時間変化を抽出することが困難であった．それに対して，和泉らの日本語テキストデータによる日本国債市場分析の研究では，ある程度の一貫性を保ちながら定期的に発行されるテキスト情報を用いて，時間的な出現パターンからテキストの特徴量の抽出を行った．そのために，日本銀行が毎月公表している金融経済月報を用いている．

本研究では，英文テキストデータとして英国の中央銀行であるイングランド銀行の金融政策委員会が発行している議事録[1]を用いる．金融政策委員会は，

---

1) http://www.bankofengland.co.uk/publications/minutes/mpc/index.htmで公開されている．

毎月上旬に2日連続で開催され，政策金利変更は，2日目の正午に発表され，市場の注目を集める．議事録はその2週間後に10ページ前後の分量で公表される．分析対象として，イングランド銀行の金融政策委員会の議事録を選んだ理由は，月次のレポートであり，文章の段落構造がある程度決まっており，時系列分析を行いやすいからである．また，イングランド銀行の金融政策委員会の議事録は，金融関係者が常に注目しており，市場への影響力が大きいと考えられる．これらの点により，このテキストを適切な手法で分析すれば，日本語テキストと同様に，長期的な市場分析に有効であると考えた．

2.2 動向分析を行う英国の金融市場

本研究でテキストマイニングによって分析する時系列データとして，英国のスワップ金利レートを対象に選んだ．本研究で分析するスワップ金利とは，銀行から固定金利で資金を借り入れている債務者が変動金利での借入に変更する場合や，逆に変動金利での借入から固定金利での借入に変更した場合に適用される金利のことである．このスワップ金利は国債利回りと同様，その国の広範な経済動向を反映して決定される．将来の経済状況の動向を予測して，今後数年間の変動金利のリスクが低いと見積もる債務者が多ければ，固定金利から変動金利に変更するケースが増加する．逆に，将来の変動金利のリスクが高いと見積もられれば，変動金利から固定金利に変更する債務者が増える．これらの経済動向の見積もりを反映した需給の変化に応じて，市場での取引によりスワップ金利のレートが変動する．本研究では，金利の期間の長さに応じて，英国スワップ金利の1年物，2年物，5年物，10年物の4つの金融市場について動向分析を行った．

3 テキストデータによる長期市場分析手法

本研究では，様式の一貫性を保ちながら定期的に発行される中央銀行のテキスト情報から，少ない次元数の特徴量を抽出し，外部の時系列価格データを説明する．そのために，共起解析（co-occurrence analysis）と主成分分析（principal component analysis），回帰分析（regression analysis）のステップ

からなる CPR 法を用いた．以下に CPR 法の枠組みを説明する．

3.1 共起関係に基づく主要単語の抽出（C）

最初に，各月 t のテキストデータ $D(t)$ の特徴を表す主要単語を抽出する．具体的にはまず，英語の品詞タグを付与するソフトである GoTagger[2] による単語を原形にし，名詞・動詞・形容詞等の品詞を記した．そして，出現頻度順に単語を抽出した．本研究では，通常の高頻度単語の他に，KeyGraph アルゴリズム（大澤，2006）に基づいて次の手順で抽出された，概念間を結ぶ橋となるキーワードも各月の主要単語に含めた．

まず，$D(t)$ 中の名詞・動詞・形容詞のうち，頻度が上位 M 個の高頻度語の集合 $HighFreq = \{w_i\}, i=1, \cdots, M$ を抽出する[3]．次に，$HighFreq$ 内の単語 w_i，w_j 間の共起度 $co(w_i, w_j)$ を Jaccard 係数[4]で計算し，上位 L 個の単語間をリンクで結ぶ[5]．

$$co(w_i, w_j) = \frac{D(t)のうち w_i, w_j が共に出現する段落数}{w_i, w_j の少なくとも一方が出現する段落数} \quad (1)$$

さらに，単一のパスのみで接続される単語間のリンクを削除し，単語のクラスタ（土台）を抽出する．最後に，$D(t)$ 中のすべての語 w に対して，すべての土台 g が考慮されたときに語 w が用いられる条件付き確率 $key(w)$ を計算し，上位 N 個を土台（概念）間を結ぶ橋となるキーワード $HighKey$ として主要単語に加える[6]．

$$key(w) = probability\left(w \mid \bigcap_{\forall g} g\right) = probability\left(\bigcup_{\forall g}(w|g)\right)$$
$$= \left[1 - \prod_{\forall g}\left(1 - \frac{語 w と土台 g 中の語の共起度}{土台 g 中の語の出現頻度}\right)\right]$$

---

[2] http://web4u.setsunan.ac.jp/Website/GoTagger.htm
[3] 本研究は $M=30$ とした．
[4] 分析対象のテキストでは各段落が，経常収支や国内企業活動などの各テーマの完結した解説文章の単位となっている．そのため，本研究では各段落を共起範囲として Jaccard 係数を計算した．
[5] 本研究は $L=30$ とした．
[6] 本研究は $N=10$ とした．

3.2 主成分分析による単語のグループ化 (P)

過去の一定期間 $\{t_{-1}, \cdots, t_{-T}\}$ の各月 t の主要単語 $HighFreq(t)$ と $HighKey(t)$ に含まれる語の出現パターンに対し主成分分析を行い，主要単語をグループ化し特徴量の次元圧縮を行う．上記期間で少なくとも1回以上主要単語に含まれたすべての単語 w_i に対して，下記のような出現行列を作成する．

$$A(w_i, t) = \begin{cases} 1 & w_i \in \{HighFreq(t), HighKey(t)\}, \\ 0 & \text{それ以外} \end{cases} \quad (2)$$

この行列に対して，主成分分析により N_{pc} 個の合成変数（主成分）にまとめる[7]．各月の N_{pc} 個の主成分スコアを対象期間について時系列順に並べることによって，N_{pc} 次元の時系列データ $x_i(t), i = \{1, \cdots, N_{pc}\}$ が作成される．これが分析対象期間のテキストデータの特徴の時間的変化を表していると考える．ここで注意してほしいのは，ここまで予測対象の時系列データは全く用いず，純粋に単語の出現パターンのみの分析を行っていることである．つまり，ここまでの分析は予測対象に依存せずに共通である．

3.3 回帰分析による市場データの動向分析 (R)

最後に，各主成分スコアの毎月の動き $x_i(t)$ から月次での市場価格の動きを解析する．具体的には，さきほどの主成分スコアの時系列データ $x_i(t)$ を説明変数として，各月の月末の価格データ $p(t)$ を非説明変数とする重回帰分析を行う．

$$\tilde{p}(t) = a_0 + \sum_{i=1}^{N_{pc}} a_i x_i(t)$$

回帰分析の際に，AIC 基準（Akaike, 1974）を用いたステップワイズ選択により，説明変数の絞り込みを行った．得られた回帰式に，月中に発表される金融政策委員会の議事録テキストを入力して，約2週間後の月末のスワップ金利を推定（外挿予測）することになる．

---

[7] 本研究では1998年1月から2007年12月までのテキストデータを用いた主成分分析で，累積寄与率が60%を超えた主成分数が30であったので，N_{pc}=30とした．

4 従来手法をそのまま適用した場合の外挿予測と運用テスト

まず最初に，前節で説明した CPR 法をそのままイングランド銀行の金融政策委員会の議事録の分析に用いて，議事録発表の 2 週間後のスワップ金利のレートを予測し運用を行う実験を行った．テスト期間は 2008 年 1 月から 2009 年 5 月までであり，各月の予測値や取引を決定するために 1998 年 1 月から前月までのテキストデータと価格データを訓練データとして用いた．

4.1 取引ルール

運用テストでの取引の決定に次の 2 通りのルールを用いて検証した．ただし，$\bar{p}_t$ をテキストマイニングで予測した 2 週間後の価格，p'_t をテキストが公開された時点の価格，p_t を実際の 2 週間後の価格とする．また，t は 1 ヶ月ごとの月次の時点を表す．

1. 取引ルール 1（価格水準の比較）：予測価格 $\bar{p}_t$ と発表時の価格 p'_t を比較して，予測価格が高ければ（$\bar{p}_t > p'_t$），価格 p'_t で 1 単位の資本を買う．低ければ（$\bar{p}_t < p'_t$），1 単位の資本を売る．
2. 取引ルール 2（価格変動の比較）：予測価格 $\bar{p}_t$ の前月からの変動幅（$\bar{\Delta}_t = \bar{p}_t - \bar{p}_{t-1}$）と，発表時の価格 p'_t の前月末価格 p_{t-1} からの変動幅（$\Delta'_t = p'_t - p_{t-1}$）を比較して，予測価格の変動幅が高ければ（$\bar{\Delta}_t > \Delta'_t$），価格 p'_t で 1 単位の資本を買う．低ければ（$\bar{\Delta}_t < \Delta'_t$），1 単位の資本を売る．

今回のテストでは，各市場での売買は月次であり，テキストが発表された時点で取引ルール 1 またはルール 2 に従って，買いまたは売りのポジションを持つ取引と，月末にポジションを解消してスクウェアに戻して，損益を確定する取引を行う．取引量は毎月決まった資本量に固定し，売買量の調整は行わない．また，取引手数料は考慮しなかった．

4.2 評価ルール

ルール 1 に従ってテストを行った場合，実際の 2 週間後の価格 p_t がテキスト発表時点の価格 p'_t に比べて，予測価格 $\bar{p}_t$ と同じ方向に変動した場合（$(p_t - p'_t)$

$(\bar{p}_t-p'_t)>0$）に，その月の騰落予測は正解となり，2週間後に $|p_t-p'_t|$ の利益が得られる．異なる方向に変動した場合（$(p_t-p'_t)(\bar{p}_t-p'_t)<0$），その月の騰落予測は不正解となり，$|p_t-p'_t|$ の取引損が2週間後に確定する．

ルール2に関しては，実際の2週間後の価格 p_t とテキスト発表時点の価格 p'_t の変動幅 $\Delta_t=p_t-p'_t$ が，予測価格の変動幅 $\bar{\Delta}_t$ とテキスト発表時点の変動幅 Δ'_t の差と同じ方向の場合（$\Delta_t(\bar{\Delta}_t-\Delta'_t)>0$），その月の騰落予測は正解となり，2週間後に $|p_t-p'_t|$ の利益が得られる．異なる方向に変動した場合（$\Delta_t(\bar{\Delta}_t-\Delta'_t)<0$），その月の騰落予測は不正解となり，$|p_t-p'_t|$ の取引損が2週間後に確定する．

4.3 データ更新

これらの手順を，毎月のデータを更新しながら逐次的に行う．

まず最初に1998年1月から2007年12月までのテキストデータと市場データを訓練データとして回帰式を推定し，その式に2008年1月のテキストデータを入力して，2週間後のスワップ金利レートを外挿予測によって推定した．2008年1月のテキストは2008年1月10日に公開されたので，その時点から2週間後の2008年1月24日までの外挿予測となる．2008年1月10日時点の価格でポジションを持ち，2008年1月24日時点の価格で損益を確定する．

次に2008年1月のテキストデータと市場データを訓練データに追加して，1998年1月から2008年1月までのテキストデータと市場データを訓練データとして回帰式を推定し，その式に2008年2月のテキストデータを入力して，2週間後のスワップ金利レートをを外挿予測し取引を行う．同様にして毎月のデータを追加して回帰式を逐次的に更新しながら，2週間後のスワップ金利レートを外挿予測するテストを，2009年5月の外挿予測まで繰り返した．

4.4 予測正答率と運用テスト結果

2008年1月から2009年5月の17ヶ月間の外挿予測期間のうち，4.2で示した評価ルールで騰落予測が正解となった月の割合を，4.1の取引ルール1とルール2の場合それぞれについて各表の第1行目に結果を示した（表1-1（a），(b)）．同じ手法を用いて日本語テキスト（日本銀行の金融経済月報）から，本

表 1-1 各手法による騰落予測正答率（%）．2008年1月～2009年5月までの各月末金利に関して外挿予測を行った．太字は英国金利の各市場での最良の正答率．

(a) ルール1：価格水準の比較

		1年物	2年物	5年物	10年物
英国金利	1. そのまま	35.29	35.29	47.06	52.94
	2. 連語	35.29	**41.18**	**52.94**	**64.71**
	3. 連語＋単発削除	**47.06**	**41.18**	**52.94**	**64.71**
（参考）日本国債		29.41	47.06	47.06	52.94

(b) ルール2：価格変動の比較

		1年物	2年物	5年物	10年物
英国金利	1. そのまま	35.29	29.41	**47.06**	47.06
	2. 連語	35.29	35.29	**47.06**	**58.82**
	3. 連語＋単発削除	**47.06**	**41.18**	**47.06**	**58.82**
（参考）日本国債		41.18	52.94	52.94	52.94

表 1-2 各手法による運用テスト結果．単位はベーシスポイント（1 BP = 0.01%）．外挿期間は2008年1月～2009年5月で損益を1年間に換算した．太字は英国金利の各市場での最大の損益．

(a) ルール1：価格水準の比較

		1年物	2年物	5年物	10年物
英国金利	1. そのまま	−9.72	−135.37	−72.80	−18.18
	2. 連語	−157.78	**14.33**	**64.85**	**59.33**
	3. 連語＋単発削除	**85.83**	**14.33**	**64.85**	**59.33**
（参考）日本国債		−9.29	32.04	36.55	25.87

(b) ルール2：価格変動の比較

		1年物	2年物	5年物	10年物
英国金利	1. そのまま	−153.64	−205.36	12.47	−19.09
	2. 連語	−153.64	7.86	**56.20**	**46.69**
	3. 連語＋単発削除	**−98.40**	**14.33**	49.96	39.92
（参考）日本国債		12.04	45.18	69.51	36.71

研究と同じ期間の日本国債市場の動向を外挿予測した場合の正答率を各表の一番下の行に示す．日本語テキストを分析したときに比べて，英文テキストを分析したときの方が，正答率が低下してしまった．

さらに，4.1節の取引ルール1と2に基づいて運用テストを行った結果を，1年間の損益に換算して表1-2（a）と（b）の第1行目に示す．各表の一番下にある，日本語テキストから日本国債市場を外挿予測した場合の運用テスト結果と比較すると，英文テキストでの運用テスト結果が大幅に減少していることが分かる．

以上の結果より，日本語テキストに対して有効であったCPR法を，そのまま英文テキストに適用しても，残念ながら長期市場分析の精度が大幅に落ちてしまうことが明らかになった．

5　英文テキストマイニングのための拡張

上記の従来の手法で英文テキストマイニングがうまくいかない理由として，日本語にはない英語の特徴が考えられる．例えば，日本語で1語の単語でも英語では2語以上の連語となることや，同じ意味でも英語は多様性の富んだ表現を使うことが挙げられる．そこで，我々は英文テキストマイニングのために，従来のテキストマイニングの長期的な市場分析手法に対して，新たに二つの拡張を施した．本研究では従来の手法に「連語抽出」と「単独出現単語の削除」という新たな二つの工程を加える．

5.1　拡張1：連語抽出

前節でCPR法を英文テキストにそのまま適用した場合に抽出された単語を見てみると，複数の単語からなる意味的につながった用語が分断されてしまうケースが多く見られた．例えば，日本語の抽出において，「国債」は一つの「国債」という単語として処理され抽出される．ところが，英語では「国債」は「Japanese bond」という二つの単語からなる複合名詞であるため，「Japan」と「bond」というように別々の語として処理され抽出される．この問題を解決するために，3.1節で述べた「共起関係に基づく重要単語の抽出と可視化」にお

いて，連語の抽出機能を加えた．名詞＋名詞や，形容詞＋名詞のなど順番で出てきた単語を一つのつながった語として変換し抽出した．この機能を加えることで，2語に分けられていた単語が一つの語として捉えることができ，より正確な単語抽出が可能となる．

連語抽出機能を加えて外挿予測を行った場合の騰落正答率を表1-1（a）と（b）の2行目に示す．その結果，CPR法をそのまま適用した場合に比べて，ルール1とルール2ともにすべての英国スワップ金利の市場で正答率が上昇した．さらに，同じ期間で行った運用テストでの損益を，表1-2（a）と（b）の2行目に示す．そのまま適用した場合の運用結果と比較するとスワップ金利の2年物，5年物，10年物の市場で，最小で40ベーシスポイントから最大200ベーシスポイントまでの大幅な利益の増加を達成することができた．

5.2　拡張2：単独出現単語の削除

上述の連語抽出機能により英国スワップ金利の2年物，5年物，10年物の市場では大幅に利益を改善することができたが，スワップ金利の1年物では全く改善できなかった（表1-2（a）と（b））．その原因を調べるために，連語機能を追加したCPR法でスワップ金利の1年物に対して得られた回帰式の説明変数の値（主成分スコア）が，時間とともにどのように変化したのか調べた．すると，訓練期間中のほとんどで値がほぼゼロで，ある特定の月だけに正または負にスパイク状に尖ってゼロから乖離するという挙動を示していた．各主成分への負荷量を見ると，それらの主成分は訓練期間中に一度しか出現しない単語群の寄与が大きかった．つまり，訓練期間中の特定の期間だけを指定するような説明変数になってしまったのである．スワップ金利の1年物は，他の市場に比べて変動が激しかった．そのため，訓練期間中の長期のトレンドを説明しようとするよりも，特定の期間だけを指定するような説明変数が，回帰式に選択されてしまった．しかし，このような説明変数は外挿予測にはまるで説明力をもたない．

この問題を解決するために，3.1節で述べた「主成分分析による単語のグループ化」において，主成分分析を施す前に，訓練期間中に一度しか出現していない単語を削除した．これは，主成分分析時に1ヶ月のみに出現した重要単語

がその月の特徴を表しすぎてしまい，3.3節で述べた回帰分析の外挿予測に利用しにくいと考えたためである．連語抽出と単独出現単語の削除を追加したCPR法を用いて，英国のスワップ金利の1年物，2年物，5年物，10年物について，23～25個の説明変数による回帰式を得ることができた．スワップ金利の1年物に対する説明変数の値（主成分スコア）の頻度分布を作成し，次の式で表される尖度を計算した．

$$尖度 = \frac{E(X-\mu)^4}{\{EX-\mu^2\}^2} - 3$$

ただし，Xは主成分スコアの値でμはXの平均$E(X)$である．その結果，連語抽出だけを追加したCPR法の場合は，尖度が8.32であり，正規分布の場合の理論値であるゼロよりも有意に大きかった．つまり，説明変数の値がゼロ付近の頻度が大きく尖って，正または負にゼロから乖離した裾の部分の頻度も大きかった．これに対して，連語抽出に加えて単独出現単語の削除を行った場合は，尖度が1.41まで減少し，特定の期間だけでなく，より多くの期間で値を変化させる説明変数が抽出されていた．

連語抽出と単独出現単語の削除を追加したCPR法を用いて，1998年1月から2007年12月までの過去10年間のデータを分析した結果，決定係数$R^2 =$73.45％（スワップ金利1年物），75.15％（スワップ金利2年物），75.67％（スワップ金利5年物），74.66％（スワップ金利10年物）となり，訓練期間について十分な説明力を持つことがわかった．次に，4.1節と同様に2008年1月から2009年5月までの外挿予測と運用テストを行った．外挿予測の騰落正答率を表1-1（a）と（b）の3行目に示す．その結果，各表の2行目に示した連語機能だけを追加した場合の正答率に比べて，スワップ金利1年物の正答率を10ポイント以上改善できた．同じ期間で行った運用テストでの損益を，表1-2（a）と（b）の3行目に示す．その結果，スワップ金利1年物の損益を60～200ベーシスポイント改善することができた．その他の市場については，取引ルール2では5年物と10年物で若干利得が減少したが，それ以外の市場では連語機能だけを追加した場合の高利得を維持していた．

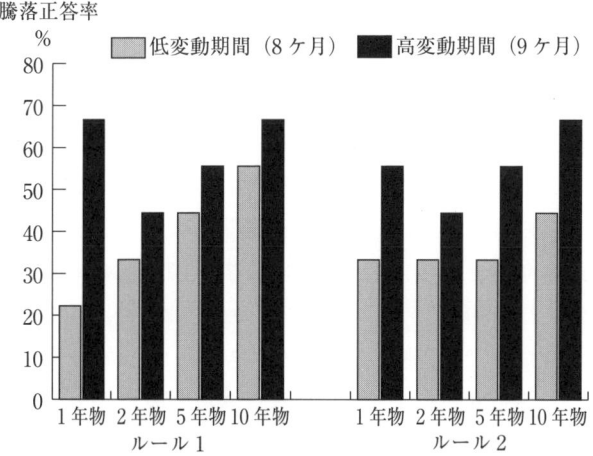

図 1-1 テキスト発表後の価格変動に違いによる騰落正答率の比較

5.3 価格変動と拡張 CPR 法の予測精度の関係

CPR 法による長期市場分析の特徴として，価格変動が大きい時期の外挿予測精度が高くなる（和泉・後藤・松井，2011b）．価格変動が大きかった月の取引では損益も大きくなるので，変動期の予測精度が高ければテスト期間全体での運用益も大きくなる．本論文で二つの拡張を行って英文テキストに適用した手法も，同様の傾向を有するか分析した．図 1-1 は，2008 年 1 月から 2009 年 5 月の 17 ケ月間の外挿予測期間のうち，テキスト発表後の価格変動が大きかった 8 ケ月間と変動が小さかった 9 ケ月間に分割して，それぞれの期間で計算した騰落正答率を示している．その結果，ルール 1 と 2 の両方ですべての市場において，オリジナルの CPR 法を日本語テキストに適用した場合と同様に，高変動期間の予測精度が大幅に高かった．つまり，拡張 CPR 法によって，英文テキストに含まれる，市場の大きな変動の予兆を抽出できたと言える．

6　テキストマイニングによる日英中央銀行の経済政策の国際比較

前節までの外挿予測と運用テストの結果から，拡張 CPR 法による英国スワップ金利市場の長期動向分析の有効性が明らかになった．さらに，本手法を用い

て，イングランド銀行と日本銀行の経済状況の認識の共通点と相違点を分析する．

6.1 中央銀行のテキストから抽出された主成分

CPR 法および拡張 CPR 法では，3.2 節の「主成分分析による単語のグループ化」の段階で，主要単語をグループ化し特徴量の次元圧縮を行う．拡張 CPR 法を用いて，1998 年 1 月から 2007 年 12 月までの 10 年間のイングランド銀行の金融政策委員会の議事録のテキストデータから抽出した，30 個の主成分を表 1-3 に示す．各主成分で負荷量の絶対値が大きかった上位 10 個ずつの主要単語の内容を見て，各主成分が特にどのような経済要因に関連が強いか分類した（表 1-4）．各主成分は市場分析に使われる経済要因との対応関係が明確であり，比較的経済的な意味のある主成分に集約されていたことが分かった．同様に，同じ期間の日本銀行の金融経済月報から，オリジナルの CPR 法を用いて 30 個の主成分を抽出した結果（和泉・後藤・松井，2011b）と比較する．

6.2 共通点：トレンドとファンダメンタルズ

表 1-3 の抽出された主成分には大きく分けて二つのタイプがあった．一つは市場の動きを表すような単語に関連する主成分である．例えば，3 番目の主成分は，「weaken」「increase」「high」「rise」といった単語の寄与が高かった．もう一つのタイプは，経済のファンダメンタルズを表すような単語に関連する主成分である．例えば，2 番目の主成分は「inflation」「housing market」といった経済の実態に関する単語から構成されていた．他にも，12 番目の主成分は，「inflation target」「policy」「official data」といった金融政策に関する単語の寄与が高かった．日本銀行の金融経済月報から抽出された 30 個の主成分も同様に，市場トレンド要因に関連が深いか，ファンダメンタルズ要因に関連が深いかのどちらかに，比較的容易に分類することができた．

6.3 相違点：物価要因への着目

主成分の関連する経済要因は，イングランド銀行と日本銀行どちらのテキストでもほぼ共通であった．しかし，各要因に分類された主成分の分布を比較す

表 1-3 1998年1月から2007年12月までのテキストから抽出された主成分と，各主成分で負荷量の絶対値が上位10個のキーワード

主成分 1	主成分 2	主成分 3
bank rate	euro area	assume
credit	little	generate
exclude	assume	policy
unchanged	minute	weaken
hold	reduce	increase
rate	central projection	bank
financial market	united kingdom	view
euro	inflation	export
minute	housing market	high
revise	view	rise

主成分 4	主成分 5	主成分 6
volatility	inflation report	global
business investment	large	temporary
output	expect	inflation report
warrant	governor	historical average
less	rise	light
market interest rate	development	positive
global	prove	oil price
temporary	remain	example
mark	peak	expect
picture	global	recover

主成分 7	主成分 8	主成分 9
set	increase	uncertainty
growth rate	deteriorate	need
depreciation	margin	iraq
contrast	condition	economy
government	sub	war
indicator	subdue	financial
flat	inflation expectation	contribution
rise	supply	underlie
previous quarter	lead	risk
expect	cut	previous quarter

主成分 10	主成分 11	主成分 12
household spend	consider	reduce
near term	mark	confidence
shift	help	judge

first	flat	contrast
clear	set	maintain
determinant	boost	oil
maintain	underlie	particular
go	consumer spend	firm
consumption	weakness	bank's repo rate
bank's	business	november inflation report

主成分 13	主成分 14	主成分 15
turn	february inflation report	asian crisis
household	go	asia
cost	central projection	balance
household spend	line	demand growth
movement	account	export
inflationary pressure	recovery	country
bank's repo rate	business survey	help
domestic	agent	influence
risk	regional	sterling's
little news	ons	prospect

主成分 16	主成分 17	主成分 18
interest rate	united kingdom	point
response	recent	employment growth
improve	recent year	imbalance
spend	background	slowdown
few	high	recent rise
maturities	global	spend
euro area	temporary	less
august inflation report	spread	continue
house price inflation	slack	revise
run	second half	difficult

主成分 19	主成分 20	主成分 21
market participant	degree	little news
war	embody	downside risk
iraq	flat	hold
august report	higher oil price	economic activity
market expectation	uncertainty	downside
short run	central	growth
fragile	survey	influence
sub	purchase	corporate sector

lend	business survey	weakness
extent	short run	slowdown
主成分 22	主成分 23	主成分 24
link	policy	net trade
place	view	consumption growth
short run	strengthen	may inflation report
good	other member	asian crisis
peak	best	asia
ons	account	weaken
need	generate	discuss
raise	tighten	policy
effect	publish	link
slow	require	change
主成分 25	主成分 26	主成分 27
real	attach	annual rate
push	stock	edge
positive	factor	decline
explanation	household	projection
large	offset	house price inflation
robust	example	concern
normal	moderate	difficult
export	budget	productivity growth
indicator	help	next year
business investment	possible	trend
主成分 28	主成分 29	主成分 30
member	tend	repo rate
good	recent	risk premia
corporate sector	offset	national account
extent	previous release	business survey
productivity growth	economic	possibility
explanation	house price	explanation
short run	may inflation report projection	little news
little news	inflationary pressure	cost
elevate	explain	pickup
sub	total	basis point

表1-4 主成分と経済要因との関係性

経済要因	主成分
1. 景気	
a. 景況	7, 14, 30
b. 設備投資	4, 25
c. 貿易収支	15, 17, 25
d. 企業活動	4, 28
e. 生産・在庫	23, 28
f. 雇用	18, 27
g. 住宅	2, 27, 29
h. 個人消費	10, 13, 24
2. 物価	2, 5, 6, 12, 20, 29
3. 金融政策	1, 2, 12, 16
4. 政情	9, 19, 24
5. 市場トレンド	3, 7, 8, 11, 22

ると，いくつかの違いが見られた．特に，物価要因に関する主成分の割合が日英で大きく異なっていた．イングランド銀行の議事録では，物価要因に関連が深いと思われる主成分が一番多かった．それに対して，日本銀行の金融経済月報から抽出された主成分は，政情要因に関連するものが30個中8個で最多であった．金融実務者に本結果を示したところ，英国が物価上昇率に対して中央銀行が一定の目標を定めるインフレターゲット制度を導入していることが，原因の可能性があるとの示唆を受けた．このため，英国の経済状況の認識が，物価に対して比較的敏感になったと考えられる．事実，イングランド銀行のテキスト分析では，30個中11個もの主成分で，「inflation」等の物価に関連する単語が負荷量の上位に含まれていた．これに対して，日本銀行のテキストでは3個の主成分にしか，物価関係の単語が含まれていなかった．このようにCPR法および拡張CPR法で抽出された主成分の内容を比較して，各中央銀行の着目点の違いを明らかにすることができた．

6.4 2国間テキスト比較による外国為替市場の分析

前節の定性的な評価に加えて，本研究で開発した英文テキスト向けのCPR法の定量的な評価のために，従来の日本語テキスト向けのCPR法の分析結果と合わせて比較することによって，外国為替市場の分析を試みる．

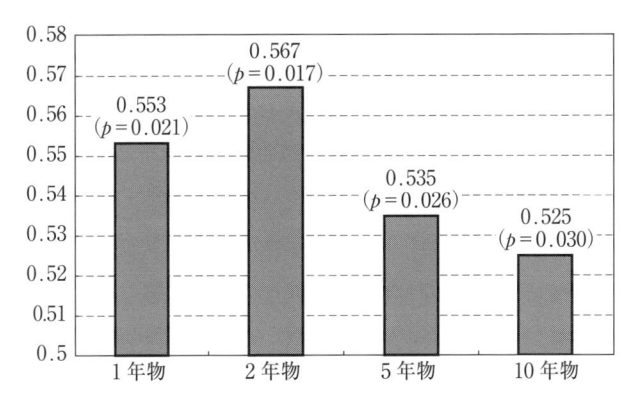

```
 0.58
 0.57         0.567
             (p=0.017)
 0.56  0.553
      (p=0.021)
 0.55
 0.54
                      0.535
 0.53               (p=0.026)
                              0.525
 0.52                       (p=0.030)
 0.51
  0.5
       1年物   2年物    5年物    10年物
```

図 1-2 テキストマイニングによって推定された金利差とポンド円レートの相関係数. 括弧内は相関係数の有意確率. 外挿予測期間は 2008 年 1 月から 2009 年 5 月の 17 ケ月間.

2.2 で述べたように,長期金利は各国の広範な経済動向を反映して決定される.そのため,各国の金利動向がテキストマイニングで適切に推定されていれば,その比較によって外国為替レートも推定できる.実際の外国為替市場と金利(差)は相関性が高いといわれている(宿輪,2010).そこで,本研究の手法で外挿予測をした英国金利と元の CPR 法で外挿予測した日本の金利の差と,各月末のポンド円の為替レートの終値との相関係数を,各国金利の 1 年物,2 年物,5 年物,10 年物のそれぞれについて計算した.

結果を図 1-2 に示す.テキストマイニングで推定した金利差と為替レートの間には有意水準 5% 以上の高い相関関係が認められた。各金利間の相関係数の違いを見ると,2 年物の金利の相関係数が最も高かった.しかし,表 1-1 の騰落予測正答率では,英国金利や日本国債ともに 2 年物の金利の正答率が最も高かったわけではない.これは,もともと現実の外国為替レートも 2 年物の金利差との相関が高いという事実(宿輪,2010)を反映していることが原因である.これらの結果により,英文テキスト用の CPR 法の有効性が明らかになった.

7 ま と め

本研究では,英文テキストデータを用いた分析にも適応できるように従来の

テキストデータを用いた長期的な市場分析に二つの拡張を加えた．本手法により，英国スワップ金利の分析を行い，運用テストを行った結果，従来の手法では，英文テキストに対して得られなかった高いリターンを得ることができた．また，訓練データの決定係数に関しても，75％前後と高く，訓練データについても十分な説明力を持つことがわかった．さらに，日本と英国の中央銀行のリポートを比較することによって，従来の単独のテキストマイニングだけでは困難であった外国為替レートの動向分析を行うことができた．本研究では，英国中央銀行の金融政策委員会の議事録を用いたが，今後は，連邦準備制度や欧州中央銀行など他の国の中央銀行英文テキストを試みる予定である．

［付記］本稿の内容は，第一生命保険株式会社，あるいは三菱東京 UFJ 銀行の公式見解を示すものではない．

〔参考文献〕

和泉　潔・後藤　卓・松井藤五郎（2010），テキスト情報による金融市場変動の要因分析．人工知能学会論文誌，**25**（3），383-387．

和泉　潔・後藤　卓・松井藤五郎（2011a），テキスト分析による金融取引の実評価．人工知能学会論文誌，**26**（2），313-317．

和泉　潔・後藤　卓・松井藤五郎（2011b），経済テキスト情報を用いた長期的な市場動向推定．情報処理学会論文誌，**50**（12），3309-3315．

大澤幸生（2006），チャンス発見のデータ分析―モデル化＋可視化＋コミュニケーション→シナリオ創発，東京電機大学出版局．

岡田克彦・羽室行信（2011），相場の感情とその変動―自然言語処理で測定するマーケットセンチメントとボラティリティー．証券アナリストジャーナル，Vol. 49, No. 8, 37-48．

丸山　健・梅原英一・諏訪博彦・太田敏澄（2008），インターネット株式掲示板の投稿内容と株式市場の関係．証券アナリストジャーナル，**46**（11・12），110-127．

宿輪純一（2010），為替相場と金利差の高い相関関係．国際経済・金融トピックス 61，三菱東京 UFJ 銀行．

Akaike, H. (1974), A new look at the statistical model identification. *IEEE*

Transactions on Automatic Control, **19**, 716-723.

Antweiler, W. and M. Z. Frank (2004), Is all that talk just noise? the information content of internet stock message boards. *Journal of Finance*, **59** (3), 1259-1294.

Bollen, J., H. Mao and X. Zeng (2011), Twitter mood predicts the stock market. *Journal of Computational Science*, **2** (1), 1-8.

Fung, G.P.C., J.X. Yu and W. Lam (2002), News sensitive stock trend prediction. In *Proceedings of the 6th Pacific-Asia Conference on Knowledge Discovery and Data Mining*, 481-493.

Mittermayer, M.-A. and G. F. Knolmayer (2006), Newscats: A news categorization and trading system. In *Proceedings of the 6th IEEE International Conference on Data Mining*, 1002-1007.

Schumaker, R. P. and H. Chen (2010), A discrete stock price prediction engine based on financial news. *IEEE Computer*, **43** (1), 51-56.

(和泉　潔：東京大学大学院工学系研究科/JST さきがけ)
(余野京登：第一生命保険株式会社運用企画部)
(陳　昱：東京大学大学院新領域創成科学研究科)
(後藤　卓：三菱東京 UFJ 銀行融資企画部)
(松井藤五郎：中部大学生命健康科学部/工学部)

2 売買コストを考慮した市場急変に対応する日本株式運用モデル

曹　治平・古幡征史・水田孝信

概要 特にクオンツ的な投資手法において，昨今の市場環境が急変するイベントに対して，脆弱な面を露呈している．そのため，一貫的な投資手法を維持しつつ，市場環境が急変するときのみ自動的に別の手法に切り替えるモデルが求められている．そこで古幡ら (2010) は，長期的に有効なファクターが市場の急変時において有効でなくなった場合に，短期的に有効な他のファクターに切り替える，機械学習の一種である Q 学習を応用したコンセプトドリフトに対応する，Paired Evaluators Method (PEM) という手法を提案した．本研究では，PEM を発展させるとともに，より実務的な改善を行った．複数ファクターの合成ポートフォリオの手法を用いるとともに，古幡らで考慮されていない回転率の概念を導入し，回転率をおさえた，より実務的なポートフォリオの構築手法を提案する．この提案手法の実証分析を国内株式について行い，切り替えがないモデルに比べ回転率を考慮しても高いリターンと低いリスクを実現したことを示す．

1 はじめに

2007 年のサブプライムショック，2008 年のリーマンショックに代表される市場環境が急変するイベントにおいて，それまで効果を発揮してきた投資手法が急に効かなくなる事例が知られている (Khan and Lo (2007)，水田・小林 (2009))．個人投資家ももちろんだが，多くの場合投資手法が一貫的である機関投資家はそれ以上に大きな打撃を受けた．本研究では一貫的な投資手法を維持しつつ，前述の市場環境が急変するときのみ別の手法に切り替える方法を提案する．

機関投資家は，比較的に大きな金額を投資するため，市場に与える影響も大

きい場合がある．そのため，売買回転率を抑えて，数百銘柄に分散投資を行うことが必要となってくる．売買コストを抑える工夫は機関投資家の主要な役割の一つである（例えば，杉原（2010）が詳しい）．

分散投資にはいろいろな手法があるが，一つとして，各銘柄固有のファクターと呼ばれる属性値を用いて，機械的に数百銘柄へ投資するという手法が挙げられる．このような手法を用いたファンドをクオンツファンドと呼ぶことがある．クオンツ取引に関しては，杉原（2010），Kestner（2003），Tortoriello（2008），Narang（2009），Brown（2010），Fabozz et al.（2010）の研究が挙げられる．

ファクターを用いる投資手法は Sharp（1964），Fama and French（1992）の研究が有名である．Sharp（1964）はベータファクターを見つけたが，Fama and French（1992）はベータファクターに加えて，サイズ，バリューとする3ファクターモデルのほかに，Carhart（1997）はさらにモメンタムファクターを加えた4ファクターモデルを見つけた．これ以外にもファクターは多数定義可能である（大庭（2008）が詳しい）．

しかしながら，常に有効であるファクターは存在しない．むしろ，どのファクターに投資すべきかは時期によってかなり異なる．それに対応するために，Sorensen et al.（2004）の研究は複数のファクターを最も効率的に合成できる手法 Information Coefficient（IC）最大化法を発表している．具体的には，各ファクターを組み合わせて作った合成のファクターの IC が最大となるように，各ファクターのウェイトを決めるという手法であり，IC は銘柄のリターンとファクター値の相関である．合成 IC 最大化法は複数のファクターを組み合わせ，回転率が大きくならないという点では実務に近い．また，過去のデータを分析し，未来を予想することで，有効なファクターを見つけることができた．

しかしながら，上述のサブプライムショックなどの市場環境が急変した際，合成 IC 最大化法ではこの市場急変に対応できなかった．そこで古幡ら（2010）および Furuhata et al.（2010）は Fama and French（1992）の3ファクターを用いた米国の株式投資において調査を行い，長期的に有効なファクターが市場の急変時において有効でなくなった場合に，短期的に有効な他のファクターに切り替える，機械学習の一種である Q 学習（Watkins（1989））を応用したコ

ンセプトドリフトに対応する，Paired Evaluators Method（PEM）という手法を提案した．実際，米国では長期的にモメンタムファクターが有効であったが，リーマンショック等が発生した 2008 年後半からはかなり損失を発生した．PEM を用いることで，その急変に対応することができた．しかしながら，PEM は回転率を考慮しておらず，ファクター変換の際は全回転となっているため，実務的に投資できるとは言い難い．

本研究は，合成 IC 最大化法と PEM を組み合わせ，売買回転率をおさえつつ，市場環境急変時にも対応した手法を提案し，日本株でどのような成果を得られるかを検証する．以下 2 節では，合成 IC 最大化法によって，ポートフォリオを構築し，PEM を適応させ，回転率の概念を導入する等，本研究が提案する手法を述べる．3 節では，提案手法によって得られた結果について，通期の概要および特徴的な時期における分析結果について述べる．4 節では本研究全体をまとめた上で，次の研究に関する展望を述べる．

2 提案手法

本研究は，合成後の IC が最大となるように，複数のファクターを組み合わせる，合成 IC 最大化法を用いて，後述の比較的に長期間の過去 IC を予想 IC として合成ウェイトを決定する長期ファクターと，前月の IC データのみを予想 IC として合成ウェイトを決定する短期ファクターの二種類のファクターを作成し，回転率の概念を導入する．長期ファクターは比較的に回転率が低く，短期ファクターは回転率が高いことがわかった．また，回転率導入後の長期，短期の二つのファクターを PEM 用いて，市場の急変に対応できるモデルを構築する．つまり，平常時には回転率の低いモデルを用い，市場急変時のみ大きくポートフォリオを入れ替える手法である．

また，本研究において，長期ファクターは大きな損失を被っていないが，短期ファクターのみリターンが急上昇する時に対応する手法に関する提案も行う．

2.1 合成 IC 最大化法によるポートフォリオ構築

本項では，合成後の IC が最大となるように合成ウェイトを決定し，回転率

が比較的に抑えられる合成 IC 最大化法を用いて，複数のファクターを組み合わせ，ポートフォリオを構築する手法を説明する．

合成 IC 最大化法によるファクター合成は，具体的には，式(1)の最大化により合成時のウェイトを求めることである．

$$\overline{U} = \frac{w^t \overline{U}}{(w^t \rho w)^{1/2}} \tag{1}$$

ここで，合成 IC を $\overline{U}$，合成に用いる各ファクターのウェイトをベクトル w，各ファクター間の相関係数行列を ρ，予想 IC をベクトル $\overline{U}$ とする．

本研究は，東洋経済新報社が提供する日本株の月次株価データを上記の式に導入し，最大化問題を解くことで，合成 IC が最大となるようなウェイトを決める．その際に使用するファクターは，前期実績 PBR，今期予想 PER，今期予想配当利回り，今期予想 ROE の 4 ファクターとする．

$$\text{前期実績 PBR} = \frac{\text{時価総額}}{\text{前期純資産}}$$

$$\text{今期予想 PER} = \frac{\text{時価総額}}{\text{今期予想純利益}}$$

$$\text{今期予想配当利回り} = \frac{\text{今期予想配当総額}}{\text{時価総額}}$$

$$\text{今期予想 ROE} = \frac{\text{今期予想純利益}}{\text{今期予想純資産}}$$

上記 (1) 式に入れる予想 IC は，過去月 IC の単純平均とする．前月の IC を予想 IC として，ウェイトを決定する場合，作成された合成ファクターは，短期ファクターと呼ぶ．また，過去 3 ヶ月の平均 IC を予想 IC として作成された合成ファクターは，長期ファクターと呼ぶ．長期ファクターは前月の IC のみで決まるわけではないため，短期と比較して，ウェイトの変化が小さい．

$$\widehat{U}_i^L(t) = \frac{\sum_{t'=t-3}^{i-1} u^i(t')}{3} \tag{2}$$

$$\widehat{U}_i^S(t) = u^i(t-1) \tag{3}$$

ここで，t 時点におけるファクター i の長期予想 IC を $\widehat{U}_i^L(t)$，短期予想 IC を

$\widehat{U}_i^S(t)$, t 時点におけるファクター i の IC を $u^i(t)$ とする.

また,ウェイト計算の過程において,回転率の概念を導入する.ウェイトの変化を回転率とみなし,またファクター間の相関を考慮し,高い相関をもつファクター同士の入れ替えは回転率が低いものとする.この方法では,長期ファクターの回転率は短期ファクターと比較して,多くの場合において,低くなっている.回転率の詳細は以下 2.3 にて詳しく述べるとする.

$$R_F^L = \sum_i w_i^L R_f^i \qquad (4)$$

$$R_F^S = \sum_i w_i^S R_f^i \qquad (5)$$

長期ファクターリターンを R_F^L,短期ファクターリターンを R_F^S,ファクター i のファクターリターンを R_f^i,長期ファクターにおけるファクター i のウェイトを w_i^L,同様に短期ファクターにおけるファクター i のウェイトを w_i^S とする.

計算で得られたウェイトにしたがって,翌月のファクターリターンを用いて,月次リバランスの長期ファクター,短期ファクターの二つの合成ファクターを作成する.

$$R_f^k = \frac{\sum_i^k R_s^i}{k} \qquad (6)$$

$$R_f^j = \frac{\sum_i^j R_s^i}{j} \qquad (7)$$

$$R_f = R_f^k - R_f^j$$

ここでは,k はファクター値が上位 1/5 の銘柄で,j はファクター値が下位 1/5 の銘柄を指し,R_s^i が銘柄 i のリターンを指す.

ファクターリターンは上記式(6),(7)のように,ユニバースに含まれる全銘柄をファクター値の大きい順に五つのグループに分け,第一グループの銘柄をロング,第五グループの銘柄をショートする五分位スプレッドリターンとする.

次項 2.2 では,本項で構築された長期,短期の二つのファクターがクラッシュの時期を乗り越えられる切替え方法を説明する.

2.2 市場急変時の切替え手法

前述のように,機関投資家は基本的には売買回転率が低く,売買手数料の低

い学習期間が長い長期ファクターを好む．本項では，長期的に有効なファクターが市場の急変時において有効でなくなった場合に，短期的に有効な他のファクターに切り替える，コンセプトドリフトに対応するPEM法をもとに，1) 長期ファクターを基本とし，市場急変時のみ短期ファクターに切り替え，対応する方法（以下提案手法1），2) 長期ファクターと短期ファクターのリターン差を考慮し，短期ファクターが著しく長期ファクターに勝るとき短期ファクターに切り替える方法（以下提案手法2）の二つの手法を説明する．

PEMは，Fama and Frenchの4ファクターを利用して，長期ファクター，短期ファクターの2種類のポートフォリオを準備し，安定性がある長期ファクターを基本的に採択し，長期ファクターのパフォーマンスが著しく悪化したときのみ短期ファクターに切り替えるという仕組みとなっている．

本研究は，2.1節で得られた長期ファクター，短期ファクターを用いて，提

提案手法1

$R_F^L(t-1) : R_F^S(t-1)$

- $>$: $Q_{d'}^t = Q_{d'}^{t-1} \times \lambda - 1$
- $=$: $Q_{d'}^t = Q_{d'}^{t-1} \times \lambda$
- $<$: $Q_{d'}^t = Q_{d'}^{t-1} \times \lambda + 1$

$d'' = -10, -9 ... 10(\%)$

$Q_{d''-1}^t < 0$ and $Q_{d''+1}^t > 0$?

$\theta_t = d''$

終わり

$d' = d_0, d_0+1 ... 10(\%)$
$d_0 : R_F^L(t-2)$ より大きい最小の d

提案手法2

$R_F^{L-S}(t-1) : 0$

- $>$: $Q_{d'}^t = Q_{d'}^{t-1} \times \lambda - 1$
- $=$: $Q_{d'}^t = Q_{d'}^{t-1} \times \lambda$
- $<$: $Q_{d'}^t = Q_{d'}^{t-1} \times \lambda + 1$

$d'' = -10, -9 ... 10(\%)$

$Q_{d''-1}^t < 0$ and $Q_{d''+1}^t > 0$?

$\theta_t = d''$

終わり

$R_F^{L-S}(t-1) = R_F^L(t-1) - R_F^S(t-1)$
$d' = d_0, d_0+1 ... 10(\%)$
$d_0 : R_F^{L-S}(t-2)$ より大きい最小の d

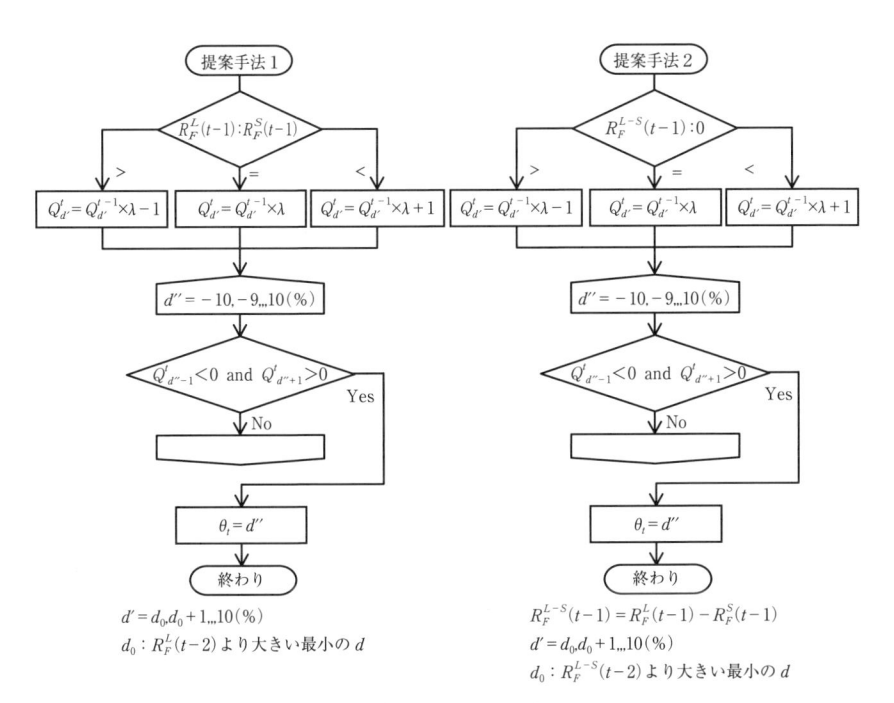

図 2-1 提案手法1，2において各時点ごとに閾値 θ_t を決めるフローチャート．

案手法1に関する長期,短期切り替えの閾値を以下式(8)のように求め,提案手法2に関する閾値を以下式(9)のように求める(提案手法1,2の流れを図2-1にも示した).

・提案手法1

IF　　$R_F^L(t-1) < R_F^S(t-1)$　　THEN

$\quad Q_{d=R_F^L(t-2)\sim 10}^t = Q_{d=R_F^L(t-2)\sim 10}^{t-1} \times \lambda - 1$

ELSEIF　$R_F^L(t-1) > R_F^S(t-1)$

$\quad Q_{d=R_F^L(t-2)\sim 10}^t = Q_{d=R_F^L(t-2)\sim 10}^{t-1} \times \lambda + 1$

ELSE

$\quad Q_{d=R_F^L(t-2)\sim 10}^t = Q_{d=R_F^L(t-2)\sim 10}^{t-1} \times \lambda$

ENDIF

IF　　$Q_{d-1}^t < 0$　AND　$Q_{d+1}^t > 0$　THEN

$\quad \theta_t = d$ 　　　　　　　　　　　　　　　　　　(8)

ENDIF

・提案手法2

$R_F^{L-S}(t-1) = R_F^L(t-1) - R_F^S(t-1)$

IF　　$R_F^{L-S}(t-1) < 0$　THEN

$\quad Q_{d=R_F^{L-S}(t-2)\sim 10}^t = Q_{d=R_F^{L-S}(t-2)\sim 10}^{t-1} \times \lambda - 1$

ELSEIF　$R_F^{L-S}(t-1) > 0$　THEN

$\quad Q_{d=R_F^{L-S}(t-2)\sim 10}^t = Q_{d=R_F^{L-S}(t-2)\sim 10}^{t-1} \times \lambda + 1$

ELSE

$\quad Q_{d=R_F^{L-S}(t-2)\sim 10}^t = Q_{d=R_F^{L-S}(t-2)\sim 10}^{t-1} \times \lambda$

ENDIF

IF　　$Q_{d-1}^t < 0$　AND　$Q_{d+1}^t > 0$　THEN

$\quad \theta_t = d$ 　　　　　　　　　　　　　　　　　　(9)

ENDIF

ここで,Q_d^tはt時点,d%におけるダミー変数であり,dは1%刻みで-10%から10%の21個の値をもつ.θ_tはt時点の閾値を表す.PEMはQ学習(Watkins(1989))を応用したものであるが,一般にQ学習では実行するルールに対しその有効性を示すQ値を逐次変更するすことにより学習する.Q_d^tは

長期・短期を切り替える閾値 θ_t を決めるための Q 値であり，Q_d^t の符号が変わる d を閾値 θ_t にすべきであることを示すように逐次変更が行われる．$Q_{d=R_F^L(t-2)\sim10}^t$ は t 時点における Q_d^t のうち $d>R_F^L(t-2)$ となる最小の d から $d=10\%$ までのものすべてを，$Q_{d=R_F^{L-S}(t-2)\sim10}^t$ は $d>R_F^{L-S}(t-2)$ となる最小の d から $d=10\%$ までのものすべてを示す．λ は減衰係数で本研究では 0.995 とした．

上記の式(8), (9)により求めた閾値 θ および前月の長期ファクターのリターン $R_F^L(t-1)$, 長期ファクターと短期ファクターのリターン差 $R_F^{L-S}(t-1)$ を用いて，下記の式のように提案手法は求まる．

- 提案手法 1

$$R_F = \begin{cases} R_F^S(t-1) & (R_F^L(t-1)<\theta_t) \\ R_F^L(t-1) & (Otherwise) \end{cases} \tag{10}$$

- 提案手法 2

$$R_F = \begin{cases} R_F^S(t-1) & (R_F^{L-S}(t-1)<\theta_t) \\ R_F^L(t-1) & (Otherwise) \end{cases} \tag{11}$$

また，式(10), (11)の長期，短期の両ファクターの切替えにおいて，回転率の概念を導入する．長期ファクターと短期ファクターの比較に際して，予想される来月の回転率を考慮した売買手数料を，それぞれのリターンより引いたもの，

$$\hat{R}_F^L(t) = R_F^L(t) - Turn^L(t+1) \tag{12}$$
$$\hat{R}_F^S(t) = R_F^S(t) - Turn^S(t+1) \tag{13}$$

で比較を行う．ここで，$Turn^L(t+1)$ は $t+1$ 時点の長期ファクターにベットする場合の売買手数料，$Turn^S(t+1)$ は $t+1$ 時点の短期ファクターにベットする場合の売買手数料である．3項のバックテストの結果は，売買手数料控除後のリターン $\hat{R}_F^L(t)$, $\hat{R}_F^S(t)$ を用いて分析する．

回転率については，以下 2.3 にて詳しく述べるとする．

2.3　回転率の考え方

本研究が先行研究との最も大きな違いは回転率を考慮したところである．本項では，回転率の計算方法を述べる．前述のように，回転率は合成ファクターにおける各ファクターのウェイトの変化としている．

ここでは，ファクター間の相関を考慮し，高い相関のファクター間の入替えは回転率を低くしている．具体的には，次の式(14)で表されている．

$$P_{i,j} = \begin{cases} \min(\Delta w_i, \Delta w_j) \times (1 - \rho_{i,j}) & (\rho_{i,j} > 0) \\ \min(\Delta w_i, \Delta w_j) \times 1 & (otherwise) \end{cases} \quad (14)$$

ファクターi,j間の回転率は$P_{i,j}$とする．

また，複数のリバランスパターンが存在する場合において，高い相関のファクターからリバランスを行うものとする．

なお，今回のポートフォリオは長期，短期ともにLong-Shortポートフォリオであるため，実質的な回転率は，上記式(14)で求めたPを4倍することで求まる．

売買手数料は従って，

$$Turn^t = \sum_{i,j} P_{i,j} \times 4 \times c \quad (15)$$

と表記される．cは売買手数料率で，今回は0.3%としている．

売買手数料は，PEMに適応する際に考慮される．また，結果の比較は売買手数料控除後のリターンを用いて行う．

3 日本株でのバックテスト

本研究は長期ファクターが大きく損失を出しているときに，短期ファクターに乗り換える方法を提案している．したがって，提案手法は元の長期，短期ファクターよりも総合的に高いリターンおよび低いリスクを実現することを目的としている．本項では，日本株への応用に際して，用いるデータ等，枠組みを説明し，通期（2002年1月～2011年6月）において長期ファクター，短期ファクター，提案手法1，2の4つのリターン，リスク等の結果を示す．また長期ファクターが著しく短期ファクターに負けている時期に提案手法はどのような選択を行ったかを述べる．

3.1 分析の枠組み

本研究では東京証券取引所一部上場銘柄を分析対象のユニバースとする．データは東洋経済新報社が提供するデータを利用する．用いるデータの期間は

2002年1月～2011年6月とする．また，株価データと財務データから作成される投資有効性を示すファクターデータは，極端の値による数値の偏りを防ぐため，基準化を行う．基準化は，計算されたすべての銘柄のファクター値を平均0，標準偏差1となるように基準化したうえ，ファクター値が3を超える銘柄に関しては，ファクター値を3と再定義する．ファクター値が3を超える銘柄が多い場合，平均が0，標準偏差が1から大きくずれる可能性があるため，この過程をもう一度行う．本研究では，このように基準化されたファクター値を用いる．

3.2 通期の分析

本項では2項の手法を用いて得られたリターン，リスクおよび回転率の結果を説明する．

2項の方法を用いて得られた結果を累和リターンで示すと，図2-2のようになっている．図2-2の通り，本研究が提案する方法1，2ともに，売買手数料を

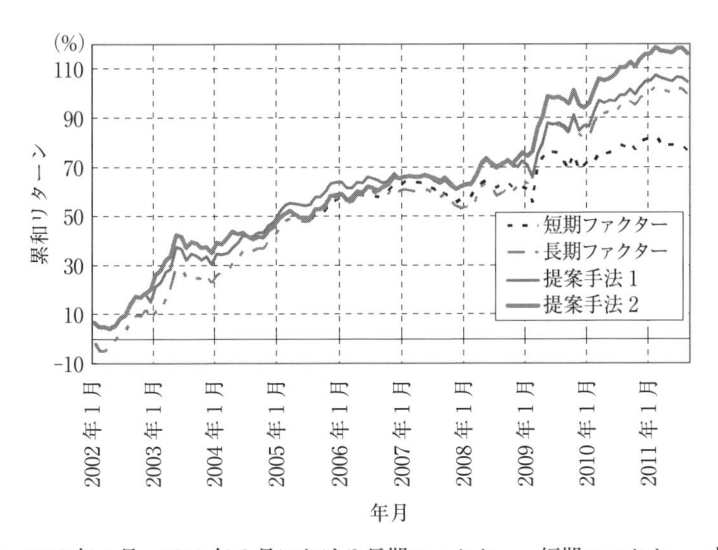

図2-2 2002年1月～2011年6月における長期ファクター，短期ファクター，提案手法1，提案手法2の累和リターンを比較している．提案手法は二つともに大きく負けている時期が少なく，また累和リターンもどちらも常に長期および短期ファクターに勝る．

表 2-1 分析期間における長期ファクター，短期ファクター，提案手法の各種リスク・リターン指標分析．提案手法は優れていることがわかる．

	短期ファクター	長期ファクター	提案手法1	提案手法2
累積リターン（年率化）	8.17%	10.85%	11.36%	12.77%
標準偏差（年率化）	9.23%	8.68%	9.14%	8.83%
シャープレシオ	0.88	1.25	1.24	1.44
MaxDrawDown	−8.79%	−8.84%	−7.94%	−7.54%

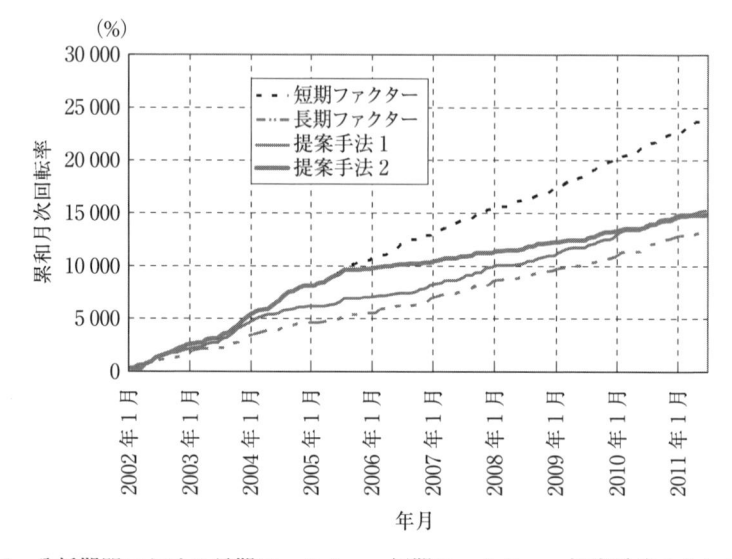

図 2-3 分析期間における長期ファクター，短期ファクター，提案手法のそれぞれの月次回転率の累和．どちらの提案手法も短期ファクターよりも低いことがわかる．

考慮した長期ファクターと短期ファクターのどちらよりも高いリターンとなっている．また，累積リターン，標準偏差，シャープレシオ，MaxDrawDown は表 2-1 の通り，提案手法 1，2 ともにはパフォーマンスを改善していることがわかる．

図 2-3 は長期ファクター，短期ファクター，提案手法のそれぞれの回転率を月次で累和し，グラフ化したものである．長期ファクターの回転率は最も低く，短期ファクターの回転率が最も高いことが読み取れる．また，4 ポートフォリ

2 売買コストを考慮した市場急変に対応する日本株式運用モデル　43

表 2-2　長期ファクター，短期ファクター，提案手法の月次平均回転率

	短期ファクター	長期ファクター	提案手法1	提案手法2
平均月次回転率	210.64%	115.86%	133.53%	130.37%

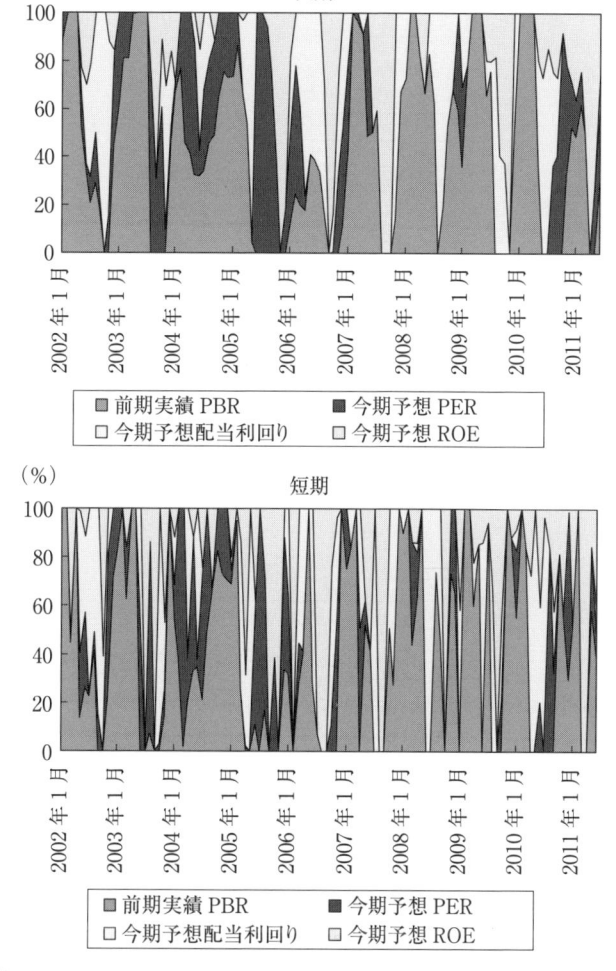

図 2-4　長期ファクター（上），短期ファクター（下）のそれぞれについて，構成しているファクターのウエイト w_i^L, w_i^S を時系列で示した．

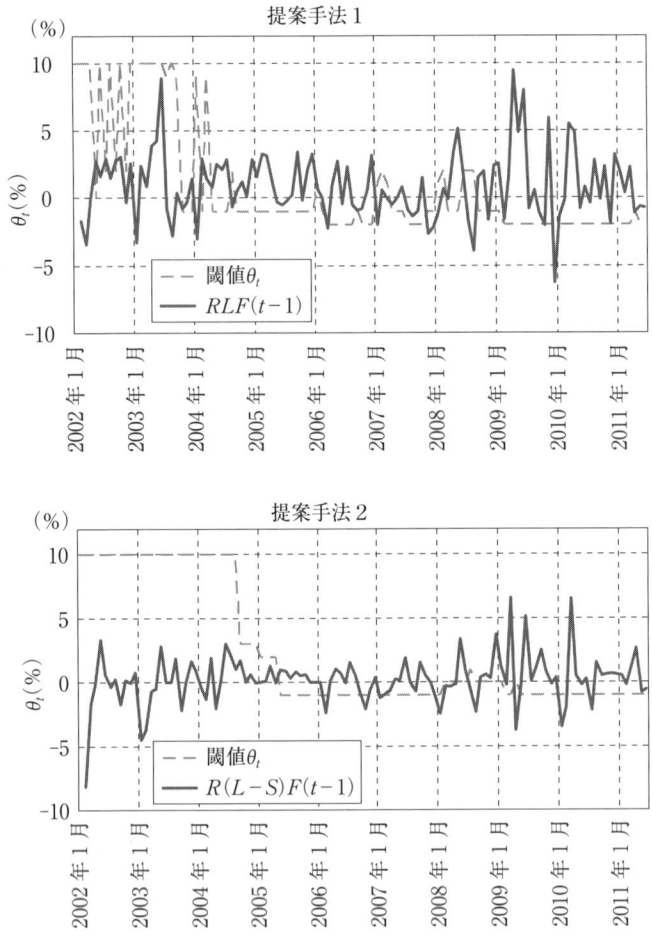

図 2-5 短期ファクター（上），長期ファクター（下）のそれぞれについて，戦略の切替えの基準となるリターン $\hat{R}_F^L(t-1)$，$\hat{R}_F^{L-S}(t-1)$ と閾値 θ_t を時系列で示した

オのそれぞれの平均月次回転率は表 2-2 の通りである．

図 2-4 は長期ファクター（上），短期ファクター（下）のそれぞれについて，構成しているファクターのウエイト w_i^L，w_i^S を時系列で示した．短期ファクターは長期ファクターに比べ w_i の変動が激しく，これが回転率の上昇につながっている．

図 2-5 は短期ファクター（上），長期ファクター（下）のそれぞれについて，戦略の切り替えの基準となるリターン $\hat{R}_F^L(t-1)$, $\hat{R}_F^{L-S}(t-1)$ と閾値 θ_t を時系列で示した．リターンが閾値より下に来ると短期ファクターへの切替えを行う．両手法において 2004 年くらいまでは閾値の学習が進んでおらず，多くの期間で短期ファクターを利用している．それ以後に関しては，市場環境が急変したときにリターンが閾値を下回り短期ファクターに切り替えられている．また，提案手法 2 のほうが短期ファクターに切り替える機会が少なく，なるべく長期ファクターで運用しつつ市場急変時のみ短期ファクターに切り替えるという狙いに，より適応していることがわかる．

3.3 では，特徴的な期間を抽出し，それらの期間における提案手法の切り替え状況を述べる．

3.3 特徴的な期間の分析

本項では，長期ファクターが大きく負けている時期，もしくは短期ファクターが長期ファクターよりも著しく勝っている時期において，提案手法がどのように選択したかを検証する．

図 2-2 において，長期ファクターが短期ファクターに負けている時期をピックアップすると，表 2-3 の時期となる．表 2-3 の右側の 2 列は，提案手法 1, 2 が短期ファクター（S）と長期ファクター（L）のどちらを採用していたかを示す．表 2-3 において，長期ファクターが大きく負けている時期として，時期 No.1, 2, 3, 4, 5 が挙げられる．それらの時期において，提案手法 1 は必ず翌月時長期ファクターから短期ファクターに切替えを行っていることがわかる．提案手法 2 に関しては時期 No.1, 2, 4 のように長期ファクターが負けている月に短期ファクターが有効であれば，翌月は短期ファクターに切替えを行っているが，時期 No.3, 5 のように短期ファクターも有効でなかった月に関しては翌月も長期ファクターのままであることが見て取れる．

一方，時期 No.6 のように，長期ファクター，短期ファクターで大きな差があったものの，長期ファクターが大きく負けたというよりも，短期ファクターのパフォーマンスが著しくよかった時期に関しては，翌月提案手法 1 は長期ファクターのままであるのに対して，提案手法 2 は短期ファクターに切り替えてい

表 2-3 長期ファクターが大きく負けている時期，または短期ファクターが著しく長期ファクターに勝っている時期．右側の 2 列は，提案手法 1, 2 が短期ファクター（S）と長期ファクター（L）のどちらを採用していたかを示す．

時期 No	月 No	年月	短期ファクター	長期ファクター	差	提案手法1	提案手法2
1	1	2002/01	6.47%	−1.67%	−8.14%	S	S
	2	2002/02	−1.81%	−3.45%	−1.64%	S	S
	3	2002/03	0.07%	−0.07%	−0.13%	S	S
2	4	2002/12	1.18%	−3.31%	−4.48%	L	S
	5	2003/01	6.17%	2.37%	−3.80%	S	S
3	6	2007/10	−2.66%	−2.66%	0.00%	L	L
	7	2007/11	−0.99%	−2.20%	−1.21%	S	L
	8	2007/12	1.23%	−1.23%	−2.46%	S	L
4	9	2008/06	−1.11%	−1.78%	−0.67%	L	L
	10	2008/07	−1.60%	−3.92%	−2.32%	S	S
5	11	2009/11	−6.64%	−6.26%	0.38%	L	L
	12	2009/12	2.12%	−1.36%	−3.48%	S	L
	13	2010/01	1.73%	−0.20%	−1.93%	L	S
	14	2010/02	−1.03%	5.49%	6.52%	L	L
6	15	2010/06	1.81%	−0.40%	−2.21%	L	S
	16	2010/07	1.26%	2.80%	1.54%	L	L
7	17	2011/02	0.90%	2.23%	1.33%	L	L
	18	2011/03	−3.84%	−1.18%	2.66%	L	L

る．提案手法 1 は市場が急変する，つまり長期ファクターが急に大きく負けてしまう時期に翌月から短期ファクターに切り替えられるかという手法で，提案手法 2 は長期ファクターと短期ファクターの差が急に開いた時期に翌月から短期ファクターに切り替えられるかという手法であるため，予想通りの結果であるといえる．

さらに，時期 7（東日本大震災）のように，短期ファクターでは大きく負けているが，長期ファクターは負けが限定的である時期に関しては，どちらの手法も長期ファクターを維持している．

市場急変は，長期ファクターが著しく負けているあるいは短期ファクターが著しくリターンを上げている時期，もしくは長期ファクターも短期ファクターも大きく負けている時期という 2 通りのパターンが考えられるが，前者におい

ては提案手法2が有効で，後者においては提案手法1が有効であった．

4 まとめと展望

本研究は，合成IC最大化法とPEMを組み合わせることで，売買回転率をおさえつつ，市場環境急変時にも対応した手法を提案し，日本株でどのような成果を得られるかを検証した．合成IC最大化法は合成後のICが最大となるように合成ウェイトを決め，複数のファクターを組み合わせる方法で，本研究では過去3ヶ月のIC平均を長期予想ICとし，前月のICを短期予想ICとして，長期ファクター，短期ファクターの2種類のファクターを作成した．また，この2種類のファクターに対して，長期的に有効なファクターが市場の急変時において有効でなくなった場合に，短期的に有効な他のファクターに切り替える，機械学習の一種であるQ学習を応用したコンセプトドリフトに対応するPEMを用いて，二つの提案手法を提示した．提案手法1とは，長期ファクターが大きく負けた時期においてのみ短期ファクターに素早く切り替え，その後の損失を回避する手法である．提案手法2とは，長期ファクターと短期ファクターのリターン差が一定以上に開く場合，つまり短期ファクターのみが有効であった時期において，短期ファクターに切り替えを行う手法である．

本研究が提案する手法のどちらに関しても，通期で見れば，3ヶ月という比較的に長期の過去ICを予想ICとして合成ウェイトの決定に用いる長期ファクターや前月のICのみを予想ICとして合成ウェイトを決定する短期ファクターのどちらよりも高いリターンで，かつ低いリスク，MaxDrawDownが改善するという結果となった．また，長期ファクターが短期ファクターに負けている時期にフォーカスしてみると，長期ファクターが大きな損失を出してしまっている時期に関しては提案手法1，2ともに短期ファクターに切り替えを行っている．一方，長期ファクターは損失を出していないが，短期ファクターがそれを上回る高いリターンを出している時期に関しては，提案手法2のみ短期ファクターに切り替えを行っているという結果になった．このように，長期ファクターを維持しながら，市場の急変により長期ファクターが著しく損失を出してしまう時期において，特に提案手法2では，翌月から素早く短期ファクターに切

り替えることで，損失を限定する効果がある．

　本研究では，長期ファクター，短期ファクターの二つのポートフォリオの切り替えを行っているが，実運用に関しては三つ以上の切り替えを要求することも多い．このことに関しては，次回の課題にしたい．また，今回のリターンの計測方法は五分位スプレッドリターンという手法を使っているが，そのリターンを実現するためには，第一分位のすべての銘柄をロングし，第五分位のすべての銘柄をショートする必要があるため，実務上では実際に実現することは難しいと考えられる．より実務的には，流動性リスクの観点および貸株の制約により，ロング（ショート）できる銘柄の選定が必要不可欠である．この選定にはポートフォリオマネージメントシステムの利用が考えられる．この分析を含めることで，提案手法のより現実的な有効性を検証できる．

〈留意事項〉

　本論文はスパークス・アセット・マネジメント株式会社の公式見解を表すものではありません．すべては個人的見解であります．本論文に記載された情報は信頼すべき情報源から入手したものですが，誤りが存在する可能性があります．したがって，該当情報および結果の正確性について一切保証するものではなりません．また，意思決定に関してなんらの推奨をするものでもありません．

〔参考文献〕

大庭昭彦編著（2008），『最新金融工学に学ぶ資産運用戦略』，東洋経済新報社．
杉原慶彦（2010），「取引コストの削減を巡る市場参加者の取り組み」『アルゴリズム取引と代替市場の活用』，日本銀行金融研究所 Discussion Paper No.2010-J-26.
古幡征史・水田孝信・曹　治平（2010），『市場急変に対応する予測モデルの提案』，人工知能学会ファイナンスにおける人工知能応用研究会　第5回．
水田孝信・小林　悟（2009），『機関投資家が人工知能に期待すること』，人工知能学会ファイナンスにおける人工知能応用研究会　第3回．
Brown, B.R. (2010), "Chasing the Same Signals", Wiley Trading.
Carhart, M. (1997), "On persistence of mutual fund performance", *Journal of Finance* **52**, pp.57-82.

Fabozzi, F.J., S.M. Focardi and P.N. Kolm (2010), "Quantitative Equity Investing: Techniquies and Strategies", Wiley.

Fama.E.F and K.R. French (1992), "The Cross-Section of Expected Stock return", *Journal of Finance* **47**, pp.427-465.

Furuhata M., T. Mizuta and J. So (2010), "Paired Evaluators Method to Track Concept Drift: An application for Hedge Funds Operations, 5th International Workshop on Chance Discovery", *IWCD* 10.

Kestner, L. (2003), "Quantitative Trading Strategies: Harnessing the Power of Quantitative Techniques to Create a Winning Trading Program", McGraw-HILL.

Khandani, A.E. and A.W. Lo (2007), "What happened to the quants in August 2007?", Working paper, Massachusetts Institute of Technology.

Narang, R.K. (2009), "Inside the Black Box", Wiley Finance.

Sharpe, W.F. (1964), "Capital asset prices: A theory of market equilibrium under conditions of risk", *Journal of Finance*, **19** (3), 425-442.

Sorensen, E.H., E. Qian, R. Schoen and R. Hua (2004), "Multiple Alpha Sources and Active Management", *The Journal of Portfolio Management*, pp.39-45.

Tortoriello, R. (2008), "Quantitative Strategies for Achieving Alpha", McGraw-Hill.

Watkins, C.J.C.H. (1989), "Learning from Delayed Rewards, PhD thesis", Cambridge University.

(曹　治平：スパークス・アセット・マネジメント株式会社)
(古幡征史：南カリフォルニア大学コンピューターサイエンス学部)
(水田孝信：スパークス・アセット・マネジメント株式会社/
東京大学大学院工学系研究科)

3 株式市場の状態とウイナーポートフォリオの
　　ポジティブリターン*

吉野貴晶・橋本純一

概要 ウイナーポートフォリオとは，株式市場において，過去の一定期間に，他の銘柄と比べてリターンが上昇した銘柄で作られたポートフォリオである．本論文では，我が国において大型株を対象に分析を行うと，ウイナーポートフォリオは，将来の一定期間においても，上昇を持続する傾向があることを示す．また，株式市場がどのような状態の時に，ウイナーポートフォリオのポジティブなリターンが強く観察されるかを検証する．そして，分析の対象銘柄をクロスセクションに捉えてリターンのディスパージョンを計測すると，そのディスパージョンが小さい時に，ウイナーポートフォリオのポジティブなリターンが，特に有意に観察されることを示す．こうした結果は，米国市場において，リターンのディスパージョンが小さい時にモメンタム現象が強く見られるという，Stivers and Sun (2010) の報告とも関連した結果として捉えられる．本論文では，ディスパージョンを求める際に，Stivers and Sun (2010) が用いた通常のリターンではなく，銘柄固有リターンを用いる方が，ウイナーポートフォリオのポジティブなリターンとの関係が強く見られることを示す．

1 はじめに

本論文で分析に用いるウイナーポートフォリオのポジティブなリターンとは，株式市場において，過去の一定期間に，他の銘柄と比べてリターンが上昇した銘柄で作られたポートフォリオ（winner, 以後，「ウイナーポートフォリオ」と

＊ 本論文の作成にあたって，椿　広計先生（情報・システム研究機構　統計数理研究所　副所長），山田雄二先生（筑波大学　ビジネスサイエンス系），小倉　昇先生（青山学院大学　会計プロフェッション研究科）から多くの貴重な助言を頂いた．また，匿名の査読者から頂いたコメントは改訂にあたり非常に役に立った．この場をお借りして深く感謝したい．なお，本論文にありうべき過ちは全て筆者に帰するものである．

表す）が，将来の一定期間においても，上昇を持続する傾向を示すことである．過去にリターンが下落した銘柄のポートフォリオ（loser，以後，「ルーザーポートフォリオ」と表す）が，将来においても下落を持続することと，合わせてモメンタムファクターを構成するもので，本論文では，モメンタムに関するファクターと表する．本論文では，日本の株式市場において，ウイナーポートフォリオのポジティブなリターンが観測されることを確認する．そして，クロスセクションに見たリターンの散らばりであるリターンディスパージョン（return dispersion，以後，「RD」と表す）が小さいと，将来のウイナーポートフォリオのリターンがプラスに大きくなる関係を明らかにする．米国では，モメンタムファクターの研究が発展を見せており，運用の実務にも応用されている[1]．一方，これまで日本では，竹原（2008）など，モメンタムはリターンを説明する要因として有意ではないとの報告が殆どであった．しかし，特に，株式時価総額（以後，「時価総額」と表す）が大きい銘柄で外国人投資家の保有比率が上昇をみせており[2]，株式の売買に外国人投資家のインパクトが高まるなかで，日本市場も米国市場で見られるモメンタム現象が観察される可能性がある．本論文の研究の動機は，こうした考えによる．

本論文の構成は次のようである．2節では，先行研究を示す．3節では，日本においてウイナーポートフォリオのポジティブリターンの存在を明らかにする検証を行う．4節では，3節で明らかになるウイナーポートフォリオを対象として，株式市場の状態別に有意にポジティブリターンとなる仮説の設定と検証モデルを提示する．5節では，検証モデルに用いる変数の定義を行う．6節では，本論文のメインの株式市場の状態とウイナーポートフォリオのポジティブなリ

---

1) Lo and Patel (2008) は，米国における株式のエンハンストアクティブ運用が有効な戦略であることを主張した論文である．彼らの論文のなかで紹介された，Credit Suisse Quantitative Equity Reserch Group 社の Alpha Factors モデルでは，10個のファクターのうちの1つにモメンタムファクターが用いられている．
2) 東京証券取引所が流動性や規模などの観点で，上場企業から500銘柄を選別するTOPIX500を対象に，東洋経済新報社が提供する大株主ファイルを使って，2011年2月末時点で取得できるデータで外国人保有比率の単純平均を計算すると22.3％となった．10年前の2001年2月の14.2％に比べて8.1％上昇，20年前の1991年2月の5.3％に比べて17.0％上昇した．なお，1991年2月はTOPIX500の算出開始前のため，算出開始時の銘柄を遡及して求めた．

ターンとの回帰分析の結果を示す．7節は分析結果の頑健性の検証を行う．最後に8節では，本論文をまとめる．

2 先 行 研 究

モメンタム現象に関する研究は大きく2つに分けられる．モメンタム現象の存在を明らかにする研究と，モメンタム現象の特徴を捉える研究である．後者に関しては，株式市場がどのような状態の時に，モメンタムファクターのリターンが有意に観察できるかを明らかにする研究などがある．本節では，先行研究に関して，これらの2つに分類してレビューする．

2.1 モメンタム現象の存在を検証した研究

DeBondt and Thaler（1985）は，米国において1933年から1980年の期間を対象に，3年から5年の formation period（ファクター形成のための期間）に対して，3年から5年の holding period（ファクターに対応したリターンの計測期間）との間で検証を行った．そして，formation period において相対的に高い株式リターンを経験した銘柄群の holding period におけるリターンが，相対的に低い株式リターンを経験した銘柄群の holding period におけるリターンを有意に下回るという，リバーサル現象を報告した．同論文以降，過去の株式リターンの情報から将来のリターンを予測する研究が発展した．そのなかで，モメンタムファクターに関する研究の発展が見られたのは，Jegadeesh and Titman（1993）以降である．Jegadeesh and Titman（1993）は NYSE，AMEX 市場において，1965年から1989年までの期間にモメンタム現象が観察されることを示した．彼らは，モメンタムファクターの算出において1カ月の interval[3]を含んだ formation period を3カ月，6カ月，9カ月，12カ月とした一方，holding period も3カ月，6カ月，9カ月，12カ月とする合計16パターンの検

---

[3] interval は，formation period を形成する終点の1カ月とし，モメンタムファクターの算出に含めない期間である．なお本論文では，interval も含めて formation period として定義する．すなわち formation period が6カ月で1カ月の interval の場合には，実際のモメンタムファクターの形成は5カ月間で行う．

証を行った.その結果,formation period が3カ月で holding period も3カ月の組み合わせ以外は,formation period において相対的に株式リターンが高かった銘柄群が,相対的に低かった銘柄群に比べて holding period におけるリターンが有意に上回るモメンタムファクターの存在を示した.

Fama and French (1993) で提案された3ファクターモデル(以後,「Fama-French 3ファクターモデル」と表す)は,投資理論や運用実務界でアノマリーや資本コストの検証に広く用いられてきた.しかし Fama and French (1996) は,NYSE 市場における 1963 年から 1993 年までの期間で,Fama-French 3ファクターモデルが,モメンタムに関するリターンの変動を説明できないことを示した.そして,Carhart (1997) は,1962 年から 1993 年までの米国株式ファンドのリターンを対象とした分析で,モメンタムファクターが,米国の株式市場のリターンに有意な影響を与えるとして,Fama-French 3ファクターモデルにモメンタムに関するファクターの UMD を加えた4ファクターモデルを考案した.

一方,日本では,モメンタムファクターのリターンの存在に関しては否定的な検証が報告されている.Chui et al. (2000) は,日本経済新聞社の NEEDS,PACAP[4],Datastream のデータを用いて,1972 年2月から 2000 年2月までの期間で分析を行い,日本ではモメンタム現象が観察されないことを示した.竹原 (2008) は 1977 年から 2006 年までの期間で,東証上場企業を対象に,Fama-French 3ファクターモデルに対して,過去のリターンを基準に作ったファクターを加えてもリターンの変動の説明力は限定的であることを示した.徳永 (2008) は,東証上場企業を対象に 1977 年2月から 2005 年 10 月の期間で,Jegadeesh and Titman (1993) が米国で発見したモメンタムファクターのリターンが,日本の株式市場では観察されないことを報告した.しかし,日本でもモメンタム現象の可能性を指摘する報告もある.徳永 (2003) は,formation period に,1カ月間の interval を用いることで,「1カ月の大きなリターンリバーサルの影響を除くことが出来る」として,分析対象を時価総額が大きい銘柄に絞るとモメンタムの傾向が否定できないことを報告した.Kato (1990) は,

---

4) University of Rhode Island の Pacific Basin Capital Market Research Center に収録されたデータ.

DeBondt and Thaler（1985, 1987）を日本に適用して，東証1部企業を対象に1973年から1987年までの期間で分析を行った．そのなかで1980年以前は36カ月の formation period で構築したウイナーポートフォリオの，36カ月の holding period のリターンがネガティブ，ルーザーポートフォリオがポジティブとなることからリターンリバーサルが観察されると指摘した．しかし，1980年以降における分析結果からは，ルーザーポートフォリオのその後のポジティブなリターンとなる傾向が見られないことも示した．日本においてモメンタムに関する分析を行う場合にも，ウイナーとルーザーの2つのポートフォリオに分けて検証する必要性を示唆した研究であり，本稿における分析もこうした考えが背景にある．

2.2 モメンタムファクターのリターンの特徴を明らかにした研究

近年，モメンタム現象に関する研究の中心は，その存在を明らかにする検証から，モメンタム現象の特徴を捉える研究に移っている．特に，どのような株式市場の状態の時に，モメンタムファクターのリターンが有意に観察されるか，といった研究が多く見られる．

Stivers and Sun（2010）は，株式市場の状態に関する代理変数として，RD を取り上げて，モメンタムファクターのリターンとの関係を検証した．彼らは，NYSE 及び AMEX の銘柄を対象に，1962年1月から2005年12月までの44年間の検証を行った．その結果，RD はモメンタムファクターのリターンと有意に負の関係があると報告した．すなわち RD が小さいと，その後，モメンタム現象が強まるというものである．更に，RD と景気循環の関係を捉えて，好景気の場面で RD が小さくなる傾向があると主張した．景気とモメンタム現象との関係を明らかにした研究には Chordia and Shivakumar（2002）がある．同論文は，1926年7月から1994年12月までの米国市場で分析を行い，好景気の場面でモメンタム現象が見られることを示した．Stivers and Sun（2010）は，Chordia and Shivakumar（2002）の指摘から，好景気で RD が小さくなり，モメンタム現象が強まると考察した．

株式市場の変動とモメンタムファクターとの関係を分析した研究に Cooper et al.（2004）がある．同論文では，米国の NYSE，AMEX 市場を対象として，

1926年1月から1995年12月の期間において，過去36カ月の株式市場リターンがプラスであった後の期間は，モメンタムファクターのリターンもプラスとなる傾向が強く見られることを示した．すなわち，モメンタム現象は株式市場の上昇局面後の期間に生じやすいというものである．更に，Asem and Tian (2010) は，NYSE, AMEX, NASDAQ 市場を対象に，1927年1月から2005年12月の期間で株式市場の変動とモメンタムファクターのリターンの関係について分析した．彼らは株式市場を過去と将来の2局面に分けて考え，「過去が上昇，将来が上昇」「過去が上昇，将来が下落」「過去が下落，将来が上昇」「過去が下落，将来が下落」の4つの状態に分類した後に，それぞれの4つのパターンでモメンタムファクターのリターンを集計した．Asem and Tian (2010) は，株式市場の変動とモメンタムファクターのリターンの関係を分析する上で，Daniel et al. (1998), Hong and Stein (1999), Sagi and Seasholes (2007) の3つの先行研究を取り上げて，何れの結果が成立しているかを明らかにした．Daniel et al. (1998) は，株式市場が「過去が上昇，将来が上昇」や「過去が下落，将来が下落」のように同方向に連続している局面ではモメンタムファクターのリターンがプラスの傾向があると指摘した．同論文では，投資家行動が買い（売り）のとき，広く公に開示されている公的情報（public information）もポジティブ（ネガティブ）であるなら，投資家は過信して過剰反応を示すと指摘した．そして，連続的な過剰反応は，初期段階でリターンの正の系列相関，すなわちモメンタムの傾向が見られやすくなると主張した．Hong and Stein (1999) は，株式市場が「過去が下落，将来が下落」や「過去が上昇，将来が下落」のように下落局面が続いたり，上昇から下落に転じた局面に比べて，「過去が上昇，将来が上昇」や「過去が下落，将来が上昇」のように上昇局面が続いたり，下落から上昇に転じた局面の方が，投資家の市場の先行きの予測が行いやすいことから，リスク回避度が低下して，モメンタムにつながると指摘した．Hong and Stein (1999) は，一部の投資家のみが利用可能である私的情報（private information）は公的情報と比べて緩やかに広まるため，リターンは正の系列相関を持つと指摘した．そして，モメンタム投資家のリスク回避度が低下する状況では，モメンタム行動を取る投資家[5]（momentum traders）が情報に対して過剰反応すると，より大きく持続的な過剰反応が起こることから，リ

ターンのモメンタム現象が起こると指摘した.

Sagi and Seasholes（2007）は，株式市場の上昇局面では企業が成長オプション[6]（growth options）を行使しやすくなるため，投資家が企業の成長に対する期待を持続して有することにより，株式リターンも同方向に連続して変動する傾向（モメンタム現象）になることを示した.

3 日本市場におけるモメンタム現象の存在に関する分析

3.1 モメンタムに関するファクターの定義と分析データ

本論文は，日本の株式市場を対象に，モメンタムに関するファクターについて，株式市場の状態の違いによりリターンの傾向に有意な差が見られることを，明らかにするものである．その前提の分析として，日本の株式市場においてモメンタムに関するファクターのリターンの存在を確認する検証を行う．本項では，モメンタムに関するファクター[7]の定義と，本論文で用いる分析データを示す．本論文における分析対象は，金融業[8]を除く東証1部上場企業とする．財務データ，時価総額及び株価やリターンに関するデータは，日経 NEEDS より取得し，財務データは連結決算を優先とする．分析サイクルは月次とする．モメンタムファクターに関するリターンを対象とする分析の期間は，1981年12月から2011年2月[9]までの351カ月とする[10]．なお，分析に用いるリターンは，分析を行う際に，個別銘柄リターンの外れ値処理として，月次で分析対象銘柄をクロスセクションに見て1%（99%）点以下（以上）のものは，その1%

---

5) 同論文における定義は，モメンタムファクターを運用収益の源泉とする投資家という意味ではなく，情報に対する株価の反応に素直に追随して投資を行う投資家である．

6) 現時点における投資が，将来の業績拡大につながる可能性があるという，企業の成長のための経営戦略である．

7) 日本において先行研究でモメンタム現象が確認されていない．しかし，本論文では表記を分かりやすくするため，モメンタムファクターと表す．

8) 証券コード協議会が定める大分類の金融・保険業に該当する銘柄を除く．すなわち，中分類の銀行業，証券，商品先物取引業，保険業，その他金融業を除いている．久保田・竹原（2000）における Fama-French 3 ファクターモデルに関する検証も金融業を除いており，久保田・竹原（2007）は「株式リターンのクロスセクショナルバリエーションに関する実証分析においては，金融業を分析に含めないことが一般的である」と指摘している．

(99%)点の数値で置換する[11].

　本論文で対象としたモメンタムファクターの定義は次のようである．モメンタムファクターに関しては，Jegadeesh and Titman（1993）の分析が知られており，その後の研究のベースとされてきた[12]．そこで，本論文では Jegadeesh and Titman（1993）に従い，formation period を 6 カ月とする．ただし t 月を基準（$t-1$ 月末）に検証を行う場合には，$t-1$ 月である 1 カ月の interval をおいて，$t-6$ 月から $t-2$ 月までの 5 カ月間のリターンを用いる．holding period のスタートとの間に 1 カ月の interval を置く理由は，米国における Jegadeesh and Titman（1993）や，Carhart（1997）に従い，短期的なリバーサル現象を除くためである．そして，分析対象銘柄をクロスセクションに formation period における $t-6$ 月から $t-2$ 月までの 5 カ月リターンを降順に並び替えて，銘柄数ベースで上位 10%点までに入る銘柄の等ウエイトで構成したポートフォリオをウイナーポートフォリオとする．また，下位 10%点までに入る銘柄の等ウエイトポートフォリオをルーザーポートフォリオとする．そして，ウイナーポートフォリオのロング（買い）と，ルーザーポートフォリオのショート（売り）によるゼロコストポートフォリオをモメンタムポートフォリオとする[13]．

　更に，分析結果の頑健性を捉える観点から，ウイナーポートフォリオとルー

---

9) モメンタムファクター，その後のリターンとの関係を検証する際の，そのリターンの算出期間（holding period）は 6 カ月間とする．実際の分析期間に関しては 2011 年 2 月の 6 カ月前にあたる，2010 年 9 月からの 6 カ月間を検証の最後の holding period とする．
10) 日経 NEEDS に収録されているリターンデータは 1977 年 1 月以降である．しかし本論文ではモメンタムに関するファクター（ウイナーポートフォリオ）との関係を分析するための株式市場の状態の変数として，idiosyncratic return の RD を用いる．idiosyncratic return の算出のリスクフリーレートは有担保コール翌日物レートとするが，日経 NEEDS では同レートの収録が 1978 年 10 月以降であることから，同月以降の 3 年間で idiosyncratic return の算出を行い，更に，RD の算出には，単月で算出した RD の 3 カ月平均を用いているため，1981 年 9 月から 11 月までの 3 カ月平均となり，その後のモメンタムに関するファクターの算出は翌月である 1981 年 12 月（基準となる t 時点）以降の分析が可能となる．
11) 分析にあたり，外れ値の処理に関して結果の頑健性を捉えるため，1%（99%）点を閾値とする丸め処理の他にも，3%（97%）点での丸め処理と，5%（95%）点での丸め処理の 2 通りのデータを用いた同様の検証も行った．分析の結果，これらの閾値を変えた場合にも，本論文で示す分析結果と変わらなかった．
12) 例えば，Carhart(1997) の 4 ファクターモデルも Jegadeesh and Titman(1993) に従っている．

ザーポートフォリオのファクターに関して，それぞれ準ウイナーポートフォリオと準ルーザーポートフォリオを構築する．準ウイナー（準ルーザー）ポートフォリオは formation period におけるリターンを降順（昇順）に並び替えて，銘柄数ベースで上位 10%点までには入らないが，20%点までには入る銘柄による等ウエイトのポートフォリオとする．次に，holding period は，t 月からの 6 カ月間とする[14]．図 3-1 はモメンタムに関するファクター算出の時間的な関係を示している．

本論文では，時価総額が大きい銘柄を対象とした場合の，モメンタムファクターのリターンに関する検証も行う．これは，徳永（2003）で，時価総額が大きい銘柄ではモメンタムファクターに関するリターンの存在の可能性が指摘されたためである．時価総額が大きい銘柄を対象としたモメンタムファクターの算出は，Stivers and Sun（2010）に従う．モメンタムポートフォリオの構築時点である $t-2$ 月末時点[15]で，分析対象である金融業を除いた東証 1 部上場企業のなかで，時価総額が上位から 20%までに該当する銘柄（以後，「大型株」と表す）のみを対象にウイナーやルーザーなどの等ウエイトポートフォリオを構築して分析を行う．分析期間の終点の基準（$t-1$ 月末）時点である 2010 年 8 月末時点[16]で，ベースとなる金融業を除く東証 1 部上場企業では，1535 社が分析

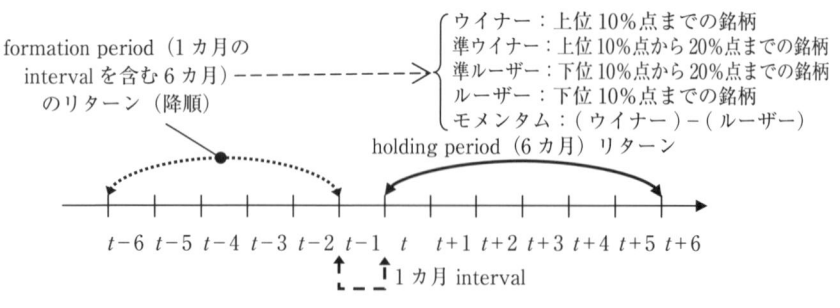

図 3-1 モメンタムに関するファクター算出の時間的な関係

---

13) 日本において先行研究でモメンタム現象が確認されていないが，本論文では表記を分かりやすくするため，モメンタムポートフォリオとする．
14) Asem and Tian（2010）と同じ holding period とする．
15) formation period の終点である $t-1$ 月末から 1 カ月の interval を遡った $t-2$ 月末時点．

表3-1 モメンタムに関するファクターの分析に用いた10系列ポートフォリオ

ファクター	分析対象	ポートフォリオ
モメンタム	東証1部	(ウイナー) − (ルーザー)
ルーザー		formation period のリターンの下位10%点までに入る銘柄
準ルーザー		formation period のリターンの下位10%点超20%点までに入る銘柄
準ウイナー		formation period のリターンの上位10%点超20%点までに入る銘柄
ウイナー		formation period のリターンの上位10%点までに入る銘柄
モメンタム	大型株	(ウイナー) − (ルーザー)
ルーザー		formation period のリターンの下位10%点までに入る銘柄
準ルーザー		formation period のリターンの下位10%点超20%点までに入る銘柄
準ウイナー		formation period のリターンの上位10%点超20%点までに入る銘柄
ウイナー		formation period のリターンの上位10%点までに入る銘柄

対象サンプルとなる．そして大型株では307社が分析対象サンプルとなる．以上を整理すると，表3-1の10個のポートフォリオの系列が分析パターンとなる．

3.2 モメンタムファクターに関するリターンの分析

本項では，Fama (1998) の手法に従い，モメンタムに関するファクターのリターンの検証結果を示す．表3-1で取り上げた10系列のポートフォリオのリターンを対象として，Fama-French 3 ファクターモデルを用いて，株式市場リターンに関するファクター（$R_m - R_f$），時価総額に関するファクター（SMB：small minus big）とB/Pに関するファクター（HML：high minus low）でコントロールできないリターンがあるかを観察する[17]．本論文において，モメンタムに関するファクターの分析に用いるポートフォリオは，何れもholding period が6カ月間とする．従ってFama-French 3 ファクターも6カ月間の累積値を用いる．そして式(1)で，被説明変数をモメンタムに関するファクターのリターンとする一方，説明変数をFama-French 3 ファクターとして，月次サ

---

[16] 分析期間の終点の holding period が2010年9月から2011年2月の6カ月間であるため2010年8月末時点．

[17] Daniel et al. (2001) は日本ではFama-French 3 ファクターモデルの成立を棄却した．しかし久保田・竹原 (2007) は，日本の株式市場においてCAPM (Capital Asset Pricing Model) よりもFama-French 3 ファクターモデルの説明力が高いことを報告している．

イクルのヒストリカル回帰分析を行う．

$$R_{p,s} - R_{f,s} = \alpha_p + \beta_p(R_{m,s} - R_{f,s}) + s_p SMB_s + h_p HML_s + \varepsilon_{p,s} \qquad (1)$$

$R_{p,s}$：p ポートフォリオの s 期の 6 カ月リターン

$R_{f,s}$：s 期のリスクフリーレート

$R_{m,s}$：s 期の市場 6 カ月リターン

SMB_s：s 期の時価総額に関するファクターの 6 カ月リターン

HML_s：s 期の B/P に関するファクターの 6 カ月リターン

α_p：p ポートフォリオの切片項

β_p：p ポートフォリオのリスクフリーレート超過株式市場リターンの回帰係数

s_p：p ポートフォリオの SMB ファクターとの回帰係数

h_p：p ポートフォリオの HML ファクターとの回帰係数

$\varepsilon_{p,s}$：p ポートフォリオの s 期の誤差項

本論文における同モデルの算出は，久保田・竹原（2007）に基づいており，分析対象を金融業を除く東証 1 部上場企業に適用するものである．

1981 年 12 月から 2010 年 9 月までの 346 カ月間の全期間の分析結果と，期間を 2 分割した前半（1981 年 12 月から 1996 年 4 月）と後半（1996 年 5 月から 2010 年 9 月）のそれぞれのサンプル期間での分析も合わせて行う．後半の結果は，近年のモメンタムに関するファクターの傾向を観察するためである．分析結果を表 3-2 で示している．Fama-French 3 ファクターで説明できないリターンの存在を見るための切片項と，その有意性を両側 t 検定による p 値でとらえている．切片が有意に 0 から離れていれば，Fama-French 3 ファクターで説明されないリターンが存在する可能性が考えられる．

分析結果から次のことが分かった．分析対象を東証 1 部とした場合，モメンタムポートフォリオのリターンについては，まず全期間で切片は 0.0011 とプラスではあったものの，p 値は 93.05％となり有意な水準とはならなかった．期間前半，期間後半の結果でも切片の p 値の水準は大きく，モメンタムファクターのリターンの存在可能性が示されなかった．これは徳永（2008）など，日本におけるモメンタム現象が見られないとされた多くの先行研究と整合する．更に，モメンタムポートフォリオを構成するルーザーポートフォリオとウイナー

3 株式市場の状態とウイナーポートフォリオのポジティブリターン　61

表 3-2　モメンタムに関するファクターのリターンの分析結果

			分析対象：東証1部			分析対象：大型株		
			全期間	期間前半	期間後半	全期間	期間前半	期間後半
モメンタム	切片	値	0.0011	−0.0092	−0.0074	0.0269	0.0011	0.0488
		t 値	0.09	−0.69	−0.34	1.36	0.08	1.42
		p 値	93.05%	49.08%	73.51%	17.51%	93.95%	15.72%
	修正 R^2		17.64%	7.82%	24.57%	9.86%	−0.07%	17.38%
ルーザー	切片	値	−0.0045	0.0031	0.0066	−0.0057	0.0082	−0.0170
		t 値	−0.41	0.39	0.34	−0.46	0.89	−0.86
		p 値	68.31%	69.40%	73.52%	64.31%	37.56%	39.17%
	修正 R^2		79.22%	88.39%	78.57%	70.90%	77.15%	71.40%
準ルーザー	切片	値	−0.0006	0.0037	0.0053	−0.0106	−0.0033	−0.0157
		t 値	−0.09	0.68	0.43	−1.15	−0.47	−1.05
		p 値	92.97%	49.55%	66.58%	25.17%	63.95%	29.70%
	修正 R^2		88.07%	93.55%	87.17%	79.02%	85.57%	76.18%
準ウイナー	切片	値	−0.0022	0.0052	−0.0140	0.0032	0.0070	−0.0010
		t 値	−0.38	1.06	−1.91	0.50	0.81	−0.12
		p 値	70.08%	28.89%	5.82%	61.46%	41.88%	90.74%
	修正 R^2		89.56%	93.37%	88.53%	82.30%	83.88%	80.91%
ウイナー	切片	値	−0.0033	−0.0060	−0.0008	0.0212	0.0092	0.0318
		t 値	−0.47	−0.93	−0.09	2.22	1.02	1.90
		p 値	63.77%	35.48%	93.21%	2.73%	31.10%	5.91%
	修正 R^2		85.82%	90.24%	83.85%	76.85%	77.89%	76.99%

分析対象は金融業を除く東証1部の上場企業とする．分析対象銘柄をクロスセクションに formation period における $t-6$ 月から $t-2$ 月までの累積リターンを降順（リターンの大きい順）に並び替えて，銘柄数ベースで上位 10％点までに入る銘柄の等ウエイトで構成したポートフォリオをウイナーポートフォリオとする．また，下位 10％点までに入る銘柄の等ウエイトポートフォリオをルーザーポートフォリオとする．そして，ウイナーポートフォリオのロング（買い）と，ルーザーポートフォリオのショート（売り）によるゼロコストポートフォリオをモメンタムポートフォリオとする．holding period である 6 カ月間の各ポートフォリオのリターン（リスクフリーレート超過リターン）を被説明変数，$R_m - R_f$，SMB，HML を説明変数とする時系列回帰の結果（説明変数も holding period に対応したリターン）．全期間は 1981 年 12 月から 2010 年 9 月までの 346 カ月，期間前半は 1981 年 12 月から 1996 年 4 月までの 173 カ月，期間後半は 1996 年 5 月から 2010 年 9 月までの 173 カ月．t 値の算出には，誤差項の不均一分散と系列相関を修正した標準誤差をベースに Newey-West 法による補正値を用いる．p 値は両側検定の結果を示す．

ポートフォリオのリターンの分析結果を観察する．ルーザーポートフォリオのリターンについては，全期間で切片が−0.0045 とマイナスだが，p 値は 68.31％と有意な水準ではなかった．そして期間前半と後半では切片がプラスとなり，p 値は有意な水準ではなかった．これは準ルーザーポートフォリオのリターンでも同様の結果となり，全期間で切片が−0.0006 とマイナスだが，p 値は有意な水準ではなかった．期間前半と後半では切片がプラスとなり，p 値は有意な水準ではなかった．すなわちルーザーポートフォリオのリターンが有意に低下する傾向は見られなかった．一方，ウイナーポートフォリオについては，全期間では切片が−0.0033 とマイナスとなり p 値は 63.77％と有意な水準ではなかった．期間前半と後半でも切片はマイナスとなり，p 値は有意な水準ではなかった．

一方，分析対象を大型株とした分析では，モメンタムポートフォリオについても，全期間で切片は 0.0269 とプラスだが，p 値は 17.51％であった．期間後半の結果に関しても，切片は 0.0488 とプラスであり，p 値は 15.72％となった．何れも p 値の水準は十分に小さいとは言えない．しかし，東証 1 部の結果と比較しても，p 値の水準が大きくないため，モメンタムファクターの存在可能性も否定できない．次に，モメンタムポートフォリオのリターンに関してルーザーポートフォリオとウイナーポートフォリオのリターンの 2 つの構成要因を観察する．ルーザーポートフォリオについては，全期間で切片が−0.0057 とマイナスとなったが，p 値が 64.31％と有意な水準ではなかった．一方，ウイナーポートフォリオについては，全期間で切片が 0.0212 で p 値が 2.73％とプラスに有意な水準となった．期間前半では切片の p 値が 31.10％と有意な水準ではないが，期間後半の結果では切片の p 値は 5.91％と，10％を基準とすれば有意に小さい水準となった．

以上をまとめると，大型株では東証 1 部の結果と異なりモメンタムファクターのリターンの存在可能性は否定されない結果であった．そして，大型株ではウイナーポートフォリオのポジティブリターンが，期間後半で特に有意に見られる結果となった．

Shleifer（2000）は，モメンタムファクターのリターンは，Tversky and Kahneman（1974）が明らかにしたアンカリングと調整が根拠にあることを指

摘した[18]．アンカリングと調整は新しい情報が与えられても，投資家は自分の信念を変更しようとしないため，情報が株価に十分に反映されない過小反応が起こるが，その後の株価が情報を反映していく過程でトレンドが形成されてモメンタム現象が発生するというものである．そして Daniel et al. (1998) は，モメンタム現象が日本市場では観察されない点に関して，日本人は欧米人に比べてアンカリングを引き起こす自己責任バイアスが小さいことが要因であると解釈した．自己責任バイアスとは成功を自らの内的要因によると考える一方，失敗は外的要因によると考える傾向である．

東証 1 部上場企業において代表的な大型株の株価指数である TOPIX500 採用銘柄を対象とすると，次の傾向が観察できる．2011 年 2 月末時点で取得できる東洋経済新報社が提供する大株主ファイルのデータをもとに外国人保有比率の単純平均を計算すると 22.3％となった．それ以外の東証 1 部上場企業の外国人保有比率の単純平均は 8.4％となっており，13.9％ポイントの差がある．大型株では外国人投資家の保有比率が高いことが，ウイナーポートフォリオのポジティブリターンの理由と考えられる[19]．

そこで，外国人投資家の売買とウイナーポートフォリオのポジティブリターンとの関係を，より深く捉えるため，ウイナーポートフォリオのポジティブリ

---

18) モメンタムファクターのリターンの存在理由として，Johnson (2002) は，米国における上場企業を対象に，企業の成長率の水準が上昇すると，それに伴い企業の（成長率）リスクが増加すると指摘したうえで，株式リターンは期待利益成長率の水準と正の相関関係があるため，（成長率）リスクとも正の相関関係があると主張した．そして，株式リターンが高い企業は，高いリスクを持つため，その後も高リターンとなると指摘した．

19) 追加的な分析として，分析対象銘柄を分割して，外国人投資家の保有比率が大きい銘柄群と，小さい銘柄群の 2 つを基準に，それぞれの分割された銘柄群のなかで，式 (1) による回帰分析によりモメンタムに関するファクターのリターンの検証も行った．1991年 1 月から 2010 年 9 月までの 237 カ月の期間で分析対象銘柄のなかで，モメンタムポートフォリオの構築時点で外国人の保有比率の上位から 25％までに該当する銘柄を対象に，ウイナーポートフォリオを構築した分析である．その結果，ウイナーポートフォリオのリターンがポジティブ方向に両側検定で 22.81％の p 値となり，ある程度の有意な関係が示された．一方，外国人投資家の保有比率が小さい銘柄（保有比率の下位から 25％）を対象とした分析では，ウイナーポートフォリオのリターンがネガティブ方向に有意となった．すなわち，外国人投資家の保有比率が高い銘柄でウイナーポートフォリオのポジティブリターンの現象が見られ，保有比率が低い銘柄では見られないことが確認された．

ターンを対象に次の分析を行った．式(1) の Fama-French 3 ファクターモデルに，東証1部上場企業の外国人の売買金額の6カ月間の変化率の変数も加えた，4つの説明変数による回帰分析である．付録Aで分析の詳細を示している．分析結果から，外国人の売買の増大はウイナーポートフォリオのリターンに対して，有意にポジティブな影響を与えていることが示された．すなわち，外国人の売買が増える時に，ウイナーポートフォリオのポジティブなリターンの傾向が強まるというものである．外国人投資家の保有比率が高い大型株で，ウイナーポートフォリオのポジティブリターンの傾向が強く見られたのは，こうした背景があると考えられる．

しかし，大型株において，ウイナーポートフォリオのポジティブリターンは見られたものの，ルーザーポートフォリオのネガティブリターンが見られなかったことから，これらを合わせたモメンタム現象が有意に観察されなかった．TOPIX500指数の採用銘柄における外国人保有比率の単純平均は22.3%となり，10年前の2001年2月の14.2%に比べて8.1%ポイント上昇，20年前の1991年2月の5.3%に比べて17.0%ポイント上昇した．外国人が株式保有を増やす過程では株式のロングサイドとの関連が強いと考えられる．そしてロングサイドと関連するウイナーポートフォリオでは，アンカリングと調整が発生する一方，ルーザーポートフォリオでは外国人投資家による株式保有との関係が小さいと考えた．近年の大型株ではウイナーポートフォリオのポジティブリターンが有意に観察されたため，以後，本論文では，大型株を分析対象に絞ってウイナーポートフォリオのリターンを分析に用いた．

4 仮説の設定と検証モデル

本論文におけるメインの目的は，どのような株式市場の状態の場合に，大型株に絞って算出したウイナーポートフォリオ（以後，本論文では分析対象を大型株として算出したウイナーポートフォリオを，シンプルに，「ウイナーポートフォリオ」と表す）のポジティブリターンが特に有意に観察されるかを明らかにするものである．そこで次の2つの仮説を設定する．

仮説1：過去の RD が小さい時にウイナーポートフォリオがポジティブ

リターンとなる．

仮説2：過去と将来の株式市場の上昇と下落の方向が一致する場面に，ウイナーポートフォリオがポジティブリターンとなる．

仮説1は，Stivers and Sun（2010）の RD とモメンタムファクターのリターンの関係において，モメンタムファクターをウイナーポートフォリオに置き換えたものである．

次に，仮説2は，Asem and Tian（2010）の米国における株式市場の変動とモメンタムファクターのリターンの関係において，モメンタムファクターをウイナーポートフォリオに置き換えたものである．

仮説の検証には，式(2)のヒストリカル回帰モデルを用いる．ウイナーポートフォリオのリターンを被説明変数とする一方，RD と，株式市場の変動に関する交互作用項を説明変数とする．なお，被説明変数のウイナーポートフォリオのリターンは，市場全体の要因を除くため，分析対象である金融業を除く大型株のリターンの単純平均を引いている．以後，本論文で用いたウイナーポートフォリオのリターンに関する分析は同処理を施している．

$$winner_t = \alpha + \beta_1 RD_{t-1} + \sum_{x,y}(\beta_{x,y}R_{M36,t} + \gamma_{x,y}R_{M1,t})1_{x,y} + \varepsilon_t \tag{2}$$

$winner_t$：t 月のウイナーポートフォリオリターン

RD_{t-1}：$t-1$ 月の RD

$R_{M36,t}$：t 月の過去36カ月市場リターン

$R_{M1,t}$：t 月の将来1カ月市場リターン

$1_{x,y}$：(x,y) の月は1，それ以外の月は0となるダミー変数

x：過去が上昇または下落

y：将来が上昇または下落

α：切片項，β_1, $\beta_{x,y}$, $\gamma_{x,y}$：回帰係数

ε_t：t 月の残差項

株式市場の変動を示す交互作用項は，8つの変数を用いている．過去36カ月の市場リターン[20]に対応する部分が4つ，将来1カ月の市場リターン[21]に対応する部分が4つである．そして過去36カ月の市場リターンについては，「過去が上昇，将来が上昇」「過去が上昇，将来が下落」「過去が下落，将来が上昇」「過去が下落，将来が下落」の何れの状態であるかで，1か0のダミー変数が乗

表 3-3 回帰係数の符号とウイナーポートフォリオのリターンの方向の関係

株式市場の状態の変数		符号	ウイナーポートフォリオのリターンがプラスを示す結果
RD		+	RD が大きい時
		−	RD が小さい時
過去36カ月株式市場リターンと将来1カ月株式市場リターン	上昇	+	株式市場リターンの上昇が大きい時
		−	株式市場リターンが上昇が小さい時
	下落	+	株式市場リターンが下落が小さい時（マイナスが小さい）
		−	株式市場リターンが下落が大きい時（マイナスが大きい）

じられている。将来1カ月の市場リターンも同様に、1か0のダミー変数が乗じられる。従って、8つの交互作用項は「過去が上昇、将来が上昇」「過去が上昇、将来が下落」「過去が下落、将来が上昇」「過去が下落、将来が下落」の組み合わせによって、それぞれ対応した過去、或いは将来のリターンデータ、もしくは0のデータとなる変数である[22]。

表3-3は、回帰分析の結果を解釈する上で、説明変数における係数の符号とウイナーポートフォリオのリターンとの関係を示したものである。RD は、係数の符号がプラス（マイナス）であれば、RD が大きい（小さい）とウイナーポートフォリオのリターンのポジティブな傾向が強まることを示す。

8つの交互作用項の変数に関しては、過去36カ月市場リターンに関する4つの変数の場合を取り上げると、その過去36カ月市場リターンの上昇に関する2つの変数の符号が、（将来1カ月市場リターンの上昇と下落に関わらず）プラス（マイナス）の場合には、市場リターンの上昇が大きい（小さい）と、ウイナーポートフォリオのリターンのポジティブな傾向が強まることを示す。逆に、過

---

20) t 月のウイナーポートフォリオのリターンに対応した、過去36カ月の株式市場のリターンを使っているため、$t-1$ 月末までの36カ月間の株式市場リターンとする。36カ月間のリターンを用いた理由は Cooper et al. (2004) をベースに Stivers and Sun (2010) の分析方法に従っている。

21) t 月のウイナーポートフォリオのリターンに対応して、将来1カ月の株式市場のリターンを使っているため、t 月の1カ月間の株式市場リターンとする。1カ月間のリターンを用いた理由は Asem and Tian (2010) による。

22) 具体例を、付録Bに示している。

去36カ月市場リターンの下落に関する2つの変数（将来1カ月市場リターンの上昇と下落に関わらず）の符号がマイナス（プラス）の場合には，市場リターンの下落が大きい（小さい）とウイナーポートフォリオのリターンのポジティブな傾向が強まることを示す．

将来1カ月の市場リターンに関する4つの変数の場合も，前述の過去36カ月市場リターンと同様に解釈できる．

5 ウイナーポートフォリオのリターンを説明する変数とデータ

本節は，ウイナーポートフォリオのリターンとの関係を分析するための，株式市場の状態に関する変数の算出方法を示す．本論文では，RDと市場全体の変動に関する2つの変数を用いている．

1つ目の変数のRDは，Stivers and Sun（2010）に従って定義する．Stivers and Sun（2010）は，クロスセクショナルな月次リターンの標準偏差（RD_t）を，RDの代理変数のベースとして式(3)で定義している．

$$RD_t = \sqrt{\frac{1}{n-1}\sum_{i=1}^{n}(R_{i,t}-R_{\mu,t})^2} \tag{3}$$

RD_t：t月のRD

n：ポートフォリオ数（＝100個）

$R_{i,t}$：t月のiポートフォリオの月次リターン

$R_{\mu,t}$：t月のポートフォリオリターンの単純平均

Stivers and Sun（2010）では，RD_tの個別銘柄のリターンを用いるのではなく，ポートフォリオベースのリターンを用いている．これは個別銘柄要因を除いたRD_tを用いたためである．本論文も同様の手法を用いているが，更にRDの代理変数の対象を拡張して，個別銘柄要因のRDも分析に加える．個別銘柄要因に基づくRDは，idiosyncratic return（IR）で算出したクロスセクションの標準偏差（IRD_t）を用いる．このIRに関してt月時点における分析対象のクロスセクション標準偏差をIRD_tとする．本論文におけるオリジナルの変数のIRD_tを用いる理由は次のようである．ウイナーポートフォリオのポジティブリターンをモメンタムに関するファクターとして捉えると，その原因にはア

ンカリングに対する調整があると考えられる．個別銘柄要因の RD である IRD_t が高水準であることは，個々の株式の固有なリターンの散らばりを引き起こすニュースが多い市場環境である．そして，上昇した IRD_t がその後，低下する場面で，アンカリングに対する調整が行われて，ウイナーポートフォリオのポジティブリターンとなる傾向が強まると考えられる．一方，ポートフォリオベースの RD である RD_t は，市場全体のリターンの変動に影響を与える情報との関連が強いと考えられる．本研究は市場全体のリターンの変動ではなく，過去の株式が相対的に上昇してきた個別銘柄リターンの傾向を，ウイナーポートフォリオのポジティブリターンとして捉えるものである．従って，個別銘柄のアンカリングと調整の発生は，RD_t よりも IRD_t との関係が強いと考えられる．このため IRD_t を用いた方が，ウイナーポートフォリオのポジティブリターンとの関係を捉える上で，より強い傾向が観察され，ウイナーポートフォリオのポジティブリターンの傾向を把握できると考えられる．

Stivers and Sun（2010）は，RD_t について，更に市場リターンで調整後，時系列の変動を平滑化するために過去3カ月で平均している．そこで，本論文でも RD_t と IRD_t に関して，同様の処理を行い，それぞれを RRD，$IRRD$ と表す．算出方法の詳細は付録Cで示している．図3-2では RD の算出に関してウイナーポートフォリオのリターンと対応した時間的関係を示す．t 月のウイナーポートフォリオのリターンを被説明変数として回帰分析をする際に対応する説明変数の RD は $t-3$ 月から $t-1$ 月までの過去3カ月平均の RRD と $IRRD$ の2種類である．従って，回帰分析においては，説明変数に RRD を使ったモ

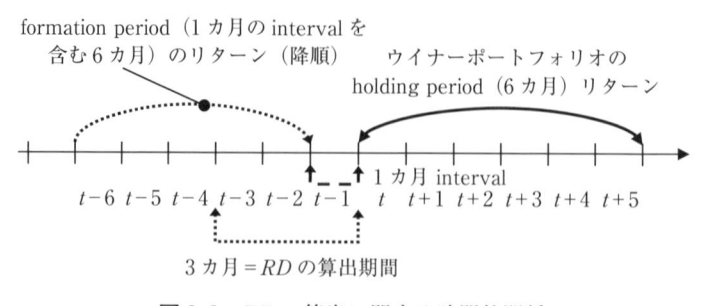

図3-2 RD の算出に関する時間的関係

3 株式市場の状態とウイナーポートフォリオのポジティブリターン   69

デルと，IRRD のモデルの 2 つのモデルを用いる．

　本論文の分析期間とデータは，1981 年 12 月から 2010 年 9 月までの 346 カ月であるが，例えば，分析期間の最初の基点である 1981 年 12 月に関して，RD（RRD と IRRD）は 1981 年 9 月から 1981 年 11 月までの 3 カ月平均値となる．ウイナーポートフォリオのリターンは，基点（1981 年 12 月）からの 6 カ月間のリターンであるため，1981 年 12 月から 1982 年 5 月までの月次リターンを累積して計算する．また，このウイナーポートフォリオは，1981 年 6 月から 1981 年 11 月までの過去 6 カ月のうち，基点の前月である 1981 年 11 月の 1 カ月の interval を空けた，1981 年 6 月から 1981 年 10 月までの過去 5 カ月のリターンを基準として構築している．従って，RD は基点の前月までの過去 3 カ月平均，モメンタムファクターによるリターンは基点からの 6 カ月リターンとして計算している．そして本論文では，これらを 1981 年 12 月の RD，或いはウイナーポートフォリオによるリターンと表す．分析期間の最後の基点は 2010 年 9 月となる．同時点の RD（RRD と IRRD）は 2010 年 6 月から 2010 年 8 月までの 3 カ月平均値とする．ウイナーポートフォリオによるリターンは，2010 年 9 月から 2011 年 2 月までの 6 カ月リターンで計算する．このウイナーポートフォリオのリターンは，2010 年 3 月から 2010 年 8 月までの過去 6 カ月のうち基点の前月である 2010 年 8 月の 1 カ月の interval を空けた 2010 年 3 月から 2010 年 7 月までの過去 5 カ月のリターンを基準として，基点からの 6 カ月リターンを計算する．これを 2010 年 9 月の RD 或いはウイナーポートフォリオと表す．

　次に，2 つ目の変数である市場全体の変動の変数に関しては次のようである．図 3-3 では，過去と将来の株式市場の変動とウイナーポートフォリオの時間的

$R_{M36,t}$：過去 36 カ月株式市場リターン　　$R_{M1,t}$：将来 1 カ月株式市場リターン
　　　　　上昇または下落　　　　　　　　　　　　　　上昇または下落

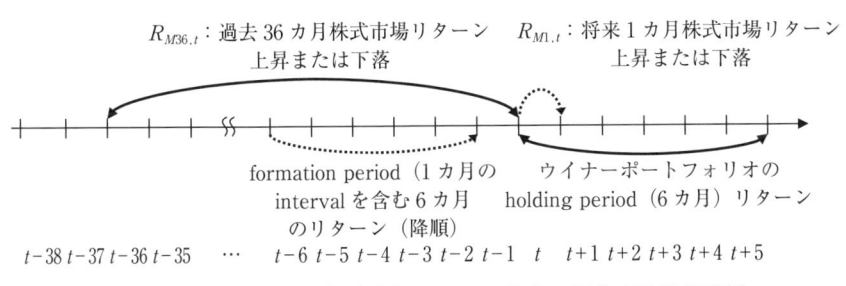

formation period（1 カ月の interval を含む 6 カ月のリターン（降順）
ウイナーポートフォリオの holding period（6 カ月）リターン

$t-38\ t-37\ t-36\ t-35\ \cdots\ t-6\ t-5\ t-4\ t-3\ t-2\ t-1\ t\ t+1\ t+2\ t+3\ t+4\ t+5$

図 3-3　過去と将来の株式市場リターン算出に関する時間的関係

関係を示している．過去は $t-1$ 月までの過去 36 カ月市場リターン，将来は t 月の 1 カ月の市場リターンで捉える．なお本論文における市場リターンは，分析対象である金融業を除く東証 1 部上場銘柄の上場株式時価総額加重平均リターン[23]として，この市場リターンをもとに株式市場の上昇，或いは下落の状態を判別する．回帰分析に用いる変数は，被説明変数と説明変数を共に外れ値処理として，分析期間の全期間で時系列に見て 1％（99％）点以下（以上）のものは，その 1％（99％）点の数値で置換する[24]．

6 分析結果

本節は式(2)の回帰分析の結果をまとめている．表 3-4 は説明変数の RD を RRD とした場合と，$IRRD$ とした場合の回帰分析の結果のうち，RRD と $IRRD$ の回帰係数と修正 R^2 を示したものである．先ず全期間の結果を見ると，RRD を用いた回帰分析では，回帰係数は -0.2231 で，その p 値は 83.17％となり有意に 0 から離れる水準ではなかった．そして $IRRD$ を説明変数とした結果も同様に，p 値は 49.18％となり有意に 0 から離れる水準ではなく，ウイナーポートフォリオのリターンと $IRRD$ の統計的な有意の傾向は見られなかった．次に，期間を前半と後半に分けた結果では，前半は RRD と $IRRD$ の回帰係数はプラスとなったが，p 値はそれぞれ，30.59％，65.79％と，0 から有意に離れる水準ではなかった．しかし後半の結果は RRD と $IRRD$ の係数はマイナスとなり，p 値はそれぞれ 9.04％，2.30％と小さかった．特に，$IRRD$ の p 値は両側 3％を基準としても有意となり，RRD と比べてウイナーポートフォリオのリターンとの関係が強かった．また修正 R^2 も $IRRD$ を変数とした場合には

---

23) 本論文は，市場全体の変動を示す代理変数として，分析対象とした金融業を除く東証 1 部上場銘柄のリターンの上場株式時価総額加重平均値を用いる．本論文の分析期間である 1981 年 12 月から 2010 年 9 月までの 346 カ月間において，月次ベースの同変数と東証株価指数（TOPIX）のリターンとのピアソンの積率相関係数は 0.97 であった．東証株価指数のリターンの変動とほぼ連動した変数である．

24) 本分析にあたり，外れ値の処理に関して結果の頑健性を捉えるため，1％（99％）点を閾値とする丸め処理の他にも，0.5％（99.5％）点での丸め処理と，3％（97％）点での丸め処理の 2 通りのデータを用いた同様の検証も行った．分析の結果，これらの閾値を変えた場合にも，本論文で示す分析結果と変わらなかった．

3 株式市場の状態とウイナーポートフォリオのポジティブリターン 71

表 3-4 回帰分析の結果における RD の回帰係数と修正 R^2

			全期間	期間前半	期間後半
RRD	回帰係数	値	−0.2231	1.2434	−2.4731
		t 値	−0.21	1.03	−1.70
		p 値	83.17%	30.59%	9.04%
	修正 R^2		1.86%	2.03%	10.45%
$IRRD$	回帰係数	値	−0.5942	0.4012	−2.4339
		t 値	−0.69	0.44	−2.29
		p 値	49.18%	65.79%	2.30%
	修正 R^2		2.42%	1.06%	14.38%

各指標の算出における分析対象は，金融業を除く東証1部の上場企業とする．但し，ウイナーポートフォリオの算出対象は金融業を除く東証1部上場企業の株式時価総額上位 20% までに該当する大型株とする．ウイナーを被説明変数，RD と過去 36 カ月株式市場リターンと将来1カ月株式市場リターンの交互作用項を説明変数とする時系列回帰の結果である．全期間は 1981 年 12 月から 2010 年 9 月までの 346 カ月，期間前半は 1981 年 12 月から 1996 年 4 月までの 173 カ月，期間後半は 1996 年 5 月から 2010 年 9 月までの 173 カ月．t 値の算出には，誤差項の不均一分散と系列相関を修正した標準誤差をベースに Newey-West 法による補正値を用いる．p 値は両側検定の結果を示す．

14.38% となり，前半の 1.06% と比べて高まった．

次に，表 3-5 は，過去 36 カ月市場リターン回帰係数をまとめたものである．表 3-4 において RRD と $IRRD$ の何れの回帰分析でも期間前半は修正 R^2 が 2.03%，1.06% と値が小さかったことから，前半と後半の2つに分けた期間のうち，後半の結果のみ示している．全期間の結果では「過去の上昇，将来の上昇」と「過去の上昇，将来の下落」の回帰係数がマイナスとなった．これは過去 36 カ月の株式市場が上昇する時は，その上昇の程度が小さい方が，ウイナーポートフォリオのポジティブリターンの程度が大きくなる傾向を示す．また，「過去の下落，将来の上昇」と「過去の下落，将来の下落」の回帰係数がプラスとなった．これは過去 36 カ月の株式市場のリターンが下落した場合には，その下落の程度が小さい方が，ウイナーポートフォリオのリターンがポジティブ方向に増大する傾向を示すものである．ただ p 値の水準は有意と指摘できる程度には低くなかったことには留意する必要がある．しかし期間後半では「過去の上昇，将来の上昇」と「過去の上昇，将来の下落」の回帰係数に関して，RD を $IRRD$ とした回帰分析の結果では，t 検定における p 値は，それぞれ 0.50%，

表 3-5 回帰分析の結果における過去 36 カ月市場リターン回帰係数の結果

			全期間				期間後半			
			過去の上昇 将来の上昇	過去の上昇 将来の下落	過去の下落 将来の上昇	過去の下落 将来の下落	過去の上昇 将来の上昇	過去の上昇 将来の下落	過去の下落 将来の上昇	過去の下落 将来の下落
RRD	回帰係数	値	-0.0523	-0.0364	0.1119	0.1007	-0.1235	-0.1580	0.2465	0.1886
		t値	-1.56	-1.24	0.92	1.52	-2.40	-2.63	1.38	1.45
		p値	11.89%	21.65%	35.92%	12.92%	1.76%	0.94%	17.08%	14.80%
IRRD	回帰係数	値	-0.0449	-0.0303	0.0917	0.0900	-0.1197	-0.1366	0.1530	0.1133
		t値	-1.18	-0.92	0.72	1.40	-2.85	-2.76	0.87	1.02
		p値	23.94%	35.74%	47.11%	16.18%	0.50%	0.64%	38.39%	30.77%

各指標の算出における分析対象は，金融業を除く東証 1 部の上場企業とする．但し，ウイナーポートフォリオの算出対象は金融業を除く東証 1 部上場企業の株式時価総額上位 20% までに該当する大型株とする．ウイナーを被説明変数，RD と過去 36 カ月株式市場リターンと将来 1 カ月株式市場リターンの交互作用項を説明変数とする時系列回帰の結果．全期間は 1981 年 12 月から 2010 年 9 月までの 346 カ月，期間後半は 1996 年 5 月から 2010 年 9 月までの 173 カ月とする．t 値は，誤差項の不均一分散と系列相関を修正した標準誤差をベースに Newey-West 法による補正値を用いる．p 値は両側検定の結果を示す．

0.64% となり有意に負の関係が示された．一方，「過去の下落，将来の上昇」と「過去の下落，将来の下落」の回帰係数の p 値は 30% を上回り有意とは判断できないもののプラスとなった．過去 36 カ月の市場リターンに関して，上昇，或いは下落の程度が小さい方がウイナーポートフォリオのリターンがポジティブ方向となる傾向が見られた．特に，過去 36 カ月の市場リターンが上昇した局面では，その市場リターンの上昇の程度が小さい方がウイナーポートフォリオのポジティブなリターンとなる傾向が有意に強かった．

そして，表 3-6 は，将来 1 カ月市場リターンの回帰係数をまとめたものである．全期間の結果では「過去の上昇，将来の上昇」と「過去の下落，将来の上昇」の回帰係数は p 値の水準が大きく傾向は見られなかった．しかし，「過去の上昇，将来の下落」と「過去の下落，将来の下落」の回帰係数がプラスとなった．RD に RRD を用いた回帰分析では，「過去の上昇，将来の下落」の回帰係数が 0.4056 で p 値が 11.63% となり，統計的な有意性が高いとは判断できないものの，過去 36 カ月の市場のリターンが上昇した場合には，将来 1 カ月市場リターンの下落が小さいほど，ウイナーポートフォリオのリターンがプラス方

3 株式市場の状態とウイナーポートフォリオのポジティブリターン

表3-6 回帰分析の結果における将来1カ月市場リターン回帰係数の結果

			全期間				期間後半			
			過去の上昇 将来の上昇	過去の上昇 将来の下落	過去の下落 将来の上昇	過去の下落 将来の下落	過去の上昇 将来の上昇	過去の上昇 将来の下落	過去の下落 将来の上昇	過去の下落 将来の下落
RRD	回帰係数	値	0.1761	0.4056	−0.0061	0.5103	0.1799	0.3571	0.8145	0.5586
		t値	0.55	1.57	−0.01	2.58	0.51	1.16	1.25	1.75
		p値	58.47%	11.63%	99.02%	1.04%	61.08%	24.83%	21.18%	8.22%
IRRD	回帰係数	値	0.2070	0.3693	−0.0134	0.5057	0.4970	0.1817	0.8625	0.4829
		t値	0.62	1.35	−0.03	2.49	1.33	0.53	1.33	1.38
		p値	53.35%	17.76%	97.87%	1.33%	18.39%	60.03%	18.40%	16.88%

各指標の算出における分析対象は，金融業を除く東証1部の上場企業とする．但し，ウイナーポートフォリオの算出対象は金融業を除く東証1部上場企業の株式時価総額上位20%までに該当する大型株とする．ウイナーを被説明変数，RD と過去36カ月株式市場リターンと将来1カ月株式市場リターンの交互作用項を説明変数とする時系列回帰の結果である．全期間は1981年12月から2010年9月までの346カ月，期間後半は1996年5月から2010年9月までの173カ月とする．t値は，誤差項の不均一分散と系列相関を修正した標準誤差をベースにNewey-West法による補正値を用いる．p値は両側検定の結果を示す．

向となる傾向が見られた．それに対して，「過去の下落，将来の下落」ではp値が1.04%となり，過去36カ月の市場のリターンが下落した場合には，将来1カ月市場リターンの下落の程度が小さいほど，ウイナーポートフォリオのリターンがプラス方向に有意となる傾向が見られた．

期間後半の結果も概ね同様であった．RD に RRD を用いた回帰分析では，「過去の下落，将来の下落」ではp値が8.22%となり，過去36カ月の市場のリターンが下落した場合には，将来1カ月市場リターンの下落が小さいほど，ウイナーポートフォリオのリターンがプラス方向の傾向が見られた．しかし，全期間におけるp値と比べると，値が大きく有意性が低下した．

分析結果をまとめると，期間後半は本論文においてオリジナルで定義した $IRRD$ が小さいと，ウイナーポートフォリオのポジティブなリターンの関係が有意に強かった．また，株式市場の変動との関係で捉えると，期間後半は過去36カ月の市場リターンが上昇した局面では，その市場リターンの上昇が小さい方がウイナーポートフォリオのポジティブなリターンとなる傾向が有意に強かった．そして，将来1カ月の市場リターンとウイナーポートフォリオのリター

ンとの関係は強くはなかったが,過去36カ月の市場のリターンが下落した場合には,将来1カ月の市場リターンの下落が小さいほど,ウイナーポートフォリオのリターンはプラスとなる傾向が見られた.

そして,分析結果の頑健性を検証するため,大型株の対象銘柄で算出した準ウイナーポートフォリオにおいても,ウイナーポートフォリオと同様の株式市場の状態との関係が見られるかの分析を行った.その結果,準ウイナーも,ウイナーポートフォリオと同様に,特に $IRRD$ とウイナーポートフォリオのリターンとの間には負の相関関係が示された.そして,期間後半は $IRRD$ が小さいと準ウイナーポートフォリオのポジティブなリターンの関係が有意に強かった.株式市場の変動との関係で捉えると,期間後半は過去36カ月の市場リターンが上昇した局面で,その市場リターンの上昇が小さい方が準ウイナーポートフォリオのポジティブなリターンとなる傾向が有意に強かった.準ウイナーポートフォリオの分析結果は,ウイナーポートフォリオと同様の傾向となった.

7 経済変数との関係に関する頑健性の検証

本節では,Asem and Tian(2010)と Stivers and Sun(2010)に依拠して,分析結果の頑健性を捉えるために,株式市場に影響を与える主要な経済変数を説明変数に加えた場合でも,ウイナーポートフォリオのリターンと株式市場の状態の変数との回帰分析の結果が変わらないかの検証を行う.分析に用いる経済変数は,Asem and Tian(2010)と Stivers and Sun(2010)の検証で用いられた $t-1$ 月末時点の,信用リスク(DY_{t-1}),株式市場の平均配当利回り水準(DIV_{t-1}),長短金利差(TRM_{t-1}),短期金利($YD3_{t-1}$)とする.経済変数に関する具体的な算出方法の詳細は付録Dで示す.検証に用いたヒストリカル回帰モデルは式(4)とする.式(2)の説明変数に4つの経済変数を加えたものである.

$$winner_t = \alpha + \beta_1 RD_{t-1} + \beta_2 DY_{t-1} + \beta_3 DIV_{t-1} + \beta_4 TRM_{t-1} + \beta_5 YD3_{t-1}$$

$$+ \sum_{x,y}(\beta_{x,y}R_{M36,t} + \gamma_{x,y}R_{M1,t})1_{x,y} + \varepsilon_t \qquad (4)$$

$winner_t$:t 月のウイナーポートフォリオリターン

RD_{t-1}:$t-1$ 月の RRD もしくは $IRRD$

DY_{t-1}：$t-1$月末の市場平均と倒産確率の低い銘柄の対数 PBR スプレッド

DIV_{t-1}：$t-1$月末の実績配当利回りの株式市場全体の時価加重平均

TRM_{t-1}：$t-1$月末の 10 年国債利回りと CD 3 カ月利回りの格差

$TD3_{t-1}$：$t-1$月末の CD 3 カ月利回り

$R_{M36,t}$：t月の過去 36 カ月市場リターン

$R_{M1,t}$：t月の将来 1 カ月市場リターン

$1_{x,y}$：(x,y)の月は 1，それ以外の月は 0 となるダミー変数

x：過去が上昇または下落

y：将来が上昇または下落

α：切片項，$\beta_1, \beta_2, \beta_3, \beta_4, \beta_5, \beta_{x,y}, \gamma_{x,y}$：回帰係数

ε_t：t月の残差項

なお，各変数のデータの外れ値の処理は式(2)の回帰分析と同じに扱う．

期間後半である 1996 年 5 月から 2010 年 9 月までの，RD に IRRD を変数として用いた回帰分析の結果を表 3-7 に示す．4 つの経済変数のうち回帰係数の p 値が 5％を下回った変数は，期間後半における実績配当利回り平均（DIV）であった．IRRD を説明変数とした場合の p 値は 2.51％であった．回帰係数はマイナスであり，配当利回り平均が低い場合にウイナーポートフォリオがポジティブリターンとなる傾向が強かった．これは Stivers and Sun（2010）が示した，モメンタムファクターのリターンと経済変数は有意な関係でないことと異なる結果となった．

株式市場の状態の変数の回帰係数に関して観察すると次のようである．IRRD が小さいとウイナーポートフォリオのポジティブなリターンの関係が有意に強かった．IRRD の係数はマイナスとなり，p 値は 3.31％となった．そして，過去 36 カ月の市場リターンが上昇した局面で，その市場リターンの上昇が小さい方がウイナーポートフォリオのポジティブなリターンとなる傾向が有意に強かった．また，過去 36 カ月の市場リターンの変数に関して「過去の上昇，将来の上昇」と「過去の上昇，将来の下落」の回帰係数はマイナスとなり，p 値は，それぞれ 1.83％と 1.82％と有意であった．過去 36 カ月の市場のリターンが上昇した場合には，その過去 36 カ月の市場リターンの上昇が小さいほど，ウイナ

表 3-7　経済変数を説明変数に加えた期間後半の回帰分析の結果

		IRRD	過去36カ月株式市場リターン			
			過去の上昇 将来の上昇	過去の上昇 将来の下落	過去の下落 将来の上昇	過去の下落 将来の下落
回帰係数	値	-2.2854	-0.1224	-0.1301	0.0180	-0.0254
	t値	-2.15	-2.38	-2.39	0.10	-0.20
	p値	3.31%	1.83%	1.82%	91.69%	84.32%

		将来1カ月株式市場リターン			経済変数			
		過去の上昇 将来の上昇	過去の上昇 将来の下落	過去の下落 将来の上昇	過去の下落 将来の下落	DY	DIV	TRM	YD3
回帰係数	値	0.6752	0.1188	0.9303	0.3668	0.0607	-8.4276	-2.3495	3.0676
	t値	1.78	0.40	1.57	1.07	0.36	-2.26	-0.70	0.44
	p値	7.66%	68.77%	11.73%	28.80%	71.64%	2.51%	48.72%	65.74%

RD 及び過去と将来の株式市場リターンの算出における分析対象は，金融業を除く東証1部の上場企業とする．ウイナーポートフォリオの算出対象は金融業を除く東証1部上場企業の株式時価総額上位20%までに該当する大型株とする．ウイナーを被説明変数，RD と過去36カ月株式市場リターンと将来1カ月株式市場リターンの交互作用項，及びマクロ経済・市場変数を説明変数とする時系列回帰の結果とする．経済変数は，DY：倒産確率の高い企業と市場平均の対数 PBR スプレッド，DIV：実績配当利回りの上場時価加重平均と，TRM：10年国債利回りと CD 3カ月利回りの格差，YD 3：CD 3カ月利回りとする．期間後半は1996年5月から2010年9月までの173カ月とする．t値の算出には，誤差項の不均一分散と系列相関を修正した標準誤差をベースに Newey-West 法による補正値を用いる．p値は両側検定の結果を示す．修正 R^2 は17.38%となった．

ーポートフォリオのリターンがプラス方向の傾向が見られ，こうした結果は，経済変数を加えなかった分析と同様であった．

8　おわりに

本論文では，モメンタムに関するファクターとリターンとの関係を検証した．Chui et al.（2000），竹原（2008）などの検証結果と同様に，日本でもモメンタムファクターのリターンは有意に観察できなかった．しかし，大型株を対象に，期間後半である1996年5月から2010年9月の検証では，formation period のリターンが大きい銘柄が，事後6カ月の holding period で株価が上昇する傾向が見られた．つまりウイナーポートフォリオのプラスリターンとなる傾向が有

3 株式市場の状態とウイナーポートフォリオのポジティブリターン　77

意に観測された．

そこで，ウイナーポートフォリオのリターンがどのような市場の状態で，特にプラスに有意に観察されるかについて，2つの仮説を立てて検証した．第1の仮説は，RD が小さい時にウイナーポートフォリオがポジティブリターンとなることである．第2の仮説は過去と将来の株式市場の上昇と下落の方向が一致する場面にウイナーポートフォリオがポジティブリターンとなることである．分析の結果から，全期間では傾向が明確に見られなかった．これはウイナーポートフォリオのポジティブリターンは期間前半の 1981 年 12 月から 1996 年 4 月では有意に観察されなかったことも背後にあると考えられる．

しかし，期間後半の 1996 年 5 月から 2010 年 9 月の検証では，次のことが示された．先ず (1) RD が小さいとウイナーポートフォリオのプラスリターンとなる傾向が有意に見られた．従って，第1の仮説は成立した．更に，本論文の発見として，Stivers and Sun (2010) が考案したポートフォリオベースのリターンを使った RRD より，個別銘柄要因を用いた $IRRD$ の方が，ウイナーポートフォリオのプラスリターンとの関係が強かった．$IRRD$ は株式リターンにおける個別銘柄要因の散らばりである．ウイナーポートフォリオのポジティブリターンとなる原因に，アンカリングに対する調整があると考えると，個別銘柄要因の RD である $IRRD$ が高水準であることは，個々の株式の固有なリターンの散らばりを引き起こすニュースが多い市場環境と捉えられる．そして，$IRRD$ が低水準となる場面で，アンカリングに対する調整が行われて，ウイナーポートフォリオのポジティブリターンとなる傾向が強まると考えられる．ポートフォリオベースの RD である RRD は，市場全体のリターンの変動に影響を与える情報との関連が強い．このようなことから，アンカリングの発生との関係が強い個別銘柄要因の RD である $IRRD$ が，RRD よりもウイナーポートフォリオのポジティブリターンとの関係が強かったと考えられる．

次に，株式市場全体の変動に関する分析結果からは，(2) 過去の株式市場全体が上昇する場面では，その過去の株式市場の上昇が小さい方がウイナーポートフォリオのプラスリターンの傾向が強く観察されることが分かった．従って，第2の仮説は成立しなかった．

ウイナーポートフォリオのプラスリターンと RD が小さい方向との有意とな

る傾向は頑健に見られたものの，株式市場の変動との関係に関しては，過去36カ月市場リターンが上昇した場合に，上昇の程度が小さい方がウイナーポートフォリオのリターンがポジティブな方向となる傾向のみ観察された．米国のモメンタムファクターと株式市場の変動の実証分析の結果には様々な主張があることからも[25]，モメンタムファクターをウイナーポートフォリオに置き換えた本論文の分析結果の解釈が難しい面もある．

しかし，ウイナーポートフォリオのポジティブなリターンの存在や特徴が明らかとなることで，ロングポートフォリオの運用実務面では，有用な情報が提供できると考えられる．ウイナーポートフォリオのリターンと有意な関係にあった RD の水準と，過去36カ月株式市場リターンが上昇したかという2つの変数は，何れも過去の情報[26]であるだけに，運用実務において利用が行いやすいものと考えられる．

本論文の分析では，先行研究と整合的となり，日本の株式市場ではモメンタムファクターのリターンが有意に観測されなかった．しかし，今後は次の2つの理由からモメンタムファクターのリターンが観察される可能性があるものと考えられる．第1に，日本における株式保有構造の変化である．東証1部上場企業を対象とすると，外国人投資家の売買シェア[27]に関して，例えば20年前の1990年と比べると，当時は14.1％であったのに対し，2010年は63.6％に上昇した．外国人投資家による売買の，株式市場におけるインパクトが高まることは，日本の株式市場も米国市場と同様の傾向が見られるようになる可能性がある．

第2に，日本の株式市場の倒産企業が増えたことがあると考えられる．1996年から2010年までの過去15年間に東証1部上場企業で73社が倒産した．それ以前の期間では，分析期間の起点である1981年12月から1995年までは2社の

---

25) 2.2項に示している．Cooper et al.(2004), Asem and Tian(2010), Daniel et al. (1998), Hong and Stein (1999), Sagi and Seasholes (2007) など様々な主張がある．

26) t 月からのウイナーポートフォリオのリターンを運用収益の源泉とする場合に，$t-1$ 月時点で明らかとなっている情報のみを用いていることから，$t-1$ 月時点で運用上の判断が可能である．

27) 外国人投資家の売買シェアは，東京証券取引所の公表資料より，（外国人投資家の売り金額＋買い金額の合計）÷（東証1部の売り金額＋買い金額の合計）として算出する．

倒産に過ぎなかった．企業の倒産が少ない状況はルーザーポートフォリオの上昇を通じてリバーサル効果を引き起こす原因となったと考えられる．本論文の検証で，ウイナーポートフォリオのポジティブリターンが近年にかけて有意に観察されたのは，将来のモメンタムファクターのリターンの兆しと考えられる．今後は，モメンタムに関するファクターに関して，米国と同様に株式市場の状態との関係を捉える研究が発展していくものと考えられる．

付録 A． ウイナーポートフォリオに対する外国人の売買の影響

外国人投資家の売買とウイナーポートフォリオのポジティブリターンとの関係を捉える上で，Fama-French 3 ファクターに，東証 1 部上場企業の外国人投資家の売買金額の 6 カ月間の変化率も変数に加えて，式(5)の 4 ファクターの回帰分析を行う．外国人投資家の売買金額は，東京証券取引所の公表資料より，外国人投資家の売り金額＋買い金額の合計により算出する．

$$R_{p,s} - R_{f,s} = \alpha_p + \beta_p(R_{m,s} - R_{f,s}) + s_p SMB_s + h_p HML_s + f_p FI_s + \varepsilon_{p,s} \quad (5)$$

$R_{p,s}$：p ポートフォリオの s 期の 6 カ月リターン

$R_{f,s}$：s 期のリスクフリーレート

$R_{m,s}$：s 期の市場 6 カ月リターン

SMB_s：s 期の時価総額に関するファクターの 6 カ月リターン

HML_s：s 期の B/P に関するファクターの 6 カ月リターン

FI_s：s 期の外国人投資家の売買金額の 6 カ月変化率

α_p：p ポートフォリオの切片項

β_p：p ポートフォリオのリスクフリーレート超過株式市場リターンの回帰係数

s_p：p ポートフォリオの SMB ファクターとの回帰係数

h_p：p ポートフォリオの HML ファクターとの回帰係数

f_p：p ポートフォリオの FI ファクターとの回帰係数

$\varepsilon_{p,s}$：p ポートフォリオの s 期の誤差項

分析結果を表 3-8 で示している．Fama-French 3 ファクターでコントロールされないウイナーポートフォリオのリターンが，外国人の売買金額とどの程度

表3-8 外国人売買とモメンタムに関するファクターのリターンの分析結果

東証1部		ウイナー	準ウイナー	モメンタム
回帰係数	値	0.0180	0.0165	0.0067
	t値	1.53	2.00	0.19
	p値	12.69%	4.62%	84.56%
修正R^2		85.93%	89.67%	17.43%

分析対象は金融業を除く東証1部の上場企業とする．分析対象銘柄をクロスセクションに formation period における $t-6$ 月から $t-2$ 月までの累積リターンを降順（リターンの大きい順）に並び替えて，銘柄数ベースで上位10%点までに入る銘柄の等ウエイトで構成したポートフォリオをウイナーポートフォリオとする．また，下位10%点までに入る銘柄の等ウエイトポートフォリオをルーザーポートフォリオとする．そして，ウイナーポートフォリオのロング（買い）と，ルーザーポートフォリオのショート（売り）によるゼロコストポートフォリオをモメンタムポートフォリオとする．holding period である6カ月間の各ポートフォリオのリターン（リスクフリーレート超過リターン）を被説明変数，R_m-R_f, SMB, HML, FI を説明変数とする時系列回帰の結果（説明変数も holding period に対応したリターン及び変化率）である．分析期間は1981年12月から2010年9月までの346カ月である．t値の算出には，誤差項の不均一分散と系列相関を修正した標準誤差をベースに Newey-West 法による補正値を用いる．p値は両側検定の結果を示す．

の関係があるかを，外国人の売買金額の回帰係数で捉える．回帰係数がプラス方向に有意に0から離れていれば，Fama-French 3ファクターでコントロールされないリターンにおいて，外国人の売買との関係が正に強いものと考えられる．

分析結果から次のことが分かった．ウイナーポートフォリオのリターンの結果に関しては，p値は12.69%と有意ではないものの，回帰係数が0.0180とプラスとなった．そして，準ウイナーポートフォリオのリターンの分析結果では，回帰係数のp値が4.62%となり，プラス方向に有意となった．外国人投資家の売買のインパクトが大きくなると，ウイナーポートフォリオがポジティブなリターンとなる傾向が，ある程度は見られた．

一方，モメンタムポートフォリオのリターンを対象とした回帰分析では，外国人投資家の売買に関する回帰係数のp値は84.56%と有意な水準とはならなかった．これは，外国人投資家の保有が多い大型株においても，モメンタム現象が見られなかったことにも関連した結果と考えられる．

付録 B. 株式市場の状態とウイナーポートフォリオとの検証モデル

式(2)の変数は具体的に次のようである．例えば，過去36カ月市場リターンと将来1カ月市場リターンに関して，株式市場が「過去が上昇，将来が上昇」であった場合には次のようになる．過去36カ月市場リターンに関する4つの交互作用項について見ると，「過去が上昇，将来が上昇」の交互作用項は過去36カ月リターンの値となり，残りの3つの交互作用項の「過去が上昇，将来が下落」「過去が下落，将来が上昇」「過去が下落，将来が下落」は0となる．また，将来1カ月リターンに関する4つの交互作用項について見ると，「過去が上昇，将来が上昇」の交互作用項は将来1カ月リターンの値となり，残りの3つの交互作用項の「過去が上昇，将来が下落」「過去が下落，将来が上昇」「過去が下落，将来が下落」は0となる．

付録 C. RD の算出方法

RD の代理変数は，Stivers and Sun (2010) に従い，クロスセクショナルな月次リターンの標準偏差 (RD_t) をベースに求める．同論文における標準偏差 (RD_t) の算出に用いられたリターンは，ポートフォリオベースのリターンが用いられており，本論文もこれに基づいて算出する．具体的には，次の手順でポートフォリオを作成する．分析対象である金融業を除く東証1部に上場する銘柄を毎年8月末に株式時価総額の水準で降順に並べて10％点毎の水準を計算する．各10％点の間には同数の銘柄が入り，10個の銘柄群に分類できる．次にそれらの10個の銘柄群のなかで更に，B/Pの水準で降順に10％点を計算し，株式時価総額とB/Pでそれぞれ分類される銘柄群でポートフォリオを構築する．合計(10×10＝)100個のポートフォリオができるが，9月から翌年8月までの各ポートフォリオの上場株式時価総額加重平均リターンを式(3)の RD_t 算出に用いる．

本論文は RD の代理変数の対象を拡張して，固有要因の RD も分析対象に加えている．idiosyncratic return（以後，「IR」と表す）で算出したクロスセク

ションの標準偏差（IRD_t）を用いる．IR の算出は，Ang et al.（2006）をベースに[28]，Fama-French 3 ファクターモデルの残差リターンとする．個別の i 銘柄に関して 36 カ月の月次サンプルでの時系列回帰分析を行い，誤差項（$\varepsilon_{i,t}$）のうち，毎計算時点で直近月のものを i 銘柄における該当月の IR とする．月次サイクルで期間を 1 カ月ずつ移動して時系列回帰分析を行い，毎月の i 銘柄の IR を求める．この IR に関して t 月時点における分析対象のクロスセクション標準偏差を IRD_t とする．

Stivers and Sun（2010）は，更に RD_t を株式市場リターンで調整して RRD_t（relative return dispersion：RRD）とする．式(6)の回帰式から推定される誤差項 μ_t を RRD_t と定義する．

$$RD_t = \lambda_0 + \lambda_1 |R_{M,t}| + \lambda_2 D_t^- |R_{M,t}| + \mu_t \tag{6}$$

RD_t：t 月のリターンディスパージョン

$R_{M,t}$：t 月の株式市場リターン

D_t^-：t 月の株式市場リターンがマイナスの時 1，それ以外の時 0 となるダミー変数

λ_0：切片項，λ_1, λ_2：回帰係数

μ_t：t 月の株式市場調整リターンディスパージョン（RRD_t）

直感的には，リターンをベースとした標準偏差の RD_t は，リターンの絶対水準に依存してしまう．従って，リターンの絶対水準で RD_t を調整して，純粋な RD の情報を抽出する試みが RRD_t である．更にリターンの上昇と下落の方向で RD_t に与える影響が非対称となる可能性を考慮するため，交互作用項による調整として $\lambda_2 D_t^- |R_{M,t}|$ の部分を加えている．そして，IRD_t に関しても式(6)を用いて同様の手法で市場調整リターンの算出を行い，これを $IRRD_t$ とした．RRD_t と $IRRD_t$ の算出において，回帰分析に用いる被説明変数と説明変数は，何れも外れ値処理として，時系列方向で 1%（99%）点以下（以上）のものは，1%（99%）点の数値で置き換える．

---

28) 近年，IR のボラティリティを Idiosyncratic Risk とした研究が多く見られる．例えば，Ang et al.（2006）は，IR と事後のリターンの関係についても検証しており，Fama-French 3 ファクターモデルを用いて算出した IR が高い銘柄ほど，事後のリターンが有意に低くなることを示した．

付録 D. 経済変数の算出方法

経済変数を加えた場合の，株式市場の状態とウイナーポートフォリオのポジティブリターンとの関係に関して (4)式の回帰分析を行う．分析に用いた経済変数は次のようである．信用リスク（DY_{t-1}）に関しては，市場平均と倒産確率の低い（安全性が高い）銘柄の対数 PBR スプレッドとする[29]．先ず，Merton (1974) のオプションアプローチを日本市場に適用した安藤・丸茂 (2001) の手法を用いて倒産確率を推計する．次に，求めた倒産確率を基準に分析対象銘柄について，$t-1$ 月末時点でデータが取得可能な倒産確率が低い方から上位 20%までに該当する銘柄群の対数 PBR 平均を算出する．そして，金融業を除く東証 1 部上場企業の対数 PBR 平均から，倒産確率が低い銘柄群の対数 PBR 平均を引いた値を信用リスクの代理変数とする．投資家が信用リスク（倒産確率）にプレミアムを要求する場合には，倒産確率が低い銘柄の対数 PBR 平均が上昇するため，この DY_{t-1} の値が小さく（マイナスに大きく）なる．株式市場の平均配当利回り DIV_{t-1} は，金融業を除く東証 1 部上場企業の実績配当利回りの $t-1$ 月末時点で取得可能な実績配当金を使った銘柄別の利回りの $t-1$ 月末時点の上場株式時価総額加重平均を用いる．$t-1$ 月末時点での長短金利差（TRM_{t-1}）に関して，長期金利は 10 年国債利回り（Bloomberg より取得）とする．短期金利 $YD3_{t-1}$ は CD 3 カ月金利とする，但し CD 3 カ月金利が取得できない 1985 年 12 月以前は政府短期証券 60 日金利とする．長短金利差 TRM_{t-1} は，長期金利 − 短期金利とする．

〔参考文献〕

安藤　啓・丸茂幸平 (2001),「ノックアウト・オプション・アプローチを用いたデフォルト率の推定方法」,『IMES Discussion Paper Series』2001-J-4, 1-39.

---

[29] Asem and Tian (2010) と Stivers and Sun (2010) では，信用リスクに関して格付け別社債利回りの BAA と AAA の利回りスプレッドにより算出した．しかし，日本では格付け別社債利回りデータの過去の遡及が困難であることから（日本証券業協会では 1997 年 4 月分から公表），同手法で代用する．

久保田敬一・竹原　均 (2000),「リスクファクターモデルと財務特性モデルの判別：Fama-French model の検証をめぐる問題」,『現代ファイナンス』, 8, 3-16.

久保田敬一・竹原　均 (2007),「Fama-French ファクターモデルの有効性の再検討」,『現代ファイナンス』, 22, 3-23.

竹原　均 (2008),「コントラリアン戦略，流動性リスクと期待リターン：市場効率性の再検証」,『ファイナンシャル・テクノロジーの過去・現在・未来』, 407-430.

徳永俊史 (2003),「日本の株式市場における短期リターンリバーサル」,『南山経営研究』, 18 (1・2), 65-78.

徳永俊史 (2008),「短期リターンリバーサルと流動性」,『武蔵大学論集』, 55 (4), 139-168.

Ang, A., R. J. Hodorick, Y. Xing and X. Zhang (2006), "The cross-section of volatility and expected returns", *The Journal of Finance*, 61 (1), 259-299.

Asem, E. and G. Y. Tian (2010), "Market dynamics and momentum profits", *Journal of Financial and Quantitative Analysis*, 45 (6), 1549-1562.

Carhart, M. M. (1997), "On Persistence in Mutual Fund Performance", *The Journal of Finance*, 52 (1), 57-82.

Chordia, T. and L. Shivakumar (2002), "Momentum, business cycle, and time-varying expected returns", *The Journal of Finance*, 57 (2), 985-1019.

Chui, A. C. W., S. Titman and K. C. J. Wei (2000), "Momentum, legal system and ownership structure: an analysis of asian stock markets", Working Paper.

Cooper, M. J., R. C. Gutierrez Jr. and A. Hameed (2004), "Market states and momentum", *The Journal of Finance*, 59 (3), 1345-1365.

Daniel, K., D. Hirshleifer and A. Subrahmanyam (1998), "Investor psychology and security market under- and overreactions", *The Journal of Finance*, 53 (6), 1839-1885.

Daniel, K., S. Titman and K. C. J. Wei (2001), "Explaining the Cross-Section of Stock Returns in Japan: Factors or Characteristics? ", *The Journal of Finance*, 56 (2), 743-766.

De Bondt, W. F. M. and R. Thaler (1985), "Does the Stock Market Overreact? ", *The Journal of Finance*, 40 (3), 793-805.

De Bondt, W. F. M. and R. Thaler (1987), "Further evidence on investor overreaction and stock market seasonality", *The Journal of Finance*, 42 (3), 557-581.

Fama, E. F. (1998), "Market efficiency, long-term returns, and behavioral finance", *Journal of Financial Economics*, 49 (3), 283-306.

Fama, E. F. and K. R. French (1993), "Common risk factors in the returns of stocks and bonds", *Journal of Financial Economics*, 33 (1), 3-56.

Fama, E. F. and K. R. French (1996), "Multifactor explanations of asset pricing anomalies", *The Journal of Finance*, 51 (1), 55-84.

Hong, H. and J. C. Stein (1999), "A unified theory of underreaction, momentum trading, and overreaction in asset markets", *The Journal of Finance*, 54 (6), 2143-2184.

Jegadeesh, N. and S. Titman (1993), "Returns to Buying Winners and Selling Losers: Implications for Stock Market Efficiency", *The Journal of Finance*, 48 (1), 65-91.

Johnson, T. C. (2002), "Rational momentum effects", *The Journal of Finance*, 57 (2), 585-608.

Kato, K. (1990), "Being a winner in the Tokyo stock market: the case for an anomaly fund", *The Journal of Portfolio Management*, 16 (4), 52-56.

Lo, A. W. and P. N. Patel (2008), "130/30: The New Long-Only", *The Journal of Portfolio Management*, 34 (2), 12-38.

Merton, R. C. (1974), "On the pricing of corporate debt: the risk structure of interest rates", *The Journal of Finance*, 29 (2), 449-470.

Newey, W. K. and D. W. West (1987), "A Simple, Positive Semi-Definite, Heteroscedasticity and Autocorrelation Consistent Covariance Matrix" *Econometrica*, 55 (5), 703-708.

Sagi, J. S. and M. S. Seasholes (2007), "Firm-specific attributes and the cross-section of momentum", *Journal of Financial Economics*, 84 (2), 389-434.

Shleifer, A. (2000), Inefficient markets, Oxford University Press.

Stivers, C. and L. Sun (2010), "Cross-sectional return dispersion and time variation in value and momentum premiums", *Journal of Financial and Quantitative Analysis*, 45 (4), 987-1014.

Tversky, A. and D. Kahneman (1974), "Judgment under uncertainty: heuristics and biases", *Scienece*, 185 (4157), 1124-1131.

(吉野貴晶:大和証券株式会社 投資戦略部)
(橋本純一:大和証券株式会社 投資戦略部)

4 線形情報ダイナミクスと株式のバリュエーション：残余利益の予測精度と株式リターンの予測可能性*

松村尚彦

概要 線形情報ダイナミクスとは Ohlson（1995）で示された残余利益の時系列構造を指す．Ohlson（1995）は線形情報ダイナミクスと残余利益モデルを組み合わせることで，現在入手可能なデータのみで株式のバリュエーション・モデル（以下「Ohlson モデル」と呼ぶ）が導出可能であることを明らかにした．本稿では，Ohlson モデルの構造とその意義を短くまとめるとともに，Dechow et al.（1999）の方法にしたがって，日本市場における Ohlson モデルを使った実証分析を行った．

その結果，残余利益の時系列構造には日米で共通する特徴がみられること，日本市場においても残余利益の予測，株価水準の予測，株式リターンの予測において Ohlson モデルが有効であることを確認することができた．また本稿では Ohlson モデルが持つ株式リターンの予測力の源泉に関して，①純粋市場モデル，②ランダムウォークモデル，③Ohlson モデルによる比較分析を試みた．その結果は，①のリターンの予測力の源泉は，市場が残余利益の持続性を過大評価していること，②のリターン予測力の源泉は，市場が残余利益の持続性を過小評価していること，そして③の Ohlson モデルによるリターン予測力の源泉は，①と②によるミスプライシングの双方を上手く捉えていることにある，という仮説と整合的なものであった．これは Ohlson モデルによる残余利益の予測精度が高いことと関係があるものと思われる．

キーワード Ohlson モデル，残余利益モデル，情報ダイナミクス，ミスプライシング仮説，投資スタイル．

---

* 本論文は，東北学院大学経営学論集 第 1 号（2011 年 12 月）に掲載した拙稿「線形情報ダイナミクスと株式のバリュエーション：Dechow, Hutton and Sloan（1999）の方法を使った日本市場の検証」に，新たな実証分析を加え，大幅に加筆・修正を行ったものである．

1 はじめに

　Ohlson (1995) は, 残余利益の時系列構造に1次の自己回帰過程を仮定し (これを Ohlson は「情報ダイナミクス」と呼んだ), それを残余利益モデル (RIV) に代入することで, 現在利用可能な会計情報とモデルパラメータだけで株式の理論株価を推定できることを明らかにした.

　これまでにも, 将来の配当金の割引現在価値から理論株価を求める配当割引モデル (DDM), 将来のフリーキャッシュフローの割引現在価値から理論株価を求めるディスカウントキャッシュフローモデル (DCF), そして現在の純資産と将来の残余利益の割引現在価値から理論株価を求める残余利益モデル (RIV)[1] などの株式バリュエーションモデルが存在したが, いずれのモデルも配当 (DDM), フリーキャッシュフロー (DCF), 残余利益 (RIV) などに関する超長期の予測が必要となるため, 実証分析を行う上で大きな困難を伴っていた. ところが Ohlson モデルはそうした実証分析上の問題点をクリアーし, 現在の純資産と会計利益の情報のみで株式の理論価格を推定する方法に道を開いたのである. このため Ohlson モデルの発表は, 1990年後半以降の実証会計学, 実証ファイナンスにおけるひとつのエポックメイキングな出来事となり, その後数多くの実証研究が行われることとなった. また実証分析だけでなく, 会計情報と株式のバリュエーションの直接的な関係を明らかにしたこと, 競争市場における残余利益の低減という現実的に妥当性の高い仮定に基づいていること, さらに DDM では困難であった Modigliani-Miler の配当無関連命題の問題をクリアーしていることなどから, Ohlson モデルは理論的な観点からも大きな意義を持つモデルとなったのである.

　本稿では, Ohlson モデルが持つ理論的な構造とその意義について詳しく述べるとともに, Ohlson モデルを用いた最も包括的な実証分析のひとつである Dechow et al. (1999) の方法にしたがって, 日本市場における Ohlson モデルの有効性を検証した. その結果, 残余利益, 株価水準, 株式リターンについて Ohlson モデルが高い予測力を持つこととともに, そこには米国における Dechow

---
1) Edwards & Bell (1961) 参照.

et al.（1999）の分析とは異なる結果が数多く見出されることを明らかにした．その中で最も顕著な違いのひとつは，残余利益の持続性を市場が過大評価しているため，株価がミスプライシングされているという Dechow et al.（1999）のミスプライシング仮説を支持する結果が得られなかったことである．その原因を考えるために，本稿では Ohlson モデルが持つ株式リターンの予測力の源泉に関して，①純粋市場モデル，②ランダムウォークモデル，③ Ohlson モデルによる比較分析を試みた．その結果は，①のリターンの予測力の源泉は，市場が残余利益の持続性を過大評価していることにある，また②のリターン予測力の源泉は，市場が残余利益の持続性を過小評価していることにある，そして③の Ohlson モデルによるリターン予測力の源泉は，①と②によるミスプライシングの双方を上手く捉えていることにある，という仮説と整合的なものであった．これは Ohlson モデルによる残余利益の予測精度が①，②よりも高いことと関係があるものと思われる．

以下では 2 節で Ohlson モデルの理論とその意義についてまとめた上で，3 節で米国における Dechow et al.（1999）の研究の概要を述べる．そして 4 節において日本市場における Ohlson モデルの分析とその結果に関する若干の考察を行う．5 節は全体のまとめである．

2　残余利益モデルと線形情報ダイナミクス

2.1　残余利益モデル

新古典派経済学の枠組みでは，株式の理論価格は，将来の配当金（キャッシュフロー）の割引現在価値合計と等しい．この考え方に基づいた株式の理論価格モデルは配当割引モデル（以後「DDM」と表記）と呼ばれ，次の式で表される．

$$V_t = \sum_{\tau=1}^{\infty}(1+k)^{-\tau}E_t(\tilde{d}_{t+\tau}) \qquad (1)$$

ただし

　　V_t：t 時点の理論株価
　　$\tilde{d}_{t+\tau}$：$t+\tau$ 時点に支払われる配当
　　k：資本コスト

$E_t(\cdot)$：t 時点の情報に基づく期待値

Edwards & Bell（1961）や Ohlson（1995）における残余利益モデル（RIV）は，上の配当割引モデルに対して，次の2つの条件を追加することによって導き出される．

$$b_t = b_{t-1} + x_t - d_t \tag{2}$$

$$\frac{\partial b_t}{\partial d_t} = -1, \ \frac{\partial x_t}{\partial d_t} = 0 \tag{3}$$

ただし

　x_t：t 期 $(t-1, t)$ の会計利益

　b_t：t 期末の純資産簿価

式(2)は，t 期末の純資産簿価が，前期の純資産簿価に t 期の利益と配当の差額である内部留保をプラスしたものと等しいという，クリーンサープラス関係（以後「CSR」と表記する）を表している．これは全ての損益が損益計算書を通じて計算され，純資産を直接調整する科目のない場合に成立する会計上の関係である．また式(3)は，配当の支払いが同じ金額だけ純資産を減少させるが，会計利益には影響を与えないことを意味している．ここで残余利益を次の式で定義する．

$$x_t^a \equiv x_t - k \cdot b_{t-1} \tag{4}$$

この定義式から分かるように，残余利益は会計利益から資本コスト（金額ベース）を差し引いたものである．この定義式を式(2)に代入すると t 期の配当 d_t は次のように書き換えられる．

$$d_t = x_t^a - b_t + (1+k)^{-\tau} b_{t-1} \tag{5}$$

更に式(5)の関係を，DDM を表す式(1)に代入すれば，次の残余利益モデル（RIV）が導かれる．

$$V_t = b_t + \sum_{\tau=1}^{\infty} (1+k)^{-\tau} E_t(\tilde{x}_{t+\tau}^a) \tag{6}$$

この残余利益モデルは，株式の理論価格（V）が現在の純資産簿価と将来の期待残余利益の現在価値合計となることを示している．言い換えると残余利益モデルは，DDM とは違って，配当という企業経営者が任意に決定することのできる数値ではなく，一定のルールにしたがって作成される会計情報によって株式の理論価格を求められることを明らかにしたという点で，大きな意義のあ

るモデルだと言える．そのため Ohlson（1995）以降は，残余利益モデルに関する実証研究が数多く発表された．たとえば Francis et al.（2000）は，残余利益モデルと，DDM，ディスカントキャッシュフローモデル（DCF）を比較して，残余利益モデルが，最も株価に対する説明力の高いモデルだとしている．

このように残余利益モデルは，理論的にも実証的にも多くの研究者の関心を引き付けたが，実証分析上は，いくつかの問題を抱えていた．ひとつめの問題は，ターミナルバリューの推定である．式(6)を見ればわかるように，理論株価の推定には無限大の期間に亘る残余利益の期待値が必要となるが，実証研究では超長期に亘る残余利益を1年ごとに予想していくことは事実上不可能である．そこで多くの実証研究では予想期間を一定の期間に区切って，その後の残余利益の期待値合計はターミナルバリューとしてまとめて計算することとなる．たとえば Frankel & Lee（1998）は，$t+3$ 期以降の残余利益が一定という仮定を置いた次の式によって分析を行っている．

$$V_t = b_t + \frac{f(1)_t - k \cdot b_t}{(1+k)} + \frac{f(2)_t - k \cdot b(1)_t}{(1+k)^2} + \frac{f(3) - k \cdot b(2)_t}{(1+k)^3 \cdot k}$$

ただし

$f(i)_t$：t 時点における $t+i$ 期の会計利益に対するアナリストのコンセンサス予想

$b(i)_t$：t 時点においてクリーンサープラス関係から計算された $t+i$ 時点の純資産簿価

右辺第4項がターミナルバリューとなっているが，このフォームでは残余利益の予測期間が何故 $t+3$ 期までなのか，また何故それ以降の残余利益が $f(3) - k \cdot b(2)_t$ で一定だと仮定できるのかについて，合理的な説明をすることは困難である．こうしたアドホックな仮定を置かなければ，実証分析には利用できないというのは，DDM やキャッシュフローディスカウントモデルとも共通した問題点である．

更に Frankel & Lee（1998）の実証上のモデルは別の問題も抱えている．右辺第2～4項にある金額ベースの資本コスト $k \cdot b(i-1)_t$ の現在価値合計は，若干の数学的な計算により b_t と等しくなること，およびクリーンサープラス関係を前提とすると，Frankel & Lee（1998）のモデルは次の式と等値となること

が知られている[2].

$$V_t = \frac{d(1)_t}{(1+k)} + \frac{d(2)_t}{(1+k)^2} + \frac{f(3)_t}{(1+k)^3 \cdot k}$$

この式は，Frankel & Lee (1998) のモデルが，$t+2$ 期までの配当を個別に予想し，$t+3$ 期以降の配当は t 時点における $t+3$ 期のアナリスト予想に等しいという仮定を置いた DDM と同じものであることを示している．つまり Frankel & Lee (1998) のモデルは，事実上 DDM を用いた実証分析をしていることと変わらず，純資産簿価や会計利益などの会計情報と株価評価の関係を表す残余利益モデルの長所が十分生かされていないのである．更に Penman (1997) は，Frankel & Lee (1998) に限らず，これまでの実証研究で用いられてきた残余利益モデルは，ターミナルバリューの計算を伴う限り，最終的には DDM に還元されてしまうことを明らかにした．そのためアドホクな仮定を置いたターミナルバリューの計算を伴う残余利益モデルでは，会計情報と株価評価との関係を明示的に示すことができないのである．こうした問題点を改善するために Ohlson (1995) では，ターミナルバリューを用いずに，時点 t の情報のみを使って将来の残余利益を合理的に推定することのできる線形情報ダイナミクス（以後「LID」と表記する）が提案された．

2.2 線形情報ダイナミクス (LID)

Ohlson (1995) は，残余利益について，市場均衡における企業の正常利益（＝資本コストに収斂する）を超えた超過利益であると解釈している．このため残余利益は，企業の競争優位性や独占などによって一時的に発生する (monopoly rents) ものの，長期的には競争原理が働いてゼロに収束していくものと考えた．そしてこの仮定のもとに次の残余利益の時系列モデルを提案し，それを情報ダイナミクスと名付けた．

$$\tilde{x}^a_{t+1} = \omega x^a_t + v_t + \varepsilon_{1,t+1} \tag{7a}$$
$$\tilde{v}^a_{t+1} = \gamma v^a_t + \varepsilon_{2,t+1} \tag{7b}$$

ただし

x^a_t：時点 t の超過利益

---

2) Dechow et al. (1999) 参照．

ω：超過利益の持続性を表すパラメータ($0\leq\omega<1$)

v_t：時点 t において x_t^a 以外に $t+1$ 期の超過利益に影響を与える「その他情報」

γ：その他情報の持続性を表すパラメータ($0\leq\gamma<1$)

$\varepsilon_{1,t+1}, \varepsilon_{2,t+1}$：誤差項(平均=0の正規分布)

線形情報ダイナミクスは，パラメータ ω と γ さえ与えられれば，現在（時点 t）における情報 (x_t^a, v_t) のみを用いて将来の超過利益の期待値を計算できるモデルになっている．したがって従来の実証分析で問題となってきたターミナルバリューの計算は上手く回避されている．また超過利益は長期的にはゼロに収束していくとの仮定から，パラメータ ω と γ は0以上1未満の制約条件が付けられる．ω と γ は，その制約条件の下で過去の超過利益とその他情報のデータより推定することができる．x_t^a は式(4)より t 期の会計利益，$t-1$ 期の純資産，資本コストから計算される．したがって，あとはその他情報（v）さえ推定できれば実証分析で情報ダイナミクスが利用可能となる．この変数 v は，現在の超過利益には含まれていないが翌期の超過利益に影響を与える情報と定義されるが，Ohlson (1995) の線形情報ダイナミクスでは，その具体的な内容は特定されていない．そのため v を特定するための様々な試みがなされてきた．たとえば Myers (1999) は期末受注残高から，Barth et al. (1999) は会計発生高から，Ota (2002) は残余利益の1次の自己回帰過程から計算された残差の相関構造から，v を推定する試みを行っている．本稿では，後で詳しく見ていくように，Dechow et al. (1999) および Ohlson (2001) にしたがって，アナリスト予想を用いて v を推定する方法をとっている．

Ohlson (1995) は，残余利益に式(7a)，式(7b)で表される自己相関構造を仮定し，それを残余利益モデル式(6)に代入して数学的に展開すれば，株式の理論価格が次の式によって表されることを明らかにした．

$$V_t = b_t + \alpha_1 x_t^a + \beta_1 v_1 \tag{8}$$

ただし

$$\alpha_1 = \frac{\omega}{(1+k-\omega)}$$

$$\beta_1 = \frac{(1+k)}{(1+k-\omega)(1+k-\gamma)}$$

このように情報ダイナミクスモデルと残余利益モデルを用いれば，現在利用可能な情報とモデルパラメータ（ω, γ）のみで，株式のバリュエーションが可能となる．この点こそが Ohlson (1995) の大変重要な貢献だと言えよう．

2.3 線形情報ダイナミクスの説明力

線形情報ダイナミクスは，競争市場における超過利潤がゼロに収束するという理論的には妥当な想定にもとづいているが，現実的な妥当性については実証研究による分析を待つほかにない．この点について少し補足をしておこう．

式(7b)で γ が 0，したがって v_t が 0 であれば，残余利益は次の 1 次の自己回帰モデル（AR1）にしたがう．

$$x_t^a = \omega_0 + \omega_1 x_{t-1}^a + \varepsilon_t \tag{7c}$$

線形情報ダイナミクスに関する最も簡単な検証は，この AR1 モデルについて，時系列データから① $\omega_0 = 0$，② $0 \leq \omega_1 < 1$，③ 2 次以降の自己回帰係数がゼロという仮説が支持されるかどうかを検証することによって行われる．この方法による検証では，米国と日本において，必ずしも情報ダイナミクスモデルを支持する結果は得られていない．たとえば米国に関して Dechow et al. (1999) の実証分析の結果は表 4-1 の通りであった[3]．パネル A からは $\omega_1 = 0.62$ で統計的な有意性も高いことから，②の仮説（$0 \leq \omega_1 < 1$）は支持されることが分かる．

表 4-1 残余利益の自己相関構造

・パネル A：ラグ 1，プール回帰

$$x_{t+1}^a = \omega_0 + \omega_1 x_t^a + \varepsilon_{t+1}$$

ω_0	ω_1	R^2
−0.02 (−29.04)	0.62 (138.31)	0.34

・パネル B：ラグ 4，プール回帰

$$x_{t+1}^a = \omega_0 + \omega_1 x_t^a + \omega_2 x_{t-1}^a + \omega_3 x_{t-2}^a + \omega_4 x_{t-3}^a + \varepsilon_{t+1}$$

ω_0	ω_1	ω_2	ω_3	ω_4	R^2
−0.01 (−12.36)	0.59 (68.31)	0.07 (7.50)	0.01 (0.86)	0.01 (1.59)	0.35

Dechow et al. (1999) を元に作成．
（　）内の数値は t 値

ただし $\omega_0=0.02$ と非常に小さい値ながらも，統計的な有意性は高く①の仮説（$\omega_0=0$）は支持されない．またパネル B は，4 次の自己回帰変数まで含めることによって，1 次の変数（ω_1）の値は大きく変わらなかったものの，2 次の自己回帰係数は統計的に有意であり，③の仮説（2 次以降の自己回帰係数=0）が支持されないことを示している．このため厳密な基準で言えば米国において線形情報ダイナミクスモデルは成立していないことになる．ただし Dechow et al. (1999) は，1 次の自己回帰モデルと 4 次の自己回帰モデルで決定係数に大きな違いがないことや，2 次の自己回帰係数の値が非常に小さいことから，線形情報ダイナミクスは，現実を近似するモデルとして利用可能なものではないかとしている．この点を裏付けるために，Dechow et al. (1999) は残余利益を予想する様々なモデルと比較して，線形情報ダイナミクスが，残余利益と株価に対する説明力が最も高いことを示している．その検証結果は後程詳しく見ていくことにしよう．

一方，日本における線形情報ダイナミクス（LID）の検証であるが，新谷 (2009) は Dechow et al. (1999) と同じ方法で，LID の説明力を検証した．その結果，米国と同じように②の仮説（$0\leq\omega_1<1$）は支持されるものの，①の仮説（$\omega_0=0$）は支持されないこと，また 4 次の回帰係数全てが統計的に有意であったことから，③の仮説（2 次以降の自己回帰係数=0）も支持されないことを明らかにした．ただし新谷 (2009) の結果でも，米国の検証結果と同じように，1 次と 4 次の自己回帰モデルで決定係数に大きな差がないこと，2 次以降の自己回帰係数の値が小さいことが示されたこと，また米国と同じように他の方法と比較して残余利益や株価に対する説明力が最も高いことなどから，LID は現実を近似するモデルとして利用可能だと判断することはできるのではないかと思われる．この点については後程，本稿による実証分析も踏まえて検討していくことにしたい．

---

3) Dechow et al. (1999) は個社ごとの時系列データではなく，プールデータに対して回帰分析を行っている．

3 Dechow, Hutton and Sloan（1999）の実証分析

3.1 モデルのバリエーション

ここで Dechow et al. (1999) により，米国における Ohlson (1995) モデルの実証研究を紹介しておこう．彼らはパラメータに様々な仮定を置くことによって，LID と株価モデルについて全部で8つのモデルを作成している．ここでは8つのモデルのうち本稿での論旨に重要な意味を持つと思われる4つについて紹介したい．はじめの3つ（モデル1〜3）は Ohlson (1995) においては内容が特定されていなかったその他情報 (v) を省いたモデル，最後の1つ（モデル4）がその他情報 (v) を含むフルバージョンのモデルとなる．それらは残余利益の時系列構造に関する仮定の違いと，残余利益の時系列構造に関する仮定の違いに対応した株価の理論価格を表したモデルとなっている．

・（モデル1）$\omega=0$, v なし

このモデルでは，式(7a)における $t+1$ 期の残余利益 x_{t+1}^a は常にゼロとなる．すなわち製品市場は純粋な競争市場であり，超過利益は翌期には消滅すると仮定されているモデルである．この仮定を式(8)に適用すると，株式の理論価格は次の式にあるように t 期の純資産と等しくなり，超過利益は株価に対する説明力を持たない形となる．

$$V_t = b_t$$

このモデルはモデル1または純粋競争市場モデルと呼ぶことにする．

・（モデル2）$\omega=1$, v なし

このモデルでは，式(7a)における $t+1$ 期の残余利益 x_{t+1}^a は，t 期の残余利益 x_t^a に等しくなり，残余利益はランダムウォークにしたがうと仮定されている．この仮定を式(8)に適用すると，株式の理論価格は次の式で表される．このモデルでは，株価に対する説明変数は資本コスト，会計利益，配当であり，純資産は説明力を持たないものとなっている．

$$V_t = \left(\frac{1+r}{r}\right)x_t - d_t$$

このモデルはモデル2またはランダムウォークモデルと呼ぶことにする．

・(モデル3) $\omega = \omega^u$, ν なし

このモデルにおける ω は AR1 による残余利益の自己回帰係数である．すなわち式(7a)における $t+1$ 期の残余利益 x^a_{t+1} は1次の自己回帰モデルにしたがうと仮定されている．この仮定を式(8)に適用すると，株式の理論価格は次の式で表され，株価は純資産，超過利益の2つによって説明されることになる．

$$V_t = b_t + \alpha_1 x^a_t$$

ただし，

$$\alpha_1 = \frac{\omega}{1+k-\omega}$$

このモデルはモデル3または AR1 モデルと呼ぶことにする．

・(モデル4) $\omega = \omega^u$, $\gamma = \gamma^\omega$

このモデルは式(7a)と式(7b)によるその他情報を含めたものであり，ω^u は AR1 による残余利益の自己回帰係数，γ^ω は ω^u のもとでの ν の自己回帰係数である．この想定のもとでは，株式の理論価格は式(8)と等しくなり，株価は純資産，超過利益，その他利益から説明される．

$$V_t = b_t + \alpha_1 x^a_t + \beta_1 \nu_1 \tag{8 再掲}$$

ただし，

$$\alpha_1 = \frac{\omega}{1+k-\omega}$$

$$\beta_1 = \frac{1+k}{(1+k-\omega)(1+k-\gamma)}$$

このモデルはモデル4または AR1 およびその他情報を含むモデルと呼ぶことにする．また以上のモデルのうちモデル1と2は，情報ダイナミクスを取り入れていないモデル，モデル3と4は情報ダイナミクスを取り入れたモデルと分類することにしよう．

これらのモデルを実証データに適用していくためには，最大(モデル4すなわち $\omega = \omega^u$, $\gamma = \gamma^\omega$ のケース)で，3つの変数(b_t, x^a_t, ν_t)と2つのパラメータ(ω, γ)が必要となる．このうち純資産(b_t)，残余利益(x^a_t)については，時点 t の会計情報と資本コストの推定によって比較的容易に利用可能なデータである．また ω は，過去の残余利益から AR1 による自己回帰係数を求めればよ

く，γ はその他情報 (v) のデータさえ確定すればやはり AR1 により計算することができる．したがって，モデル 4 を使って株価評価を行うために推定すべき変数は，その他情報 (v) だけが残されたことになる．Dechow et al. (1999) の研究では，Ohlson (2001) の方法にならって，次の考え方によりアナリストのコンセンサス予想利益を使って v のデータを特定している．

もう一度式(7a)に戻って考えてみよう．

$$\tilde{x}_{t+1}^a = \omega x_t^a + v_t + \varepsilon_{1,t+1}$$

(7a 再掲)

式(7a)は，その他情報を表す変数 v_t が，t 期における全ての情報にもとづく $t+1$ 期の超過利益 (x_{t+1}^a) に関する条件付き期待値と，AR1 モデルから推定された超過利益 (ωx_t^a) との差に等しいことを示している．すなわち式(7a)を v_t について書き換えれば，

$$v_t = E_t(x_{t+1}^a) - \omega x_t^a$$

となる．そして $t+1$ 期の超過利益の条件付き期待値は，$t+1$ 期の予想利益から金額ベースの資本コストを差し引いたものに等しいことから，時点 t における $t+1$ 期の予想利益を f_t と表すと，

$$E_t(x_{t+1}^a) = f_t^a = f_t - k b_{t-1}$$

となる．ここで資本コスト k と前期の純資産 b_{t-1} は既知である．また f_t にはアナリストのコンセンサス予想を用いることができる．ここから v_t は，

$$v_t = f_t^a - \omega x_t^a$$

となり，全て入手可能なデータにより計算できることとなる．

3.2 残余利益の予測と株価水準の説明力

次に 4 つのモデル（$\omega = 0$，$\omega = 1$，$\omega = \omega^u$，$\omega = \omega^u$ & $\gamma = \gamma^w$）ごとに，残余利益と株価水準の予測精度にどのような差があるかをみていくことによって，線形情報ダイナミクスの有効性について考えてみたい．

表 4-2 のパネル A は，4 つのモデルによる残余利益 (x_{t+1}^a) の予測精度の違いを測定した Dechow et al. (1999) の結果である．符号付誤差は，実際のデータ値と各モデルによる予測値との差の平均値であり，各モデルによる予測値が過大または過小になるバイアスの有無を示す．また絶対誤差は，符号付誤差の絶対値の平均値，二乗誤差は，符号付誤差を二乗したものの平均値であり，こ

表 4-2　残余利益と株価水準の予測精度

・パネル A：$t+1$ 期の残余利益の予測精度

	符号付誤差	絶対値誤差	二乗誤差
$\omega=0$	-0.029	0.087	0.033
$\omega=1$	0.006	0.081	0.032
$\omega=\omega^U$	-0.008	0.077	0.030
$\omega=\omega^u$ & $\gamma=\gamma^\omega$	-0.032	0.052	0.015

・パネル B：株価水準の予測精度

	符号付誤差	絶対値誤差	二乗誤差
$\omega=0$	0.291	0.445	0.284
$\omega=1$	0.378	0.519	0.363
$\omega=\omega^U$	0.320	0.461	0.284
$\omega=\omega^u$ & $\gamma=\gamma^\omega$	0.259	0.419	0.241

Dechow et al.（1999）を元に作成.

れらは各モデルによる予測値の精度を示す指標である．まず $\omega=0$ の符号付誤差を見てみると，符号はマイナスであり，その数値も4つのモデルの中では2番目に大きな値となっている．このモデルによる $t+1$ 期の残余利益は常にゼロとなるので，検証期間中の残余利益の実現値は平均してマイナスとなっていたことを示している．この結果について Dechow et al.（1999）は，彼らが検証に使った資本コスト（一律12％）が適切ではなく，実際の資本コストより高かった可能性があるとしている．この点については彼らの検証結果を見ていく上で注意しなければならないことである．また AR1 モデル（$\omega=\omega^u$）の符号がプラスであるにも関わらず，アナリスト予想を使ったモデル4（$\omega=\omega^u$ & $\gamma=\gamma^\omega$）は符号がマイナスでその値も最も大きくなっていることが分かる．Dechow et al.（1999）はここにこれまでの実証研究でも良く知られているアナリスト予想の楽観的なバイアスが反映されていると解釈している．予測の精度を表す絶対誤差と二乗誤差は，純粋競争市場モデル（$\omega=0$）とランダムウォークモデル（$\omega=1$）の値が大きく，AR1 モデル（$\omega=\omega^u$）では予測精度が改善しており，またアナリスト予想を使ったモデル4（$\omega=\omega^u$ & $\gamma=\gamma^\omega$）では更に予測精度が大きく改善している．これは線形情報ダイナミクスをより完全な形で用いるほど残余利益の予測精度が向上していることを示している．2節で，線形情報ダイナミクスは残余利益の時系列特性を必ずしも的確に表していないことを指摘したが，

以上の結果は限定的にではあるが，線形情報ダイナミクスの有効性を示す証拠だということができるであろう．

では各モデルによる残余利益の予測精度の違いは，株価の予測精度にどのような形で反映されているだろうか？　表4-2のパネルBは，4つのモデルごとに導き出された理論価格と実際の株価との誤差を示したものである．この結果によると，4つの全てのモデルで符号付誤差はプラスの値をとっており，モデルによる株価の推定値が過小であることが分かる．ここからも Dechow et al. (1999) が用いた資本コスト（12%）が適切な値よりも過大である可能性を指摘することができるであろう．また4つのモデルのうちで最も予測精度が悪かったのは $\omega=1$ である．これはパネルAにおいてランダムウォークモデル（$\omega=1$）の残余利益の予測精度が劣っていたこと，また $\omega=1$ は現在の残余利益の水準が半永久的に継続すると仮定されたモデルであり，長期間に亘る残余利益は次第にゼロに近づくという想定から最も遠く離れたモデルとなっていることもその原因であると推測される．その証拠に1期先の残余利益の予測では最も精度の低かった $\omega=0$ は，株価の推定誤差に関しては $\omega=1$ よりも良いパフォーマンスを示している．また残差利益の予測精度と株価の推定誤差との関係をみると，残差利益の予測精度が最も高かったモデル4（$\omega=\omega^u$ & $\gamma=\gamma^\omega$）が，株価の推定誤差においても最も高いパフォーマンスを示しているものの，$\omega=0$，$\omega=\omega^u$，$\omega=\omega^u$ & $\gamma=\gamma^\omega$ の各モデルの間で大きな差は認められない．したがって残余利益の予測精度を市場は十分に反映していない可能性があると言えそうである．

3.3　株価のミスプライシングの可能性に関する検証

以上，純粋競争モデル（$\omega=0$），ランダムウォークモデル（$\omega=1$），AR1モデル（$\omega=\omega^u$）モデル，そしてその他情報も含めたモデル4（$\omega=\omega^u$ & $\gamma=\gamma^\omega$）の予測精度を比較してきたが，その結果，残余利益に対する予測精度は，線形情報ダイナミクスを取り入れた AR1 モデル，およびその他情報も含めたモデル4がより高い精度を持つことが分かった．しかし残余利益の予測精度が高いモデルが，それに見合った高い株価の予測精度を示した訳ではなかった．その原因としては，① Ohlson (1995) モデル自体が株式のバリュエーションをミススペ

シファイしている可能性，または②市場の株価形成が合理的でなくミスプライシングされている可能性が考えられる．このうち②の可能性を検討するためには，将来の市場の株価が情報ダイナミクスによる Ohlson（1995）モデルの推定値に近づくかどうかを検証すればよい．ここでは Dechow et al.（1999）による検証結果をみていこう．

具体的な検証方法は次の通りである．4つのモデルによる株価の推定値 V_t を市場の株価 P_t で割って，V_t/P_t という指標を計算する．この指標は，値が高いほど市場の株価はモデルによる株価推定値よりも割安であり，反対に値が低いほど市場の株価はモデルによる株価推定値よりも割高だという関係を表している．したがって，もし市場が短期的にミスプライシングしているのであれば，V_t/P_t が高い銘柄ほど将来の株式リターンが高く，この値が低い銘柄ほど将来の株式リターンは低くなるはずである．表 4-3 は V_t/P_t の大きさで 10 に分けたポートフォリオの 1 年後のリターンを表している．またヘッジポートフォリオのリターンは，第 10 分位のポートフォリオ（株価が最も割安）のリターンから第 1 分位のポートフォリオ（株価が最も割高）のリターンを差し引いたものである．この値が大きく，統計的に有意であれば市場の株価はミスプライシングされているという②の仮説が支持されることになる．

表 4-3　V/P 比率の株式リターン予測力

	$\omega = 0$	$\omega = 1$	$\omega = \omega^u$	$\omega = \omega^u$ & $\gamma = \gamma^\omega$
1 分位	0.143	0.159	0.14	0.162
2 分位	0.171	0.143	0.174	0.159
3 分位	0.153	0.161	0.152	0.154
4 分位	0.169	0.158	0.162	0.158
5 分位	0.181	0.16	0.17	0.171
6 分位	0.17	0.166	0.181	0.175
7 分位	0.191	0.182	0.18	0.185
8 分位	0.196	0.202	0.197	0.203
9 分位	0.206	0.222	0.203	0.204
10 分位	0.215	0.235	0.234	0.224
リターンスプレッド	0.072	0.076	0.094	0.062
(t 値)	(1.94)	(2.24)	(2.39)	(1.34)

Dechow et al.（1999）を元に作成．

その結果を見ると $\omega=0$, $\omega=1$ のモデルはヘッジポートフォリオのリターンが 0.072 と 0.076 でほぼ同じ．統計的な有意性は $\omega=0$ がやや劣るものの両モデルとも有意水準 5% で有意である．さらに $\omega=\omega^u$ のモデルを見ると，ヘッジポートフォリオのリターンが 0.094 と最も高く統計的な有意性を表す t 値も一番高い．ところが株価の推定誤差が最も小さかった $\omega=\omega^u$ & $\gamma=\gamma^\omega$ のモデルでは，ヘッジポートフォリオのリターンは 0.062 で最も低く統計的にも有意ではなかった．この結果はどう解釈したら良いのだろうか？ Dechow et al. (1999) は，その原因を市場は楽観バイアスのあるアナリスト予想をナイーブに反映しており，残余利益の持続性を表す ω の値を過大に評価しているためだと考えた．そしてこの点について検証するために，次のような方法を用いて株価にインプライされた ω を推定した上で，過去のデータから計算した（真の）ω と比較をしている．

その他情報のない Ohlson モデルは，残余利益の定義とクリーンサープライス関係を使えば，次の様な会計利益ベースのモデルに書き換えることができる．
$$V_t = \alpha + \beta_1 b_t + \beta_2 x_t \tag{9}$$
ただし，
$$\beta_1 = 1 - k\omega/(1+k-\omega)$$
$$\beta_2 = (\omega + k\omega)/(1+k-\omega)$$

この式(9)にしたがって，クロスセクションの株価データ，純資産データ，残余利益データを回帰分析すれば，市場の株価によってインプライされた ω の値を求めることができる．これを ω^M と表すことにしよう．もし市場が楽観バイアスのあるアナリスト予想をナイーブに反映しているために，残余利益の持続性を表す ω の値を過大評価し，そのために株価がミスプライシングされているのであれば，過去のデータを用いた自己回帰分析によって計算した ω の値と ω^M の間には $\omega < \omega^M$ という関係が成り立つはずである．Dechow et al. (1999) の検証結果は $\omega=0.62$ に対して，$\omega^M=0.85$ となり，市場の株価形成が合理的でなく株価がミスプライシングされているという仮説を支持するものであった．

ここまで Dechow et al. (1999) の概要を紹介してきたが，概要を見るだけでも彼らの研究が大変広範囲の課題を対象としており，Ohlson (1995) モデルが実証研究に対して持つ様々なインプリケーションを数多く引き出すなど，貴重

な貢献をした研究であることが分かる．そこで次に彼らのリサーチデザインを参考にしつつ，日本の市場における Ohlson（1995）モデルの有効性について検証していこう．

4 日本市場における分析

4.1 日本市場に関する先行研究

日本市場を対象とした Ohlson（1995）モデルの実証研究は，あまり多く存在しない．そうしたなかで奥村・吉田（2000），太田（2000）は，欧米における Ohlson モデルの実証研究の方法を取り入れて分析を行った比較的早い時期の研究である．しかしこれら2つの実証研究では，式(7a)，式(7b)における「その他情報」が考慮されておらず，残余利益は過去の1次の自己回帰過程から導き出される ω^u によって低減していくというモデル，すなわち3節で紹介した Dechow et al.（1999）のモデルのうち $\omega = \omega^u$（ν なし）のモデルのみでしか検証が行われていない．また Ota（2002）では，過去の残余利益の残差に存在する自己相関関係から，統計的な手法を使って「その他情報」を算出して，その他情報を含む Ohlson（1995）モデルの検証を行っている．この方法は統計的な手法を上手く利用した斬新なものであったが，その後この研究をフォローするものがおらず，特殊な研究方法のひとつに留まっている．そうしたなかで新谷（2009）は，Ohlson（2001）および Dechow et al.（1999）にしたがい，アナリストのコンセンサス予想を使ってその他情報を推定して Ohlson（1995）モデルの検証を行っている．新谷（2009）は Dechow et al.（1999）と同じく8つのモデルを使って日本市場の分析を行い日米の比較をした結果，次の事実を発見した．

① 残余利益の自己相関構造

Dechow et al.（1999）では2次の自己相関までしか認められなかったが，新谷（2009）では4次の自己相関係数までが統計的に有意であり，情報ダイナミクスが想定するような1次の自己相関構造を見出すことはできなかった．

② 残余利益と株価に対する予測精度

各モデルによる予想精度の優劣は日米ともに大きな違いはなかった．また

アナリスト予想を使ったモデルの残余利益の符号付誤差がマイナスとなり，日本においてもアナリスト楽観バイアスが存在することが明らかとなった．

③ 純資産と会計利益の株価説明力

株価に対してクロスセクションで純資産と会計利益を回帰分析（式(9)参照）した結果は，米国と比べて日本では純資産の株価説明力が2倍程度も大きくなった．しかし2000年以降はしだいに会計利益の説明力が高まって，米国に類似したパターンになってきていることを示している．

④ 株式リターンの予測力

理論株価が純資産と等しくなる$\omega=0$のモデルは株式リターンの予測力が高かったものの，純資産を無視して会計利益の情報だけを使う$\omega=1$のモデルでは株式リターンの予測力に統計的な有意性は認められなかった．これは$\omega=1$でも高い予測力が認められた米国の結果と異なる点である．更にアナリスト予想を使った$\omega=\omega^u$, $\gamma=\gamma^\omega$は，検証対象としたモデルのうち最も株式リターンの予測力が高かったが，米国ではこのモデルの予測力は統計的に有意な結果が得られておらず，そこには大きな違いが存在した．

このように新谷（2009）は，Dechow et al.（1999）の方法を忠実に再現して日本市場を分析している．しかしDechow et al.（1999）では，市場にインプライされたωの推定を行って株価のミスプライシング仮説の検証が行われたが，新谷（2009）ではそれが行われてない．また日米では，モデルによる株式リターンの予測力に大きな差がでたものの，その原因については十分な解明が行われていない．そこで本稿では，残りの紙数を使って新谷（2009）の追加検証を行うとともに，残された課題について解明を試みていくことにしたい．

4.2 実証分析の方法

本稿で検証対象としたモデルは，全部で5つある．まずは3節で説明した次の4つのモデルである．

　　（モデル1　or　純粋競争市場モデル）$\omega=0$, vなし
　　（モデル2　or　ランダムウォークモデル）$\omega=1$, vなし
　　（モデル3　or　AR1モデル）$\omega=\omega^u$, vなし
　　（モデル4）$\omega=\omega^u$ & $\gamma=\gamma^\omega$

もう一つのモデルは，残余利益の低減率 ω を各銘柄の特性によって変化させるモデルである．ここでは将来の残余利益の水準に影響を与える要因として，これまでの研究で知られてきた5つのファクターを取り上げ，これらのファクターに条件付けられた ω の推定を行った．こうした手法をとることにより，銘柄ごとの特性にしたがって残余利益の低減率（ω）を変えることができるので，残余利益の予測精度が上がることが期待できる[4]．条件付き ω の推定を行うために，本稿で用いたファクターは次の通りである．

・現在の ROE（自己資本利益率）の水準[5]
・BP（純資産株価）比率[6]
・会計発生高[7]
・配当性向[8]
・業種要因[9]

条件付き ω の推定は，次の2つのステップを踏んで行われる．まず残余利益に関する一次の自己回帰モデルを次のように拡張した上で，各回帰係数 $\beta_1 \sim \beta_6$ を求める[10]．

$$X_{t+1}^a = a + \beta_1 \cdot X_t^a + \beta_2 \cdot (X_t^a \cdot |ROE_t|) + \beta_3 \cdot (X_t^a \cdot |BP_t|) + \beta_4 \cdot (X_t^a \cdot |AC_t|) + \beta_5 \cdot (X_t^a \cdot |PAYOUT_t|) + \beta_6 \cdot (X_t^a \cdot |INDAV_t|) + \varepsilon \qquad (10)$$

ただし，

ROE：自己資本利益率

BP：純資産株価比率

AC：会計発生高

$PAYOUT$：配当性向

---

4) Dechow et al. (1999) と新谷 (2009) は，こうしたファクターとして残余利益の絶対値，特別損益の絶対値，会計発生高，配当性向，業種要因の6つを使って条件付き ω を求めている．しかし本稿では単なる新谷 (2009) の追加検証としないため，将来の残余利益に影響を与える要因と知られている ROE の水準，BP 比率などを用いて検証を行った．
5) Fama & French (2000) 参照．
6) Fairfield (1994) 参照．
7) Sloan (1996) 参照．
8) 配当性向はクリーンサープラス関係を通じて純資産額に影響を与える．
9) 日経36業種に0と1のダミー変数を与えたものを業種要因とした．
10) 用いたファクターは若干異なるが，条件付き ω の推定方法は Dechow et al. (1999) と同じである．

表4-4 条件付き ω を求めるための回帰分析結果

	β_1 (x^a)	β_2 (ROE)	β_3 (BP)	β_4 (AC)	β_5 (PAYOUT)	β_6 (INDAV)	R^2
理論上の符号	+	-	-	-	-	+	
回帰係数	0.341 (7.50)	-0.036 (5.03)	-0.102 (8.11)	-0.314 (3.33)	-0.173 (5.20)	0.670 (12.38)	0.562

() 内の数値は t 値

INDAV：業種要因

なお AC すなわち会計発生高は，Sloan (1996) の方法により求めている．ちなみに本稿による分析では，表4-4に示すように，5つのファクターの回帰係数の符号は全て理論的に想定される符号と一致し，統計的な有意性も全て1%水準で有意であった．

最後に式(10) により求めた回帰係数を，次の式(11) に代入して条件付き ω を計算する．

$$\omega^c = \beta_1 + \beta_2 \cdot |ROE_t| + \beta_3 \cdot |BP_t| + \beta_4 \cdot |AC_t| + \beta_5 \cdot |PAYOUT_t|$$
$$+ \beta_6 \cdot |INDAVG_t| \tag{11}$$

こうした求めた条件付き ω を ω^c と表し，ω^c を使ったモデルを5つ目のモデルとする．

(モデル5) $\omega = \omega^c$

なお検証対象となるユニバースは，金融関連（銀行，証券，保険）を除く東証1部上場企業で3月決算のもので，連結決算データを利用した．データベースは財務が東洋経済財務データ（連結・一般事業会社），アナリストの予想データが東洋経済予想データ（連結）を用いた．検証期間は1988年7月〜2003年7月で，モデルのパラメータは Dechow et al. (1999) と同じく全期間のプールデータを使って計算した．資本コストには，検証期間を通じた株式の平均リターンである3.5%を全ての銘柄に一律に適用している[11]．また不均一分散の問題に対処するため，会計データは全て総資産で基準化[12]し，データの両端1%についてウィンザー化をして外れ値の処理をした．

4.3 残余利益の自己相関構造および残余利益と株価水準の説明力

まず残余利益の自己相関構造であるが，表4-5にあるように，1次の自己相関過程を前提とした場合の回帰係数 ω_1 は0.78であり統計的な有意性も非常に高かった．また競争市場において残余利益が低減するという仮定から $0 \leq \omega_1 < 1$ となるが，この条件も満たされている．しかし自己相関のラグを増やしてゆくと，1次の自己相関係数だけでなく，2次と3次の自己相関係数も統計的な有意性が高く，残余利益はAR1にしたがうという仮定は満たされていない．しかし2次以降の係数の値が小さいことと，ラグを増やしても決定係数がほとんど改善しないことから，2次以降のラグをとっても追加的な説明力は限定されていることが分かる．

次に残余利益の予測精度についてみていこう．表4-6のパネルAは5つのモデルごとに残余利益に関する符号付誤差，絶対値誤差，二乗誤差の結果をまとめたものである．各誤差は次のように計算している．

・符号付き誤差＝$t+1$期の残余利益－各モデルによる予測値
・絶対値誤差＝$|t+1$期の残余利益－各モデルによる予測値$|$
・二乗誤差＝$(t+1$期の残余利益－各モデルによる予測値$)^2$

表4-5 残余利益の自己相関構造

	β_1	β_2	β_3	β_4	R^2
AR1	0.78 (123.4)				0.549
AR2	0.83 (90.0)	−0.07 (6.5)			0.550
AR3	0.84 (91.1)	−0.15 (11.9)	0.12 (10.9)		0.555
AR4	0.84 (91.0)	−0.15 (11.7)	0.11 (7.7)	0.02 (1.4)	0.557

（）内の数値は t 値

---

11) Dechow et al. (1999) も一律（12%）の資本コストを適用している．
12) Dechow et al. (1999) および新谷（2009）では時価総額で基準化しているが，市場動向により大きな影響を受ける時価総額ではなく，本稿では総資産を使って基準化した．ちなみに新谷（2009）によれば，基準化行う際に時価総額を使っても総資産を使っても結果に大きな違いはみられない．

4 線形情報ダイナミクスと株式のバリュエーション

表 4-6 残余利益と株価水準に関する予想誤差

・パネル A：1 期先の残余利益 (x^a_{t+1}) に関する予想誤差

	符号付き誤差	絶対値誤差	二乗誤差
$\omega=0$	0.036	0.102	0.256
$\omega=1$	-0.003	0.064	0.124
$\omega=\omega^U$	0.006	0.063	0.115
$\omega=\omega^C$	0.003	0.062	0.115
$\omega=\omega^u$ & $\gamma=\gamma^\omega$	-0.017	0.057	0.104

・パネル B：株価水準の予測精度

	符号付き誤差	絶対値誤差	二乗誤差
$\omega=0$	0.434	0.525	0.633
$\omega=1$	0.200	0.597	0.738
$\omega=\omega^U$	0.410	0.500	0.577
$\omega=\omega^C$	0.391	0.487	0.549
$\omega=\omega^u$ & $\gamma=\gamma^\omega$	0.406	0.499	0.420

モデルの予測値の偏差を判断する尺度である符号付誤差をみると，まず目に付くのは $\omega=0$ が大きくプラスとなっていることである．$\omega=0$ における $t+1$ 期の残余利益の予測値は常にゼロとなることを考えると，本稿の分析の結果は，この期間における残余利益は平均的にゼロよりも大きかったことを示している．ただし残余利益が負の値をとるか正の値をとるかは，計算に用いる資本コストの水準によっても大きく左右される．ちなみに本稿では前述のように資本コストは 3.5％ としているが，Dechow et al.（1999）では 12％ の資本コストが用いられている．

また $\omega=\omega^u$ & $\gamma=\gamma^\omega$ の符号付き誤差は，Dechow et al.（1999）や新谷（2009）と同様に大きなマイナスとなった．このモデルではその他情報にアナリスト予想を使っているので，本稿による分析においても Dechow et al.（1999）が指摘するようなアナリストの楽観バイアスが認められたと解釈することができるであろう．

予測精度を判断する尺度である絶対誤差と二乗誤差をみてみよう．この 2 つの尺度でみた予測精度は，残余利益とその他情報の低減過程を取り込んだ $\omega=\omega^u$ & $\gamma=\gamma^\omega$ が最も高かった．次に予測精度が高いモデルはその他情報を用いずに残余利益の低減過程のみを取り入れた $\omega=\omega^u$，$\omega=\omega^C$ であった．この 2 つの

モデルは，絶対誤差で測定しても二乗誤差で測定しても予測精度はほぼ同等であることから，銘柄ごとに同一のωを適用しても，銘柄の特性に合わせてωの値を変えても，予測精度に大きな差がないことが明らかとなった．しかしこれら3つの情報ダイナミクスを取り入れたモデルは，$\omega=0$と$\omega=1$と比べると絶対値誤差，二乗誤差で測定した予測誤差が大きく改善している．こうした結果は，日本市場を対象とした新谷(2009)や，米国を対象としたDechow et al.(1999)とも一致したものであり，情報ダイナミクスモデルが日本でも米国でも残余利益の時系列的な動向を予測するモデルとして一定の役割を果たし得ることを示している．

次にモデルによる株価の予測誤差についてみていこう．表4-6のパネルBには株価の予測誤差をまとめてある．3つの指標，符号付き誤差，絶対値誤差，二乗誤差は，前ページに記した残余利益の予測誤差の計算式にある変数のうち，$t+1$期の残余利益をt期の株価に置き換えて計算したものである．符号付き誤差は全てのモデルで大きくプラスとなっており，各モデルの株価予測値が過小な値をとっていることが分かる．Dechow et al.(1999)でも同様の結果が示されているが，これは計算に使った資本コストの水準が高すぎる可能性を示唆している．また本稿の分析では，残余利益の予測精度が最も高かった$\omega=\omega^u$ & $\gamma=\gamma^\omega$が，株価についても最も予測精度高かった．この点はDechow et al.(1999)や新谷(2009)と同様の結果である．また情報ダイナミクスを取り入れていない$\omega=0$や$\omega=1$と比べて残余利益の予測精度が高かった$\omega=\omega^u$，$\omega=\omega^C$は，株価の予測においても，$\omega=0$や$\omega=1$よりも予測精度が高いことが分かる．これは米国市場を分析したDechow et al.(1999)とは大きく異なる結果である．なぜならDechow et al.(1999)では，情報ダイナミクスモデルを取り入れた$\omega=\omega^u$，$\omega=\omega^C$の株価の予測精度が，情報ダイナミクスモデルを取り入れていない$\omega=0$や$\omega=1$とほとんど差がないという結果が示されているからである．そしてDechow et al.(1999)は，残余利益と株価の予測精度の間に，こうした一見矛盾した関係が見出された原因として，①Ohlson(1995)モデル自体が株式のバリュエーションをミススペシファイしている可能性，②市場の株価形成が合理的でなくミスプライシングされている可能性が考えられるとしていることは3節で述べた通りである．

では残余利益の予測精度と株価の予測精度の間に，米国のような一見矛盾した関係がみられなかった日本市場においては市場の株価形成が合理的で株価は正しくプライシングされているといえるのだろうか？　表4-6のパネルBでみたように，日本においても大きな株価の予想誤差が認められたことを考えると，必ずしもそう結論づけることは早計であると思われる．そこで次に Dechow et al. (1999) の方法にしたがってミスプライシング仮説を検証していくことにしょう．

4.4　株価のミスプライシングに関する検証

3節で述べたように，ミスプライシング仮説の検証では，まず割安・割高の尺度である V_t/P_t という指標を計算する．V_t は t 時点の情報を用いて各モデルで推定された理論株価，P_t は t 時点の株価である．もし市場が短期的にミスプライシングしているのであれば，V_t/P_t が高い銘柄ほど将来の株式リターンが高く，この値が低い銘柄ほど将来の株式リターンは低くなるはずである．この点を検証した結果を示したのが表4-7である．

ここでは V_t/P_t の大きさによって5つに分けた分位ポートフォリオの月次平均リターン（年率換算してある）と，両端ポートフォリオ（第5分位と第1分位）のリターンスプレッドの平均値，およびそれらの t 値が表されている．リターンは全て市場モデルによって計算した β [13] リスクを調整後のものである．これによると5つすべてのモデルにおいて分位ポートフォリの平均リターンは単調増加しており，その結果両端ポートフォリオのリターンスプレッドは正の値をとり，統計的にも有意となっている．しかも良くみていくと，情報ダイナミクスを取り入れた $\omega=\omega^u$，$\omega=\omega^C$，$\omega=\omega^u$ & $\gamma=\gamma^\omega$ のリターンスプレッドは，情報ダイナミクスを取り入れない $\omega=0$ や $\omega=1$ よりも大きな値をとり，統計的な有意性も高くなっている．こうした傾向は米国における Dechow et al. (1999) でも確認することはできるが，そこには2つの大きな違いも存在する．ひとつめは米国においては $\omega=0$ と $\omega=1$ ではリターンスプレッドの大きさも統計的な有意性も $\omega=1$ の方が大きいのに対して，日本ではそれが逆転している

---

13)　市場ポートフォリオには日経平均を用い，各時点から1〜60ヶ月までの月次リターンを用いて計算した．

表 4-7　V/P 比率の株式リターン予測力

	$\omega=0$	$\omega=1$	$\omega=\omega^u$	$\omega=\omega^c$	$\omega=\omega^u$ & $\gamma=\gamma^\omega$
1分位	−4.83	−3.74	−5.47	−5.21	−5.66
2分位	−2.01	−1.60	−1.72	−1.75	−1.58
3分位	0.89	0.33	0.38	0.36	0.18
4分位	1.63	1.59	2.67	2.00	2.21
5分位	4.31	3.56	4.13	4.86	4.85
リターンスプレッド	9.15	7.30	9.60	10.07	10.50
(t 値)	(2.96)	(2.80)	(2.93)	(3.05)	(3.24)

ということである．もうひとつは，その他情報にアナリスト予想を使った $\omega=\omega^u$ & $\gamma=\gamma^\omega$ のリターンスプレッドは，米国においては統計的な有意性が認められなかったのに対して，本稿における分析ではリターンスプレッドも統計的な有意性も一番大きなものとなっていることである．Dechow et al. (1999) は米国における結果を，市場がアナリストの楽観バイアスをそのまま株価に反映させているため，$\omega=\omega^u$ & $\gamma=\gamma^\omega$ は将来の株式リターンの予測力が弱いのだと主張している．しかし日本においては，前述したようにアナリストの楽観バイアスがはっきりと認められたのもの，$\omega=\omega^u$ & $\gamma=\gamma^\omega$ は将来の株式リターンの予測力は最も高くなった．こうした日米の違いは，新谷 (2009) においても確認されているが，こうした点をどう解釈したらよいかは今後の課題である．

いずれにしても V_t/P_t という指標が株式リターンの予測力を持つということは，効率的市場仮説に反する現象であり，市場が合理的な期待から逸脱した株価形成をしていることを示唆している．この点を検証するために，Dechow et al. (1999) は過去のデータから推定された ω と，株価にインプライされた ω である ω^M の水準を比較して，$\omega<\omega^M$ であることを示し（3.3 参照），市場は残余利益の持続力を表す ω の水準を過大評価しているために，株価はミスプライシングされているのだと主張している．こうした主張は日本市場においても成り立つであろうか[14]？

このミスプライシング仮説に関する検証は次のように行われる．3.3 で述べたようにクロスセクションでの理論株価と純資産，会計利益との間には次のような関係が存在する．

---

14)　この点については新谷 (2009) においても分析はされていない．

$$V_t = \alpha + \beta_1 b_t + \beta_2 x_t \qquad \text{(9 再掲)}$$

ただし

$\beta_1 = 1 - k\omega / (1 + k - \omega)$

$\beta_2 = (\omega + k\omega)/(1 + k - \omega)$

b_t：時点 t の純資産

x_t：時点 t の会計利益

k：資本コスト

　この式の V_t に現在の株価を代入して回帰分析をすれば，回帰係数 β_1 と β_2 が計算できる．ここから資本コスト（本稿では3.5％）を使って逆算すれば，株価にインプライされた ω^M を求めることができる．ここでは各年ごとに式(9)を使ってクロスセクションの回帰分析を行い β_1 と β_2 の平均値から逆算して ω^M を求めた．また資本コストと ω から求めた β_1，β_2 の理論的な値を β_1^*，β_2^* として，マーケットから得られた β_1 と β_2 が理論的な値からどの程度離れているか，それによってマーケットは純資産，会計利益のいずれの情報を正しく認識していないのかを推定することとした．その結果が表4-8のパネルAである．これによれば過去の残余利益から求めた ω の値（これを理論的な ω の値とする）は0.786であったのに対して，株価から推定された ω^M は0.856で，確かに $\omega < \omega^M$ という関係は見出されるものの，その差はそれほど大きなものではなかった．このことから，米国と違って日本においては，少なくともプールデータを使った分析によれば，市場は ω の水準を必ずしも過大評価しているとは言えないと判断できるであろう．ちなみに米国における Dechow et al. (1999) では，$\omega = 0.62$，$\omega^M = 0.85$ であり，両者の値には大きな差が存在し，市場による過大評価仮説を裏付ける結果となっている．また株価から計算した β の平均値は，$\beta_1 = 0.990$，$\beta_2 = 4.816$ であり，その理論的な値である β^* は $\beta_1^* = 0.890$，$\beta_2^* = 3.260$ であった．β_1 と β_1^* の差は平均で0.101であり，統計的に有意な差は認められなかったのに対して，β_2 と β_2^* の差は平均で1.556であり，統計的に有意な差が認められた．これは日本の株式市場においては純資産が持つ情報は比較的正しく評価されているものの，会計利益の情報が過大評価されていることを示している．米国における Dechow et al. (1999) では，市場は純資産の情報を過小評価し，会計利益の情報を過大評価しているという結果が示されているが，

表 4-8 株価,純資産,会計利益,予想利益のクロスセクション回帰

・パネル A：$V_t = a + \beta_1 b_t + \beta_2 x_t$

	β_1	β_2	$\beta_1-\beta_1^*$	$\beta_2-\beta_2^*$
88年	1.262	3.037	0.372	-0.224
89年	1.100	3.087	0.210	-0.173
90年	1.762	4.166	0.873	0.906
91年	1.191	4.218	0.302	0.957
92年	0.783	4.221	-0.106	0.961
93年	1.082	3.521	0.192	0.261
94年	1.308	1.687	0.418	-1.573
95年	0.920	2.335	0.030	-0.925
96年	1.005	3.755	0.115	0.495
97年	0.723	7.878	-0.166	4.618
98年	0.581	7.778	-0.309	4.518
99年	0.847	6.209	-0.043	2.948
00年	0.809	9.864	-0.081	6.603
01年	0.740	6.341	-0.150	3.081
02年	0.745	4.147	-0.145	0.887
平均	0.990	4.816	0.101	1.556
標準偏差	0.304	2.305	0.304	2.305
t値	12.186	7.818	1.239	2.526

・パネル B：$V_t = a + \beta_1 b_{t-1} + \beta_2 x_t + \beta_3 f_t + \varepsilon$

	β_1	β_2	β_3	$\beta_1-\beta_1^*$	$\beta_2-\beta_2^*$	$\beta_3-\beta_3^*$
88年	1.46	-13.22	17.22	0.61	-11.96	11.66
89年	1.10	6.10	-0.02	0.25	0.54	-5.58
90年	1.77	-25.29	34.15	0.93	-25.29	28.59
91年	1.07	-4.76	14.44	0.22	-4.76	8.88
92年	0.68	-5.61	12.61	-0.17	-5.61	7.04
93年	1.07	-5.34	11.23	0.22	-5.34	5.67
94年	1.27	-8.41	12.43	0.42	-8.41	6.87
95年	0.86	-2.77	6.07	0.01	-2.77	0.51
96年	0.74	-9.50	19.75	-0.11	-9.50	14.19
97年	0.54	-6.08	18.78	-0.31	-6.08	13.22
98年	0.43	-1.75	13.60	-0.42	-1.75	8.03
99年	0.44	-6.44	29.55	-0.41	-6.44	23.99
00年	0.45	-4.63	24.92	-0.40	-4.63	19.35
01年	0.52	-2.58	13.76	-0.33	-2.58	8.19
02年	0.48	-3.24	14.80	-0.37	-3.24	9.24
平均	0.86	-6.23	16.22	0.01	-6.52	10.66
標準偏差	0.42	6.76	8.59	0.42	6.07	8.59
t値	7.67	-3.45	7.07	0.09	-4.02	4.64

本稿における分析では若干異なる結果となった.こうした日米における違いは,新谷(2009)においても確認されている.

また,その他情報にアナリストの予想利益を利用した $\omega = \omega^u$ & $\gamma = \gamma^w$ に対応する分析をするために,式(9)にアナリスト予想を加えた式(10)による回帰分析を行った.

$$V_t = a + \beta_1 \cdot b_{t-1} + \beta_2 \cdot x_t + \beta_3 \cdot f_t + \varepsilon \tag{10}$$

ただし

b_t：時点 t の純資産

x_t：時点 t の会計利益

f_t：時点 t における $t+1$ 期のアナリスト予想

また,式(10)の回帰係数と,ω との間には理論的に次の関係が存在する.

$$\beta_1 = [(1+k)(1-\omega)(1-\gamma)] / [(1+k-\omega)(1+k-\gamma)]$$

$$\beta_2 = [-(1+k)\omega\gamma] / [(1+k-\omega)(1+k-\gamma)]$$

$\beta_3 = (1+k)/[(1+k-\omega)(1+k-\gamma)]$

表4-8のパネルBをみると，株価に対するアナリスト予想の回帰係数 β_3 の平均値は16.22と非常に大きなプラスの値をとる一方で，t 期の会計利益の回帰係数 β_2 の値はマイナスとなっており，ともに統計的な有意性は高い．この結果は多重共線性の問題の影響を受けている可能性があるのでその解釈には気を付けなければならないが，日本においては実績の会計利益と翌期のアナリスト予想は，株価に対して反対方向の影響力を持つことを示していると言えよう．同じ結果は新谷（2009）でも報告されているが，その原因については今後の課題である．一方，米国における Dechow et al.（1999）では，アナリスト予想を変数に入れた式(10) の回帰分析では，β_3 は有意にプラスとなり，β_2 はプラスの値を維持するものの統計的な有意性は失われている．このため Dechow et al.（1999）は，実績の会計利益の情報は，翌期のアナリスト予想の情報によって吸収されてしまうのだと解釈している．いずれにしても，ここでも日米では会計情報と株価形成の関係に構造的な違いが存在する可能性が見出されたと考えてよいだろう．

4.5 検証結果に対する若干の考察

ここまで情報ダイナミクス（LID）を取り入れたモデル（モデル3〜5）とLIDを取り入れていないモデル（モデル1〜2）について，残余利益の予測精度，株価の予測精度の比較と，株式リターンの予測力および株価のミスプライシング仮説について検証してきた．その結果を Dechow et al.（1999）における米国での分析と比較すると，共通する部分もあるが，違いも大きいことが分かった．それらを整理すると次の通りである．

（共通点）
・残余利益の予測については LID を取り入れたモデルの方が予測精度は高かった．
・アナリスト予想の楽観バイアスが認められた．
・株式リターンの予測については，LID を取り入れたモデルの方がリターンの予測力は高かった（ただし米国におけるモデル5を除く）．

（相違点）

- 株価水準の予測については，LID を取り入れたモデルの予測精度が高かったが，米国ではモデルによる予測精度に大きな違いがなかった．
- 株式リターンの予測については，アナリスト予想を取り入れたモデルの予測力が高かったが，米国ではリターンの予測力に統計的な有意性は認められなかった．
- Dechow et al. (1999) は，市場が残余利益の持続性を過大評価している（ミスプライシング仮説）と主張するが，本稿による分析ではそうした証拠を得ることはできなかった．
- 株価に対する純資産，会計利益，アナリスト予想の説明力が，日米では大きく異なっていた．

こうした共通点と相違点は，日米における株価形成のプロセスや市場おける情報処理に関して有益な示唆を与えるものだと思われる．最後に効率的市場仮説の観点から重要だと思われるミスプライシング仮説に関する補足的な分析を行い，各モデルによるリターン予測力の源泉がどこにあったのかを考えてみたい．

Dechow et al. (1999) は，残余利益の低減過程を反映したモデル 3，モデル 4 が，株価の水準に関する予測力は高くなかったものの，株式リターンの予測力が高かったことから，市場は残余利益の持続力を過大評価しているために，株価をミスプライシングしている可能性が高いと考えた．そして実績値から求めた ω と株価にインプライされた ω^M を比較してミスプライシング仮説を裏付けている．しかしここで幾つかの疑問が感じられないわけではない．たとえば米国でも $\omega=1$（モデル 2）は高いリターン予測力を持っていたが，もし株式リターンの予測力が ω の過大評価によるものであれば，実績の ω よりも高い $\omega=1$ に基づく株価モデルのリターン予測力が高かったことは，どう説明されるのだろうか？　また日本市場においては，各モデルはリターンの予測力を持っていたが，ω と ω^M との関係は必ずしも ω の過大評価を裏付けるようなものではなかったのである．

以上のことを考えるとモデル 1～5 のリターンの予測力の源泉を，ω の過大評価という単一の原因だけに求めることには無理がありそうである．ここではそうした難問を完全に解決することはできないものの，果たして各モデルによる

リターンの予測力が，どのような銘柄属性と関係しているのか，またリターンの予測力の源泉が各モデルで同一のものであるのかどうかについて検証しておくことにしたい．

ここで取り上げた銘柄属性は，株価純資産倍率（PBR），株価収益率（PER），市場モデルにおけるベータ，時価総額，予想 ROE，実績 ROE，過去5年間の売上高成長率，過去3年間の株式リターンである．こうした銘柄属性の違いは，バリュー株効果，成長株効果，規模効果，リターンリバーサル効果などの投資スタイル[15]の違いを表している．そして投資スタイルと将来の株式リターンとの間には，一定の関係が存在することが知られている．ここではそうした投資スタイルの観点から見た場合，情報ダイナミクスを取り入れていないモデル（モデル1と2）と情報ダイナミクスを取り入れたモデル（モデル4）がどのような投資スタイルと関係しているのか，果たして全てのモデルが同一の投資スタイルに分類されるのかどうかを検証していく．もし Dechow et al. (1999) が主張するように，市場が ω の持続力を過大評価していることだけが，株式リターンの源泉だとすれば，全てのモデルは同一の投資スタイルに分類されることが予想される．

図4-1には，各モデルによって最も割安だと判断された第5分位のポートフォリの銘柄属性をグラフにまとめてある．これを見ると $\omega=0$ のモデルはPBRが低く，実績 ROE，予想 ROE，過去5年間の売上高生成長率が低いなど，バリュー株に属する特徴を持っていることが分かる．これは残余利益（バリュー株の場合には低い残余利益）の持続性（ω）を投資家が過大評価しているために，その後の収益の回復過程で高いリターンが得られたという Dechow et al. (1999) の主張と整合的であると言える．その点を簡単に図示したのが図4-2である．ユニバース平均よりも業績が悪く残余利益が低い銘柄 B が高いリターンを上げるのは，太い矢印で示された正しい ω に基づく残余利益の推移よりも，投資家が ω の持続性を過大評価し，それが将来上方に修正されるからだと考えられる．

一方 $\omega=1$ のモデルは，PBR はユニバース全体と比べる低いものの，過去5年間の売上高成長率，実績 ROE，予想 ROE の水準はユニバース全体よりも高

---

15) スタイル投資については Barberis & Shleifer (2003) を参照．

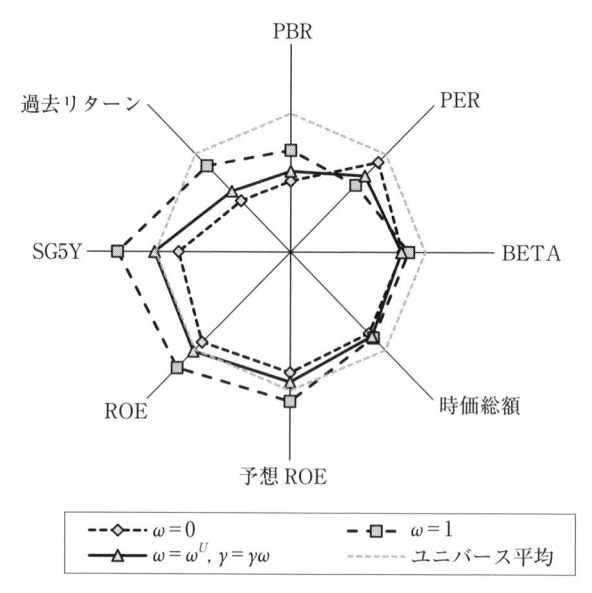

図4-1　各ポートフォリオの投資スタイル

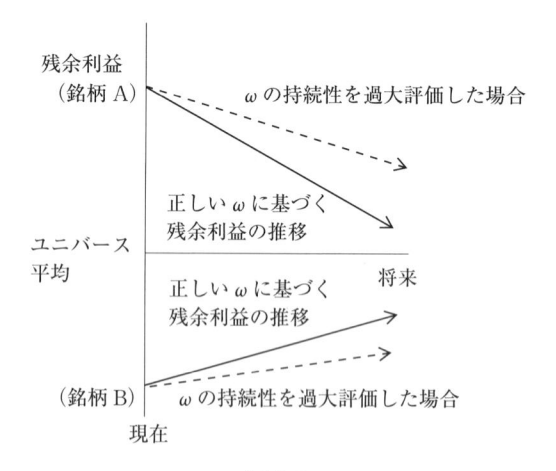

凡例: $\omega=0$ ／ $\omega=1$ ／ $\omega=\omega^U, \gamma=\gamma\omega$ ／ ユニバース平均

図4-2

くバリュー株とは大きく異なる銘柄属性となっている．過去5年間の業績がユニバース全体よりも高いことから，残余利益（$\omega=1$ の場合には高い残余利益）の持続性（ω）を過大評価したことが，高いリターンの源泉になっているとは

考え難い．なぜなら図4-2にあるようにユニバース平均よりも残余利益が高い銘柄Aに関して，投資家がωの持続性を過大に評価した場合には，将来の残余利益は下方修正されることになるからである．したがって銘柄Aが高いリターンを上げるためには，反対に残余利益の持続性を投資家が過小評価していたと考える方が合理的である．ちなみに$\omega=1$によるポートフォリオの属性は，このポートフォリオが割安な成長株からなることを示しており，投資スタイルとしてはガープ（Garp）と呼ばれるものに相当するものである．また図4-1によれば，情報ダイナミクスを取り入れたモデル4は，こうしたバリュー株とガープの投資スタイルのちょうど中間に属する銘柄属性を持っている．こうしたことから，少なくとも日本の株式市場おいては，純粋競争市場に基づくモデル1，ランダムウォークに基づくモデル2，残余利益の1次の自己回帰プロセスとその他情報を取り入れたモデル4とでは，投資スタイルが異なるるとともに，各モデルが持つ株式リターンの予測力の源泉が必ずしも同一のものではない（ωの持続性を過大評価 or 過小評価）ことを示唆していると言えよう．

そこで，株式リターンの予測力が独立したものであるかどうかを確認するために，次の回帰式を使ったFama & MacBeth（1973）検定を行った．

回帰1　$r_{t+1} = \alpha + \beta \times PV_{\omega=0}$

回帰2　$r_{t+1} = \alpha + \beta \times PV_{\omega=1}$

回帰3　$r_{t+1} = \alpha + \beta \times PV_{\omega=U, y^U}$

回帰4　$r_{t+1} = \alpha + \beta_1 \times PV_{\omega=0} + \beta_2 \times PV_{\omega=1}$

回帰5　$r_{t+1} = \alpha + \beta_1 \times PV_{\omega=0} + \beta_2 \times PV_{\omega=U, y^U}$

回帰6　$r_{t+1} = \alpha + \beta_1 \times PV_{\omega=1} + \beta_2 \times PV_{\omega=U, y^U}$

r_{t+1}は，各銘柄の月次リターン，$PV_{\omega=0}$, $PV_{\omega=1}$, $PV_{\omega=U, y^U}$はそれぞれ$\omega=0$, $\omega=1$, $\omega=U, y^U$の各モデルで推定された理論株価を示している[16]．αは各回帰式の切片，βは回帰係数である．回帰1～3は各モデルの説明力を単独で見た場合の式である．また回帰4～6は2つのモデルを組み合わせた場合の各モデルの説明力を表しており，これによってリターンの予測力が独立したものであるか否かを確かめることができる．なお分析方法は，Fama & MacBeth（1973）にならい，月次の回帰分析で求めた回帰係数βの平均値とt値を求めた．その結

---

[16] ただし理論株価がマイナスとなる場合はデータから除外した．

果が表4-9である．

　回帰1～3の結果を見ると各モデルとも単独では月次リターンに対する説明力があることが分かる．これは先に行ったランキングポートフォリオによる検証と整合的な結果である．さらに$\omega=0$と$\omega=1$を同時に回帰した回帰4では，$\omega=1$の説明力が低下するものの，有意水準10%では有意となっており，2つのモデルによるリターンの説明力は独立したものだということができる．したがって少なとも$\omega=0$すなわちバリュー効果による株式リターンの予測力と，$\omega=1$すなわちガープ効果による株式リターンの予測力の源泉は，異なったものだと言うことができるだろう．しかし$\omega=0$と$\omega=U,\gamma^U$を組み合わせた回帰5では，$\omega=0$の説明力は失われる一方で$\omega=U,\gamma^U$は高い説明力を維持している．同じように$\omega=1$と$\omega=U,\gamma^U$を組み合わせた回帰6でも，$\omega=1$の説明力は失われる一方で$\omega=U,\gamma^U$は高い説明力を維持したままとなっている．これはバリュー効果による株式リターンの予測力も，ガープ効果による株式リターンの予測力もともに，$\omega=U,\gamma^U$のモデルによって吸収されてしまうことを意味している．

　以上のFama & MacBeth (1973) 検定からは，バリュー効果とガープ効果は独立したものであり，それぞれのリターンの予測力の源泉は同一のものではないこと，しかし$\omega=U,\gamma^U$のモデルは両者のリターン予測力を含むものであることを示唆している．こうした分析結果は，バリュー効果の原因は，投資家がω

表 4-9　Fama & MacBeth 検定の結果

	$\omega=0$	$\omega=1$	$\omega=U,\gamma^U$
回帰1	1.10 (2.99) ***		
回帰2		0.55 (2.49) **	
回帰3			0.92 (3.04) ***
回帰4	0.91 (2.74) ***	0.34 (1.86) *	
回帰5	−0.47 (0.72)		1.31 (2.11) **
回帰6		0.13 (0.74)	0.88 (2.99) ***

の持続性を過大評価したためである可能性が高いこと，しかしガープ効果の原因はむしろ ω の過小評価にあると考えられること（すなわち異なるリターンの源泉を持っていること）と整合的である．また $\omega = U, \gamma^U$ のモデルがバリュー効果とガープ効果を吸収したことは，このモデルが残余利益の予測精度が最も高かったことから，理論株価の推定値としても最も精度が高く，投資家が ω を過大評価した場合でも，過小評価した場合でも，より正しい株価の評価ができているためではないかと思われる．ただしより詳細な分析は今後の課題としたい．

5 おわりに

本稿では Ohlson (1995) モデルについて，理論的な貢献，実証分析の方法上の貢献をまとめた上で，Dechow et al. (1999) の方法にしたがって日本市場における実証分析を行った．

Ohlson (1995) モデルの理論的な貢献としては，新古典派経済の枠組みを維持しつつ，将来の配当ではなく，会計情報と株価との関係を明らかにしたことがあげられる．また配当割引モデルでは整合的な解釈が難しかった Modigliani-Miler の配当無関連命題の問題をクリアーしたこと，更に残余利益に１次の自己回帰過程を前提とすれば，現在存在する情報のみで理論株価を推定できることを数学的な展開によって明らかにし，配当割引モデルのように無限の将来に亘る予想を不要としたことなども重要な理論的貢献である．これに伴い，配当割引モデルや残余利益モデルを使った従来の実証分析では避けることのできなかったターミナルバリューの計算を回避できるようになったことは実証分析の方法上での大きな貢献だと言えよう．

しかし Ohlson (1995) モデルには，その他情報というモデル上では具体的な内容が特定されていない変数があるため，これまでの実証分析の多くはその他情報を除いた情報ダイナミクス（AR1 モデル）を用いてきた．その数少ない例外のひとつが Dechow et al. (1999) であり，そこでは Ohlson (2001) で提案されたその他情報にアナリスト予想を利用する方法で実証分析が行われている．本稿ではこの方法にしたがって日本市場を対象とした分析を行い日米における共通点と相違点を明らかにした．

まず残余利益の予測力については，情報ダイナミクスを考慮したモデル（モデル3～5）の方が，情報ダイナミクスを考慮しないモデル（モデル1～2）よりも，高い予測精度をもつことを確認することができた．これは情報ダイナミクスが，残余利益の時系列的な特性に対する付加的な説明力を持つことを示している．また株価水準の予測精度についても，残余利益の予測精度の高いモデルほど予測精度が高くなるという関係が認められたが，これは米国におけるDechow et al.（1999）と大きく異なる点である．また株価のミスプライシングの検証においては，本稿の分析ではモデル1～5の全てで株式リターンの予測力が認められ，日本市場においても株価がミスプライシングされている可能性を示唆する結果となった．しかし日本市場においては，米国市場についてDechow et al.（1999）が主張するような残余利益の持続性を市場が過大評価しているという証拠を得ることはできなかった．むしろ本稿で得られた結果は，市場は残余利益の持続可能性を過大評価する場合もあれば，過小評価する場合もあり，情報ダイナミクスを取り入れたモデル（モデル4）は，その両方に起因するミスプライシングを捉えているという考え方に整合的なものであったと言える．

〔参考文献〕

奥村雅史・吉田和生（2000），「連結会計情報と長期株式リターン：EBOモデルを通じて」，『會計』，第158巻（3）号．

太田浩司（2000），「オールソンモデルに企業評価：Ohlson（1995）モデルの実証研究」，『証券アナリストジャーナル』，**38**, 4.

新谷理（2009），「日本市場における線形情報ダイナミクスの検証：Dechow, Hutton and Sloan（1999）モデルの適用」，『現代ディスクロージャー研究』，**9**.

Barberis, N. and A. Shleifer (2003), "Style investing", *Journal of Financial Economics* **68**, 2.

Barth, M., W. Beaver, J. Hand and W. Landsman (1999), "Accruals, Cash Flows, and Equity values" *Review of accounting studies*, **3**.

Dechow, P.M., A.P. Hutton and R.G. Sloan (1999), "An empirical assessment of the residual incom valuation model", *Journal of Accounting & Ecnomics*, **26**.

Edwards, E.O. and P.W. Bell (1961), "The theory and Measurement of Business

Income", University of California Press.

Fairfield, P.M., (1994), "P/E, P/B, and the Present Value of Future Dividends", *Financial Analyst Journal*, July-August.

Fama, E.F. and J. MacBeth (1973), "Risk, return and equilibrium : Empirical test", *Journal of Political Economy*, **71**.

Fama, E.F. and K.R. French (2000), "Foecasting Profitablity and Earnings", *Journal of Business*, **72** (2).

Francis, R., P. Olsson and D. Oswald (2000), "Comparing accuracy and explainability of dividend, free cash flow, and abnormal earnings equity value estimates", *Journal of Accounting Research*, **38**.

Frankel, R. and C. Lee (1998), "Accounting valuation, market expectation, and the book-to-market effect", *Journal of Accounting and Economics*, **25**.

Myers, J. (1999), "Implementing Residual Income Valuation with linear Information Dynamics", *The Accounting Review*, **74**, 1.

Ohlson, J.A. (1995), "Earnings, Book Values, and Dividends in Equity Valuation", *Contemporary Accounting Research*, **11** (2).

Ohlson, J.A. (2001), "Earnings, book values, and dividends in equity valuation: an empirical perspective", *Contemporary Accounting Research*, **18**.

Ota, K. (2002), "A test of the Ohlson (1995) model: empirical evidence from Japan", *The International Journal of Accounting*, **37**.

Penman, S.H. (1997), "A synthesis of equity valuation techniques and the terminal value calculation for the dividend discounting model" working paper, University of California, Berkeley.

Penman, S.T. (2001), "Financial Statement Analysis & Security Valuation", McGroaw-Hil Irwin.

Sloan, R.G. (1995), "Do stock prices fully reflect information in accruals and cash flows about future earnings?", *Accounting Review*, **71**.

（松村尚彦：東北学院大学経営学部経営学科）

5　決算情報が社債市場に及ぼす影響について

上瀧弘晃・山下泰央・高橋大志

概要　債券投資において超過収益の源泉の探索は最も重要な課題のひとつである．本稿では，企業の決算時に公表される情報に着目し，決算情報が社債価格に及ぼす影響について，累積超過リターン（CER）を用いたイベントスタディ分析を行った．分析の結果，社債価格は，(1) 当期純利益が前期比増益の場合は CER に変化が見られないのに対し，減益の場合は CER がマイナスとなる傾向にあること，さらに (2) 当期減益の場合は，経営者の翌期利益が減益予想で，且つ格付が低い場合に，CER のマイナスが大きくなる傾向にあること，また (3) これらの傾向は社債市場独自のものであり，株式市場とは異なること等を見出した．これらの結果は，債券市場において決算情報が価格に反映されるメカニズムについて興味深い結果を示すと同時に，資産運用実務における超過源泉に関しても興味深い結果を示すものである．

1　はじめに

　年金運用では，長期的な観点での分散投資を基本とし，年金積立金の安全かつ効率的な運用が求められている．年金運用における投資対象は，分散投資の観点から，国内外の株や債券に限らず，オルタナティブへの投資も行われているが，安全資産としてのニーズから債券投資は依然として重要な役割を果たしている[1]．債券投資の中でも，とりわけ信用リスクを伴う社債の発行残高は 60 兆円を突破し[2]，投資家の注目度は高まっている．
　社債運用の実務では，信用リスクに配慮しつつ，安定的に超過収益を上げる

---

[1] 例えば，企業年金連合会の資産構成割合は，国内債券が 36.7%（2010 年 3 月末）と最も高い．また近年では，負債を考慮した資産運用である Liability Driven Investment (LDI) も関心を集めている．
[2] 日本経済新聞（2011 年 2 月 27 日）参照．

ことが求められており，新たな超過収益の源泉の探求は，重要な課題のひとつである（Collin-Dufresne, 2001；内山・濱田, 2006；内山・濱田, 2007；上瀧・高橋・高橋, 2009；上瀧・山下・高橋, 2012）．超過収益の源泉に関する研究は，市場の効率性に関する議論と密接に関連した議論であり，これまで株式を中心に数多くの研究が行われてきた（Sharpe, 1964；Fama, 1970）．

その中でも，企業の決算情報と株式市場の関連性は，最も盛んに研究が行われている領域のひとつに挙げられる．例えば，太田（2001）は，企業の年次決算発表に対する株式市場の反応を，東証一部市場，東証二部，大阪，店頭市場に拡大して検証し，東証一部市場に限らず，東証二部，大阪，店頭市場の全ての証券市場において，決算発表週に有意に大きな株価の反応があったことを確認している．また，わが国では証券取引所の要請により，決算時の業績発表と同時に経営者業績予想が開示されているが，この経営者予想は，経営者しか知りえない情報を反映している可能性がある．Conroy et al. (1998)，Conroy et al. (2000) は，当期利益と経営者利益予想を比較し，経営者利益予想の方が株価の変動に影響を及ぼすとの指摘を行っている．また太田（2005）も，株主資本簿価，当期利益，経営者利益予想の中で，経営者利益予想が株価リターンに与える影響が最も大きいと報告している．このように，決算情報が株式市場に与える影響については，いくつかの報告が行われているが，債券市場に与える影響についてはほとんど報告されていない[3]．これらを背景とし，本稿では，日本の社債市場を対象とし，当期利益，及び経営者利益予想に関する情報に対する社債価格の反応についてイベントスタディの手法を用いた分析を行う．また，同じ決算情報を用いた株式市場の分析も合わせて行い，社債市場との反応を比較する．

本稿の構成は以下のとおりである．2において分析手法について説明した後，3で分析結果について説明を行う．4はまとめである．

---

3) 米国では，経営者予想がわが国のように規格化されていないことから，アナリスト予想と社債市場を結びつけた研究が幾つかある．Levent et al. (2010) は，アナリスト予想のばらつきに着目し，ばらつきが高い場合は，社債スプレッドが拡大する傾向があることを報告している．

2 分析手法

はじめに，分析に用いる決算情報について説明を行った後，分析に用いるサンプル，及び社債と株価の累積超過リターンについて説明を行う．

2.1 決算情報

本稿では，当期純利益に焦点をあて，債券価格や株価との関連性について分析を行う．式(1)は，前期（$T-1$）から当期（T）までの1株当たり当期純利益（A）の変化率を示したものである[4]．尚，当期純利益は1株当たり当期純利益を用いる（石川，2001；太田，2002）．ΔA が正であれば，当期純利益が前期比増益であることを意味し，ΔA が負であれば，当期純利益が前期比減益であることを意味する．

$$\Delta A_T = \frac{A_T - A_{T-1}}{|A_T - 1|} \tag{1}$$

また，決算発表時に翌期の経営者の業績予想も発表される．株価を用いた研究では当期利益よりも翌期の経営者予想利益の影響が大きいという報告も行われている．これらを背景として，本稿では，経営者予想利益を取り込んだ分析を行うものとした（Conroy et al., 1998）．分析においては，経営者の業績予想の中で，1株当たり当期純利益に着目し，社債価格，株価に与える影響を調べる．式(2)は，T 期の1株当たり当期純利益（A）と翌期（$T+1$）の経営者の翌期利益予想（F）の変化率を示したものである[5]．ΔF が正であれば，T 期の当期純利益に対し，$T+1$ 期は増益を予想していることを意味する．逆に ΔF が負であれば，T 期の当期純利益に対し，$T+1$ 期は減益を予想していることを意味する．

$$\Delta F_{T+1} = \frac{F_{T+1} - A_T}{|A_T|} \tag{2}$$

---

4) 例えば，松本（2010）は，実績利益変化と業績予想変化の関係を調べるため，利益の変化率を用いている．

5) 例えば，石川（2001）は，翌期の配当予想情報を検討する際，将来の収益性変化として，「翌期の経営者利益予想－当期利益」の符号に着目している．

2.2 サンプル

本稿では，2002年から2010年までの年次決算データを対象とし，分析を行う[6]．分析に用いるデータは，以下の5つの条件を満たすものとした．(1) 2002年から2010年までを年次決算とする企業（3月決算以外も含む）のうち2期以上のデータが存在する企業，(2) 連結ベース（なければ単独ベース）の1株当たり当期純利益及び翌期経営者予想1株当たり当期純利益が記載されている企業，(3) 株式数の前期比変化率が年度で20%以内の企業（石川，2001），(4) 社債の償還までの残存年数が1年以上の銘柄が1つ以上存在し，かつ価格が存在すること，(5) 企業の格付（R&I基準[7]）が存在すること，これらの5つの条件を全て満たすサンプルは1,441社となった．

表5-1は分析対象データの当期利益及び翌期利益予想を示したものである．分析対象データのうち，当期利益が増益となっているのは850社，減益となっているのは591社である．一方，翌期利益予想の変化については，増益となっているのは1,057社，減益となっているのは384社であることを確認できる．翌期利益予想で増益を予想する企業が多いのは，経営者の楽観的な見通しを表している可能性がある．

表5-1 サンプル数

		当期利益		計
		増益	減益	
経営者の翌期利益予想	増益	583	474	1,057
	減益	267	117	384
計		850	591	1,441

Note：サンプルは2002年から2010年までを年次決算とする企業である．当期利益は（当期純利益－前期純利益）÷｜前期純利益｜を表し，経営者の翌期利益予想は，（経営者の翌期純利益予想－当期純利益）÷｜当期純利益｜を表す．

---

[6] 決算情報は中間決算，及び2008年からは四半期決算も充実してきており，これらの情報の影響を受けている可能性がある．今回の分析では考慮していないが，中間決算，四半期決算を用いたより詳細な分析は今後の課題としたい．

[7] 格付会社は，格付投資情報センター（R&I），日本格付研究所（JCR），スタンダード・アンド・プアーズ（S&P），ムーディーズ，フィッチの5つがあるが，サンプルのカバー率の最も高かったR&Iを採用した．

2.3 社債累積超過リターン

本稿では,年次の決算発表日を日次 0 ($t=0$) と定義し,その前後 36 営業日 ($-5 \leq t \leq +30$) の企業 i が発行する社債 j のリターンを分析する.決算情報等は企業の信用リスクを表す社債スプレッドに影響を及ぼすと考えられる.そこで本分析では,社債スプレッド変化から得られるリターンに焦点を当てる[8].社債スプレッドは,社債利回りから同残存の国債利回りの差で求められ,スプレッドの変化に利回りに対する価格感応度 (Mdur) を乗じることでリターンに変換することができる.但し,個別企業の情報から生じる社債スプレッド変化に着目するため,市場全体のスプレッド変動の影響を控除し,社債のリターン (以下,超過リターン (Excess Return)) を算定する必要がある.Warga and Welch (1993), Billett et al. (2004) は,社債の個別銘柄のトータルリターンと,同銘柄と同等の格付,残存年数の債券インデックスのトータルリターンとの乖離を超過リターンとしている.わが国のインデックスは格付別,残存年数別に対応した社債スプレッドが存在することから,本稿では Warge and Welch (1993) らの方法を参考に,社債スプレッド[9]から超過リターンを求めるものとした (式(3)).

式(3)は,社債の超過リターンの算出式を示したものである.企業 i の発行する社債 j の超過リターン (Excess Return) は,銘柄 i のスプレッドトータルリターン (SR) から,インデックスのスプレッドトータルリターン (ISR) を引くことで求められる.

$$er_{i,j,t} = SR_{i,j,t} - ISR_{i,j,t} \tag{3}$$

式(4)は,式(3)中 (第1項) に用いられている社債のスプレッドトータルリターン (SR) の算出式を示したものである.式(4)の第1項はスプレッド変動からくるキャピタルリターン,第2項はスプレッドから得られるインカムリタ

---

[8] 社債のリターンは国債利回りの変化から生じるリターンと信用スプレッドの変化から生じるリターンに分けられる.前者は信用リスクとは無関係に変化することから,本分析では社債のリターンから除くこととする.

[9] 尚,個別銘柄のスプレッドは価格を利回りに変換し,社債の残存期間に対応する国債の金利部分を除いて算出した.また,個別社債の価格は債券標準価格 (JS Price) (経済新聞デジタルメディア,金融工学研究所,野村證券,及び野村総合研究所の4社が共同開発) を用いた.

ーンを示したものである．尚，Mdur は修正デュレーションを表す．

$$SR_{i,j,t} = -\Delta Spd_{i,j,t} \times MDur_{i,j,t} + Spd_{i,j,t} \times \frac{days}{365} \quad (4)$$

式(5)は，式(3)中（第2項）に用いられているインデックスのスプレッドトータルリターン（ISR）の算出式を示したものである．本分析では，インデックスデータとしてNOMURA‐BPI のデータを採用した．インデックスの属性情報として，R&I 基準（AA，A，BBB，BB）別，及び残存償還年数（短期（1年から3年未満），中期（3年超から7年未満），長期（7年超））別のスプレッドデータがある．これら，計 12 個のスプレッド情報から各カテゴリーのリターンの算出を行っている．

$$ISR_{Rating,Maturity,t} = -\Delta Spd_{Rating,Maturity,t} \times MDur_{Rating,Maturity,t}$$
$$+ Spd_{Rating,Maturity,t} \times \frac{days}{365} \quad (5)$$

また，企業 i が J 個の債券を発行している場合は，同企業が発行する個別銘柄 j の超過リターンを銘柄 j の時点 t の時価総額を用いて時価加重し，企業 i に対する社債超過リターンを算出した．w は銘柄 j の時価ウェイトを表す．

$$er_{i,t} = \sum_{j=1}^{J} w_{i,j,t} \times er_{i,j,t} \quad (6)$$

最終的に t 時時点（決算時点は $t=0$）での超過リターンをサンプル平均したものは以下のように示される．

$$ER_t = \sum_{i=1}^{N} \frac{er_{i,t}}{N} \quad (7)$$

このようにして求めた社債発行企業の超過リターンを日次で累積したものを累積超過リターン（Cumulative Excess Return，以下（CER））と定義する．この累積超過リターンを基に，決算発表前後の社債の反応を調べる．

2.4　株式累積超過リターン

本稿では，社債と株式の反応の違いについて分析するため，株式の超過リターンについても社債同様に定義する．年次の決算発表日を日次 0（$t=0$）と定義し，その前後 36 営業日（$-5 \leq t \leq +30$）の企業 i の日次リターンと同日の市

場全体(TOPIX)のリターンとの差を超過リターンとする．式(8)は，株式の超過リターン(Excess Return)の算出式を示したものである．尚，市場ベータは1としている[10]．

$$er_{i,t}^{株式} = r_{i,t} - r_{TOPIX,t} \tag{8}$$

最終的にt時時点(決算時点は$t=0$)での株価の超過リターン(Excess Return)をサンプル平均したものは以下のように示される．

$$ER_t^{株式} = \sum_{i=1}^{N} \frac{er_{i,t}^{株式}}{N} \tag{9}$$

このようにして求めた株式の超過リターンを日次で累積したものを累積超過リターン(Cumulative Excess Return, 以下(CER))と定義する．

3 分 析 結 果

本節では，分析結果について説明を行う．3.1において社債に焦点を当てた分析を行い，続いて3.2で株式に焦点を当てた分析を行う．

3.1 社債を用いた分析

はじめに，当期利益情報と社債市場の関連について分析を行った後，経営者予想を加えた分析について説明を行う．その後，さらに格付を加えた分析を行う．

3.1.1 社債市場と当期利益に関する分析

ここでは，当期利益情報が社債に与える影響について分析する．分析対象データを，当期純利益が増益と減益の基準にて，2つに分類し，それぞれのデータについて社債の累積超過リターンの変化を調べた．図5-1は分析結果を示したものである．図中の横軸は，時間(日)を示しており，縦軸は社債の累積超過リターンを示している．また，その統計量を表5-2に示している．

図5-1から，当期純利益が前期比増益と減益とで比較した場合，決算発表日前は同様の動きをしているが，決算発表日後は両者の動きが異なっていること

---

[10] 本分析では分析期間が比較的短期間であることから市場ベータは1と仮定したが，ベータ調整を行った分析については今後の課題としたい．

5 決算情報が社債市場に及ぼす影響について　129

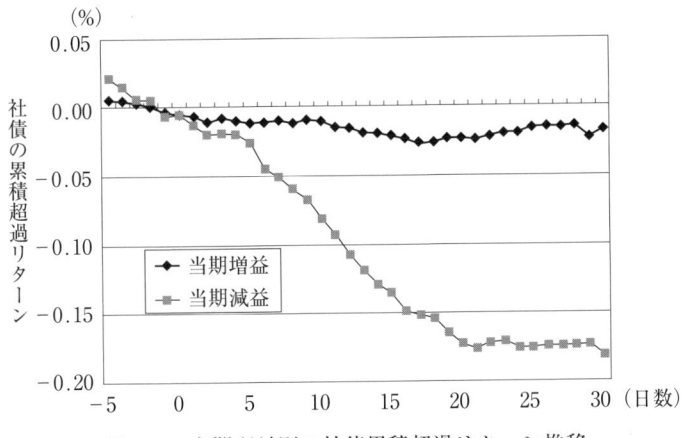

(図: 当期利益別の社債累積超過リターン推移のグラフ。X軸は-5から30（日数）、Y軸は社債の累積超過リターン(%)で0.05から-0.20。当期増益と当期減益の2系列がプロットされている。)

図 5-1　当期利益別の社債累積超過リターン推移

図は，決算発表日前後の社債の累積超過リターンを当期純利益が前期比で増益と減益の2つに分類したものである．データのサンプル期間は2002年から2010年とし，年次決算情報を用いている．X軸に決算発表日を$t=0$とし，前後36営業日（$-5 \leq t \leq +30$）をとり，Y軸には社債超過リターンのサンプルの単純平均値を日次で累積（$t=0$を基準）したものである．

表 5-2　当期利益別の社債累積超過リターンの統計量

	CER (-1, 1)	CER (-1, 5)	CER (-1, 10)	CER (-1, 20)	CER (-1, 30)	N
当期増益	-0.010% (-3.6)	-0.014% (-2.6)	-0.013% (-1.5)	-0.026% (-1.5)	-0.018% (-0.8)	850
当期減益	-0.036% (-2.0)	-0.046% (-2.6)	-0.102% (-3.5)	-0.185% (-5.7)	-0.188% (-4.8)	591

Note：表の上段は，当期純利益が前期比増益の場合，下段は前期比減益を示している．データのサンプル期間は2002年から2010年とし，年次決算情報を用いている．CER (n, m) は社債の累積超過リターンを表しており，決算発表日を基準（$t=0$）とし，超過リターンをn日からm日まで累積したことを意味する．また括弧の値はCERとゼロとの差の検定におけるt値，Nはサンプル数を表す．

を確認できる．当期純利益が前期比増益の場合，決算発表日後のCERはほぼゼロ付近で推移しているのに対し，当期純利益が前期比減益の場合，大きくマイナスとなっている．また増益の場合，表5-2において統計的に有意な差は確認されていないが，減益に関しては有意な違いが見られている．これらの結果は，当期の決算情報が社債市場に影響を及ぼしている可能性を示唆するもので

ある.

　また，決算発表後の社債市場の反応を時系列で見ると，当期純利益が前期比減益の場合は決算発表日直後に社債のCERは変化せず，5日程度経過した後に変化している．これは，社債市場が相対取引であることから，利益情報の価格への反映が株式市場に比べて遅れがちであることが原因のひとつとして考えられる．

　当期利益情報は，直近の決算時点までの情報を示したものであるが，同時点において，経営者の利益予想を通じ，将来に関する情報も公表されている．3.1.2において，当期純利益の情報に，経営者の利益予想の情報を加えた分析を行う．

3.1.2　社債市場と当期利益，及び経営者利益予想に関する分析

　決算発表においては当期純利益以外の情報として，経営者の翌期利益予想も発表されている．ここでは，当期利益の情報に対し，経営者の利益予想の情報を加えた分析を行う．具体的には，当期利益の情報（増益，減益）及び経営者の利益予想の情報（増益予想，減益予想）をもとに，サンプルを計4つのグループに分類し，各グループの超過リターン推移について調べる．図5-2は，各グループの社債の累積超過リターンを示し，表5-3にその統計量を示している．

　当期増益に対し，経営者の翌期利益予想の情報を考慮した場合の結果を確認する．当期増益の場合，翌期利益予想による違いは見られず，共にほぼゼロ付近で推移している[11]．

　次に，当期減益に対し，経営者の翌期利益予想の情報を考慮した場合の結果を確認する．当期減益の場合，翌期増益予想より翌期減益予想の方が，CERのマイナスが大きくなることが見てとれる．なお，表5-3からCERのゼロとの差の検定において，両者ともに有意な差があることを確認できる．

　3.1.1から，社債市場においては，当期利益の情報が有用となる可能性が示唆されたが，ここの結果は，当期減益である場合，さらに翌期利益が減益予想の情報が加わることで，社債市場はネガティブに反応する可能性があることを

---

11)　ただし，翌期減益予想の場合，決算発表日後数日のみではあるがマイナスのリターンと出ていることは，翌期の減益予想に対して一瞬ではあるが社債がネガティブに反応している可能性を示しており，興味深い．

5 決算情報が社債市場に及ぼす影響について

(%)

社債の累積超過リターン

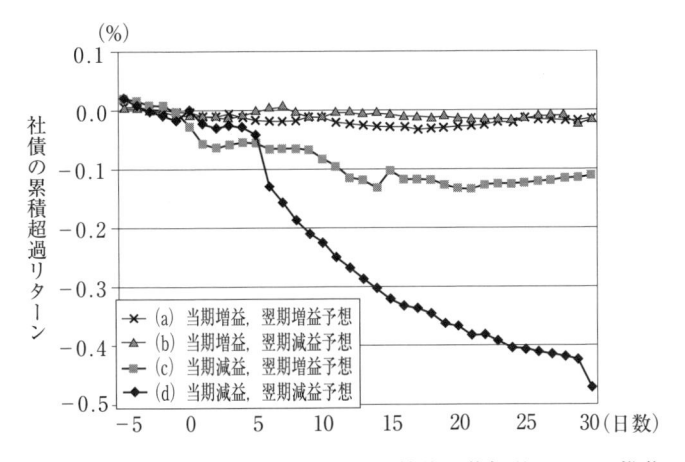

図5-2 当期利益,翌期利益予想別の社債累積超過リターン推移

図は,決算発表日前後の社債の累積超過リターンを当期利益の情報(増益,減益)及び経営者の利益予想の情報(増益予想,減益予想)を基に,サンプルを計4つのグループに分類したものである.データのサンプル期間は2002年から2010年とし,年次決算情報を用いている.X軸に決算発表日を$t=0$とし,前後36営業日($-5 \leq t \leq +30$)をとり,Y軸には社債超過リターンのサンプルの単純平均値を日次で累積($t=0$を基準)したものである.

表5-3 当期利益,翌期利益予想別の社債累積超過リターンの統計量

	CER (−1, 1)	CER (−1, 5)	CER (−1, 10)	CER (−1, 20)	CER (−1, 30)	N
(a) 当期増益,翌期増益予想	−0.009% (−2.5)	−0.019% (−2.6)	−0.013% (−1.3)	−0.028% (−1.6)	−0.017% (−0.8)	583
(b) 当期増益,翌期減益予想	−0.012% (−3.0)	−0.005% (−0.6)	−0.013% (−0.7)	−0.019% (−0.5)	−0.020% (−0.4)	267
(c) 当期減益,翌期増益予想	−0.035% (−1.6)	−0.043% (−2.0)	−0.068% (−2.3)	−0.136% (−4.5)	−0.114% (−3.5)	474
(d) 当期減益,翌期減益予想	−0.039% (−3.5)	−0.057% (−2.6)	−0.242% (−2.7)	−0.384% (−3.6)	−0.489% (−3.3)	117

Note:表の上段は,当期増益の場合について翌期利益(増益,減益)で2つに分類したものであり,下段は当期減益の場合について翌期利益(増益,減益)で2つに分類したものである.データのサンプル期間は2002年から2010年とし,年次決算情報を用いている.CER(n, m)は社債の累積超過リターンを表しており,決算発表日を基準($t=0$)とし,超過リターンをn日からm日まで累積したことを意味する.また,括弧の値はCERとゼロとの差の検定におけるt値,Nはサンプル数を表す.

示唆している.

3.1.3 社債市場と当期利益,経営者利益予想,及び格付に関する分析

社債には企業の信用力に応じて格付が付けられており,社債市場において格付は客観的投資判断尺度のひとつとして一般的に利用されている.そのため,格付が異なれば,利益情報に対する社債市場の反応に違いが生じる可能性がある.そこで,3.1.2の当期利益(増益,減益),及び経営者の利益予想(増益予想,減益予想)の情報に,格付(BBB格以下,A格以上)情報を加え,計8つのグループに分類し,各グループの累積超過リターンについて分析を行った.図5-3は,各グループの社債の累積超過リターンを示し,表5-4にその統計量を示している.なお,格付は,R&Iの格付を用いることとする.

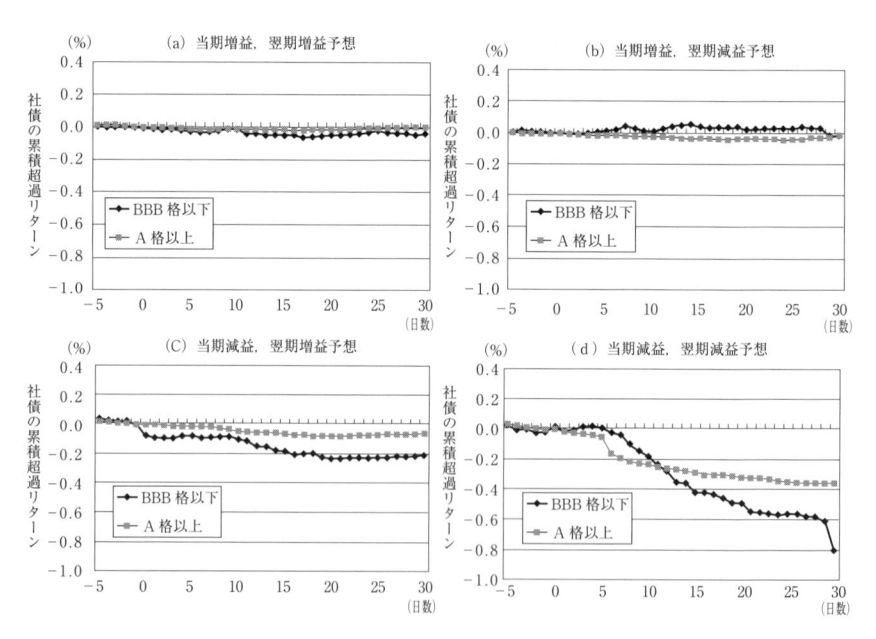

図 5-3 当期利益,翌期利益予想,格付別の社債累積超過リターン推移
図は,決算発表日前後の社債の累積超過リターンを示したものである.図は当期増益(増益,減益),翌期利益(増益,減益),格付(BBB格以下,A格以上)を用いて計8つに分類している.データのサンプル期間は2002年から2010年とし,年次決算情報を用いている.X軸に決算発表日を$t=0$とし,前後36営業日($-5 \leq t \leq +30$)をとり,Y軸には社債超過リターンのサンプルの単純平均値を累積($t=0$を基準)したものである.

5 決算情報が社債市場に及ぼす影響について　*133*

表5-4　当期利益，翌期利益予想，格付別の社債累積超過リターンの統計量

Panel A：BBB格以下	CER(−1, 1)	CER(−1, 5)	CER(−1, 10)	CER(−1, 20)	CER(−1, 30)	N
(a) 当期増益，翌期増益予想	−0.009%(−1.1)	−0.026%(−1.3)	−0.012%(−0.4)	−0.045%(−0.9)	−0.041%(−0.7)	195
(b) 当期増益，翌期減益予想	−0.008%(−1.1)	0.010%(0.5)	0.012%(0.2)	0.024%(0.2)	−0.013%(−0.1)	95
(c) 当期減益，翌期増益予想	−0.10%(−1.5)	−0.09%(−1.4)	−0.11%(−1.2)	−0.24%(−2.8)	−0.22%(−2.5)	157
(d) 当期減益，翌期減益予想	−0.046%(−1.2)	−0.024%(−0.3)	−0.210%(−1.8)	−0.521%(−2.2)	−0.832%(−1.8)	30
Panel B：A格以上	CER(−1, 1)	CER(−1, 5)	CER(−1, 10)	CER(−1, 20)	CER(−1, 30)	N
(a) 当期増益，翌期増益予想	−0.008%(−2.9)	−0.015%(−3.1)	−0.014%(−2.0)	−0.020%(−2.4)	−0.005%(−0.5)	388
(b) 当期増益，翌期減益予想	−0.014%(−2.9)	−0.014%(−1.7)	−0.027%(−2.6)	−0.043%(−3.2)	−0.024%(−1.6)	172
(c) 当期減益，翌期増益予想	0.00%(−0.5)	−0.02%(−3.1)	−0.05%(−4.8)	−0.08%(−5.0)	−0.06%(−2.8)	317
(d) 当期減益，翌期減益予想	−0.037%(−4.6)	−0.069%(−4.3)	−0.253%(−2.2)	−0.337%(−2.8)	−0.371%(−2.9)	87

Note：Panel A は，格付がBBB格以下のサンプル，Panel B は格付がA格以上のサンプルを表している．さらに各Panelの上段は当期増益の場合について翌期利益（増益，減益）でさらに分類したものであり，下段は当期減益の場合について翌期利益（増益，減益）でさらに分類したものである．データのサンプル期間は2002年から2010年とし，年次決算情報を用いている．CER (n, m) は社債の累積超過リターンを表しており，決算発表日を基準（$t=0$）とし，超過リターンを n 日から m 日まで累積したことを意味する．また括弧の値はCERとゼロとの差の検定における t 値，N はサンプル数を表す．

当期増益に対し，経営者の翌期利益予想と格付を考慮した場合の結果を確認する．(a) 当期増益，翌期増益予想の場合，BBB格以下，A格以上共に，CERはほぼゼロ付近で推移している．(b) 当期増益，翌期減益予想の場合を見ても，こちらもCERはほとんどゼロ付近で推移しており，格付による違いは見られない．

次に，当期減益に対し，経営者の翌期利益予想と格付を考慮した場合の結果を確認する．翌期利益予想にかかわらず，A格以上，BBB格以下，共にCER

はマイナスとなる傾向にあり，とりわけ BBB 格以下の CER のマイナスが大きいことを確認できる．これらの結果は，格付の低い BBB 格以下の場合，当期減益の情報にネガティブに反応する可能性を示唆するものである．

3.1.4 社債市場と景気動向に関する分析

サンプル期間となる 2002 年から 2010 年は，時期により景気の状況が異なる．そのため，決算発表年度の景気の状況によって，社債市場の反応が異なる可能性がある．例えば，内閣府が発表している景気循環に基づけば，景気を拡張局面と後退局面の 2 つに分割することができる．これによれば，2002 年は景気の底にあたり，その後 2008 年にかけて景気は拡張していたが，2008 年のリーマンショック後，景気は後退している．景気後退局面は 2009 年まで続き，2010 年は拡張局面に転換している．

ここでは，サンプルを年毎に 9 つに分類し，さらに当期利益（増益，減益），及び経営者の利益予想（増益予想，減益予想）の計 4 つのグループに分類し，計 36 グループの累積超過リターンについて分析を行った．表 5-5 は，各グループの社債累積超過リターンを示し，図 5-4 にその統計量を示している．累積超過リターンは決算発表日前後 7 日（CER（-1，+5））と決算発表日前後 32 日（CER（-1，+30））の 2 つを用いた．

CER（-1，+5）の場合について分析する．まず，当期増益に対し，経営者の翌期利益予想を考慮した場合の結果を確認する．この場合，年毎の CER と景気の循環との関係性はあまり見られない．

次に，当期減益に対し，経営者の翌期利益予想を考慮した場合の結果を確認する．こちらは CER の水準は小さいものの，景気が後退した 2002 年，2008 年，2009 年は，累積超過リターンがマイナスとなることを確認できる．とりわけ，当期減益，翌期減益予想の場合，CER のマイナスが大きくなっている．しかし，それ以外の年は CER がプラスとなる年もあり，当期減益の情報が常に社債市場にマイナスに働くことは確認されない．このことは，景気後退した時期に当期減益となり，さらに翌期も減益予想となる場合は，社債市場にとってマイナスの影響を与えるが，景気が後退していなければ，当期減益であっても社債市場の影響は軽微となる可能性を示唆している．

続いて，CER（-1，+30）の場合について分析する．当期増益に対し，経

表5-5 年別の社債累積超過リターンの統計量

Panel A：CER (-1, 5)		2002年	2003年	2004年	2005年	2006年	2007年	2008年	2009年	2010年
(a) 当期増益, 翌期増益予想		-0.100%	-0.008%	-0.002%	0.012%	-0.040%	-0.017%	-0.012%	-0.216%	0.043%
		(-3.6)	(-0.2)	(-0.4)	(1.7)	(-4.0)	(-2.1)	(-0.5)	(-4.0)	(1.6)
	N	65	89	102	87	65	63	39	14	59
(b) 当期増益, 翌期減益予想		-0.093%	-0.006%	0.036%	0.019%	-0.012%	-0.031%	0.015%	-0.005%	-0.016%
		(-3.5)	(-0.4)	(2.2)	(2.0)	(-1.3)	(-2.1)	(0.5)	(-0.0)	(-0.4)
	N	19	36	34	35	40	36	40	13	14
(c) 当期減益, 翌期増益予想		-0.057%	-0.002%	0.013%	0.011%	-0.043%	-0.020%	-0.036%	-0.198%	0.072%
		(-4.1)	(-0.0)	(1.5)	(1.8)	(-3.5)	(-2.0)	(-1.2)	(-1.5)	(1.7)
	N	96	51	42	42	49	35	49	71	39
(d) 当期減益, 翌期減益予想		-0.066%	0.089%	0.081%	0.031%	0.104%	0.069%	-0.058%	-0.189%	-0.015%
		(-2.2)	(1.2)	(1.0)	(1.9)	(1.4)	(0.7)	(-3.6)	(-4.1)	-
	N	11	7	5	7	6	13	30	37	1
Panel B：CER (-1, 30)		2002年	2003年	2004年	2005年	2006年	2007年	2008年	2009年	2010年
(a) 当期増益, 翌期増益予想		-0.391%	0.159%	0.034%	0.037%	-0.021%	0.003%	-0.054%	-1.019%	0.204%
		(-4.0)	(2.5)	(1.9)	(3.7)	(-1.2)	(0.2)	(-0.4)	(-4.1)	(3.4)
	N	65	89	102	87	65	63	39	14	59
(b) 当期増益, 翌期減益予想		-0.197%	0.073%	0.026%	0.042%	0.083%	-0.060%	-0.199%	-0.282%	0.276%
		(-2.9)	(2.1)	(1.2)	(2.5)	(0.9)	(-2.4)	(-0.6)	(-0.8)	(1.7)
	N	19	36	34	35	40	36	40	13	14
(c) 当期減益, 翌期増益予想		-0.262%	0.119%	0.013%	0.021%	-0.044%	-0.082%	-0.034%	-0.517%	0.182%
		(-5.3)	(1.9)	(1.0)	(1.6)	(-1.7)	(-1.3)	(-0.4)	(-3.1)	(2.8)
	N	96	51	42	42	49	35	49	71	39
(d) 当期減益, 翌期減益予想		-0.408%	0.109%	0.056%	-0.021%	0.144%	0.105%	-0.510%	-1.097%	0.033%
		(-2.0)	(1.3)	(0.7)	(-0.3)	(1.6)	(0.8)	(-1.2)	(-3.7)	-
	N	11	7	5	7	6	13	30	37	1

Note：Panel A は，CER (-1, 5) のサンプル，Panel B は CER (-1, 30) のサンプルを表している．さらに，各 Panel の上段は当期増益の場合について翌期利益（増益，減益）でさらに分類したものであり，下段は当期減益の場合について翌期利益（増益，減益）でさらに分類したものである．データのサンプル期間は 2002 年から 2010 年とし，年次決算情報を用いている．CER (n, m) は社債の累積超過リターンを表しており，決算発表日を基準 $(t=0)$ とし，超過リターンを n 日から m 日まで累積したことを意味する．また，括弧の値は CER とゼロとの差の検定における t 値，N はサンプル数を表す．

営者の翌期利益予想を考慮した場合の結果を確認する．景気拡張局面では，CER はプラスとなる傾向にあるが，逆に景気後退局面では CER はマイナスとなる場合も見られる．3.1.3 までの分析から，当期増益の場合，CER は緩やかにマイナスとなる傾向が見られたが，このことは景気後退局面のマイナスが影響している可能性があり，その影響を除けば当期増益に対して概ねプラスの反

応を示していると考えられる．

次に，当期減益に対し，経営者の翌期利益予想を考慮した場合の結果を確認する．年次で比較すると，CER は変化が見られない，もしくはマイナスとなる傾向が見られる．特に，景気が後退した 2002 年，2008 年，2009 年は，CER のマイナスが大きくなることを確認できる．3.1.3 までの分析から，当期減益の場合は CER がマイナスとなる傾向が確認されたが，本節の結果は，とりわけ景気後退局面におけるマイナスが影響していることを示すものである．

ここでは，利益情報に対する社債市場の反応について，サンプルを幾つかの分類を用いて分析した．分析の結果，利益情報に対する社債市場の反応について，幾つかの興味深い傾向が見られた．これらの傾向は，社債市場独自のものなのかどうかを確認するため，3.2 では，ここと同様の手法を用いて利益情報に対する株式市場の反応を分析し，社債市場の反応との比較を行う．

3.2　株式を用いた分析

社債と同様，まず当期利益情報と株式市場の関連について分析を行った後，経営者予想を取り込んだ分析について分析を行う．その後，格付を加えた分析や景気の動向を勘案した分析も同様に行う[12]．

3.2.1　株式市場と当期利益に関する分析

ここでは，当期利益情報が株式に与える影響について分析する．分析対象データを，当期純利益が前期比増益と減益の 2 つに分類し，それぞれのデータについて株式の累積超過リターンの変化を調べた．図 5-4 は分析結果を示したものである．図中の横軸は，時間（日）を示しており，縦軸は株式の累積超過リターンを示している．また，その統計量を表 5-6 に示している．

当期純利益が前期比増益と減益とで比較した場合，CER は共にしばらくゼロ付近で推移した後，プラスに転じる傾向にあることを確認できる．株式市場については，社債市場と異なり，当期純利益（前期比）の情報が追加的な情報をもたらしていない可能性がある[13]．これらの結果は先行研究と同様の結果であ

---

12)　株式を用いた分析では，サンプル数が 1,411 社となり，社債のサンプル数から 30 社減少している．このことは，本分析では，社債のサンプル 1,441 社のうち株式が東証一部に上場しているものに限定したことによるものである．

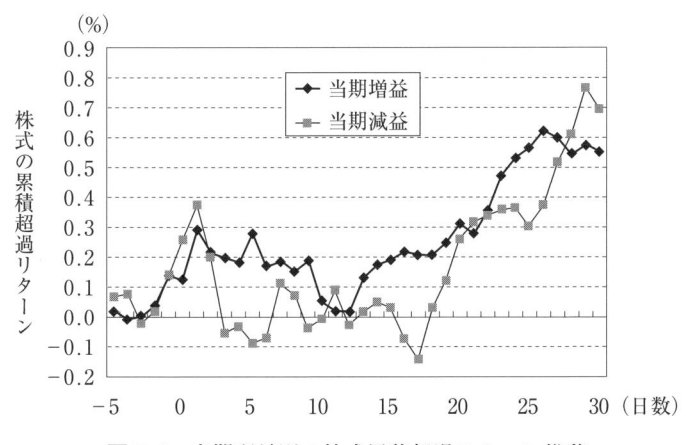

図 5-4　当期利益別の株式累積超過リターン推移

図は，決算発表日前後の株式の累積超過リターンを前期比で増益と減益の2つに分類したものである．サンプル期間は2002年から2010年とした．X 軸に決算発表日を $t=0$ とし，前後36営業日（$-5 \leq t \leq +30$）をとり，Y 軸には株価超過リターンのサンプルの単純平均値を日次で累積（$t=0$ を基準）したものである．

表 5-6　当期利益別の株式累積超過リターンの統計量

	CER (−1, 1)	CER (−1, 5)	CER (−1, 10)	CER (−1, 20)	CER (−1, 30)	N
当期増益	0.42% (2.8)	0.41% (2.1)	0.18% (0.7)	0.43% (1.5)	0.66% (2.0)	830
当期減益	0.53% (2.4)	0.08% (0.3)	0.17% (0.5)	0.41% (1.0)	0.86% (1.8)	581

Note：表の上段は，当期純利益が前期比増益の場合，下段は前期比減益を示している．データのサンプル期間は2002年から2010年とし，年次決算情報を用いている．CER (n, m) は株式の累積超過リターンを表しており，決算発表日を基準（$t=0$）とし，超過リターンを n 日から m 日まで累積したことを意味する．また，括弧の値は CER とゼロとの差の検定における t 値，N はサンプル数を表す．

る（太田，2002；Conroy et al., 1998）．

---

13)　当期利益に関しては前期比をとる以外にも当期利益予想との差をとる方法もある（Conroy et al. (1998))．そこで当期利益と当期利益予想の差が，正（当期利益予想を上回る利益）と負（当期利益予想を下回る利益）に分けて，株式リターンの推移を分析したが，両者に違いは見られなかった．

3.2.2 株式市場と当期利益，及び経営者利益予想に関する分析

ここでは当期利益の情報に対し，経営者の利益予想の情報を加えた分析を行う．図5-5は，各グループの株式の累積超過リターンを示し，表5-7にその統計量を示している．

当期増益に対し，経営者の翌期利益予想の情報を考慮した場合の結果を確認する．当期増益，翌期増益予想の場合，株式価格のCERは決算発表日直後から，プラスとなることを確認できる．一方，当期増益，翌期減益予想の場合は，決算発表日直後からCERはマイナスとなっている．これらの結果は，当期純利益よりも翌期利益予想によって株式価格のCERに違いが生じている可能性を示唆しているものであり，先行研究と整合的な結果と捉えられる．

次に，当期減益に対し，経営者の翌期利益予想の情報を考慮した場合の結果を確認する．当期減益，翌期増益予想の場合，決算発表日直後にCERはプラスになることを確認できる．一方，当期減益，翌期減益予想の場合，CERは決算発表直後からマイナスとなることを確認できる．これらの結果は，当期減益

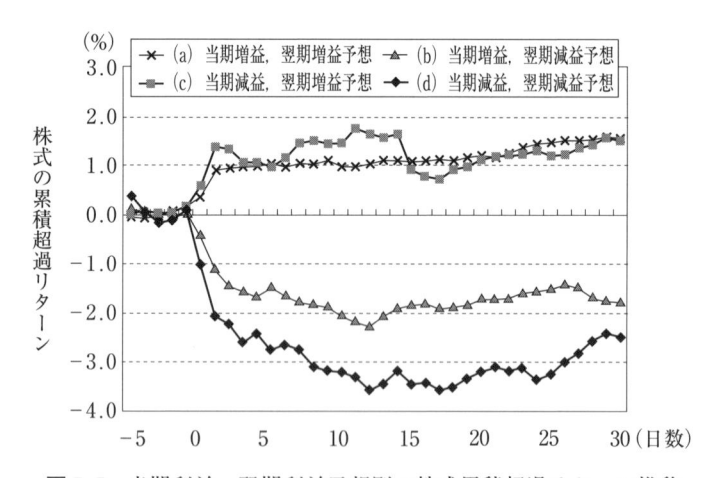

図 5-5 当期利益，翌期利益予想別の株式累積超過リターン推移

図は，決算発表日前後の株式の累積超過リターンを当期利益の情報（増益，減益）及び経営者の利益予想の情報（増益予想，減益予想）を基に，サンプルを計4つのグループに分類したものである．データのサンプル期間は2002年から2010年とし，年次決算情報を用いている．X軸に決算発表日を$t=0$とし，前後36営業日（$-5 \leq t \leq +30$）をとり，Y軸には株価超過リターンのサンプルの単純平均値を日次で累積（$t=0$を基準）したものである．

表5-7 当期利益,翌期利益予想別の株式累積超過リターンの統計量

	CER (−1, 1)	CER (−1, 5)	CER (−1, 10)	CER (−1, 20)	CER (−1, 30)	N
(a) 当期増益,翌期増益予想	1.14% (6.0)	0.76% (5.2)	0.98% (4.1)	1.28% (4.0)	1.67% (4.5)	572
(b) 当期増益,翌期減益予想	−1.05% (−4.4)	−1.43% (−4.3)	−1.99% (−5.0)	−1.67% (−3.2)	−1.73% (−2.9)	258
(c) 当期減益,翌期増益予想	1.14% (4.9)	0.76% (2.5)	0.98% (2.9)	1.28% (2.8)	1.67% (3.2)	466
(d) 当期減益,翌期減益予想	−1.96% (−3.8)	−2.66% (−4.2)	−3.10% (−4.1)	−3.10% (−3.3)	−2.40% (−2.2)	115

Note:表の上段は,当期増益の場合について翌期利益(増益,減益)でさらに分類したものであり,下段は当期減益の場合について翌期利益(増益,減益)でさらに分類したものである.データのサンプル期間は2002年から2010年とし,年次決算情報を用いている.CER(n, m)は株式の累積超過リターンを表しており,決算発表日を基準($t=0$)とし,超過リターンをn日からm日まで累積したことを意味する.また,括弧の値はCERとゼロとの差の検定におけるt値,Nはサンプル数を表す.

の場合も,株式価格のCERについては当期純利益よりも翌期利益予想の情報が重要となる可能性があることを示唆するものである.

3.1.2 から,社債市場では,翌期利益予想よりも当期利益の方が市場に与える影響は大きくなる傾向が見られたが,本節の結果から,株式市場では逆に翌期利益予想の方が当期利益よりも影響が大きくなる傾向が見られる.

また,図5-5 では,決算発表日直後から株価の反応に違いが見られるが,3.1.1 の社債では,決算発表日から数日後からしか反応に違いが見られなかった.株式市場は,取引所取引であることから,利益情報に対する反応が早かったことが影響していると考えられる.

利益情報に対する社債と株式の反応の違いは,様々な要因が影響していると考えられるが,ひとつの要因としてキャッシュフローの満期の有無の違いが挙げられる.社債は,満期までに発生するキャッシュフローの影響を強く受ける[14]のに対し,株式はより長期のキャッシュフローについても影響を受ける.これら期間の違いが,市場の反応の違いの要因となっている可能性がある.また,株式市場と社債市場において取引を行う投資家が異なる点[15]もひとつの要因として挙げられる.詳細な分析は,今後の課題としたい.

140

3.2.3 株式市場と当期利益,経営者利益予想,及び格付に関する分析

株式についても,格付の違いによる株価の影響を確認するため,サンプルを格付別に分けて分析する.社債と同様,当期利益(増益,減益),及び経営者の利益予想(増益予想,減益予想)に,格付(BBB格以下,A格以上)を加え,計8つのグループに分類し,各グループの株式の累積超過リターンについて分

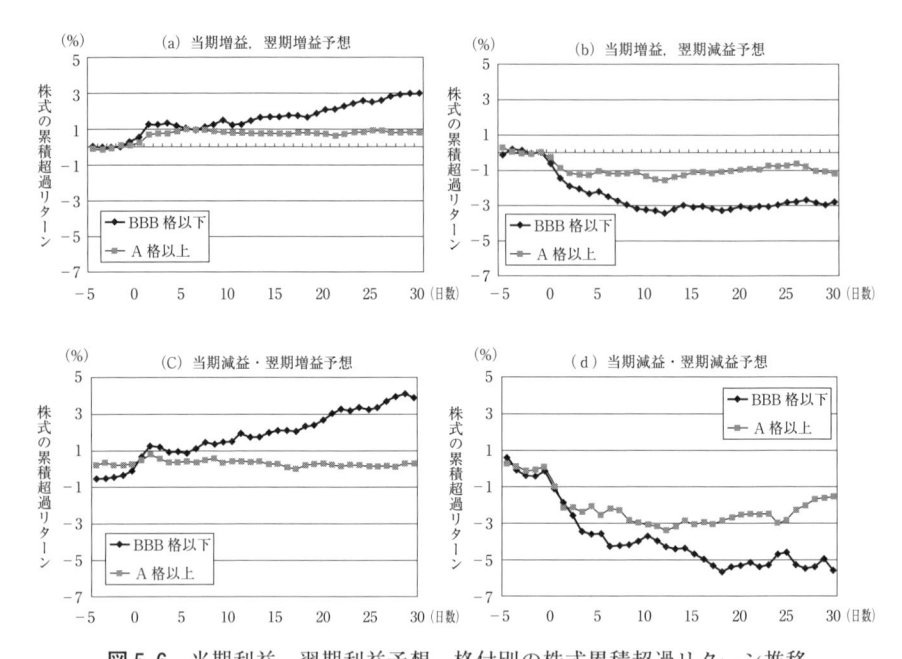

図 5-6 当期利益,翌期利益予想,格付別の株式累積超過リターン推移

図は,決算発表日前後の株式の累積超過リターンを示したものである.図は当期増益(増益,減益),翌期利益(増益,減益),格付(BBB格以下,A格以上)を用いて計8つに分類している.データのサンプル期間は2002年から2010年とし,年次決算情報を用いている.X軸に決算発表日を$t=0$とし,前後36営業日($-5 \leq t \leq +30$)をとり,Y軸には株価超過リターンのサンプルの単純平均値を累積($t=0$を基準)したものである.

---

14) 社債は満期があり,満期まで定期的に利息が得られ,満期時に元本が戻ってくるが,企業が倒産すればそのキャッシュフローが得られないリスクがある.その為,社債投資家にとって資金回収に関する情報が重要であるとすれば,不確実性のある利益予想より,資金回収の原資となる当期利益の情報に反応している可能性がある.

15) 株式市場は個人や機関投資家など投資家層が幅広いのに対し,社債市場は殆ど機関投資家のみとなっている.

5 決算情報が社債市場に及ぼす影響について　141

析を行った．

図5-6は，各グループの株式の累積超過リターンを示し，表5-8にその統計量を示している．

当期増益に対し，経営者の翌期利益予想と格付を考慮した場合の結果を確認する．(a)当期増益，翌期増益予想の場合は，BBB格以下の方がA格以上に比べCERのプラスが大きいことを確認できる．一方，(b)当期増益，翌期減益予想の場合，CERはマイナスとなる傾向にあるが，BBB格以下の方がA格

表5-8 当期利益，翌期利益予想，格付別の株式累積超過リターンの統計量

Panel A：BBB格以下	CER (−1, 1)	CER (−1, 5)	CER (−1, 10)	CER (−1, 20)	CER (−1, 30)	N
(a) 当期増益，翌期増益予想	1.60% (4.5)	1.41% (3.1)	1.56% (2.8)	2.42% (3.4)	3.37% (4.3)	188
(b) 当期増益，翌期減益予想	−1.39% (−3.5)	−2.13% (−3.7)	−3.23% (−4.7)	−3.02% (−3.2)	−2.74% (−2.6)	92
(c) 当期減益，翌期増益予想	1.16% (2.5)	0.78% (1.3)	1.43% (2.3)	2.62% (3.0)	3.82% (3.8)	154
(d) 当期減益，翌期減益予想	−1.95% (−1.7)	−3.62% (−3.1)	−3.76% (−2.3)	−5.38% (−2.6)	−5.61% (−2.3)	29
Panel B：A格以上	CER (−1, 1)	CER (−1, 5)	CER (−1, 10)	CER (−1, 20)	CER (−1, 30)	N
(a) 当期増益，翌期増益予想	0.83% (4.0)	1.16% (4.2)	0.96% (2.9)	0.87% (2.3)	0.95% (2.2)	384
(b) 当期増益，翌期減益予想	−0.87% (−2.9)	−1.05% (−2.6)	−1.31% (−2.7)	−0.93% (−1.5)	−1.18% (−1.7)	166
(c) 当期減益，翌期増益予想	1.13% (4.4)	0.75% (2.2)	0.76% (1.9)	0.62% (1.2)	0.61% (1.0)	312
(d) 当期減益，翌期減益予想	−1.96% (−3.5)	−2.34% (−3.1)	−2.88% (−3.4)	−2.33% (−2.2)	−1.32% (−1.1)	86

Note：Panel Aは，格付がBBB格以下のサンプル，Panel Bは格付がA格以上のサンプルを表している。さらに，各Panelの上段は当期増益の場合について翌期利益（増益，減益）でさらに分類したものであり，下段は当期減益の場合について翌期利益（増益，減益）でさらに分類したものである。データのサンプル期間は2002年から2010年とし，年次決算情報を用いている．CER (n, m) は株式の累積超過リターンを表しており，決算発表日を基準 ($t=0$) とし，超過リターンをn日からm日まで累積したことを意味する．また，括弧の値はCERとゼロとの差の検定におけるt値，Nはサンプル数を表す．

以上に比べ CER のマイナスが大きいことを確認できる．

次に，当期減益に対し，経営者の翌期利益予想と格付を考慮した場合の結果を確認する．(c) 当期減益，翌期増益予想の場合は，BBB 格以下の方が A 格以上に比べ CER のプラスが大きいことを確認できる．一方，(d) 当期減益，翌期減益予想の場合，CER はマイナスとなる傾向にあるが，BBB 格以下の方が A 格以上に比べ CER のマイナスが大きいことを確認できる．

株式市場では，3.2.2 から翌期の経営者予想の影響を受ける可能性が確認されたが，翌期予想が増益の場合も減益の場合も，格付が低い方が，その影響は大きくなる可能性がある．利益情報に対する株式市場の反応について分析した先行研究の中には，格付を考慮したうえで分析した研究は少なく，本研究の新規性のひとつと捉えられる．

3.2.4　株式市場と景気動向に関する分析

ここでは，社債と同様，景気状況の違いが株式市場に及ぼす影響について確認する．サンプルを年毎に9つに分類し，さらに当期利益（増益，減益），及び経営者の利益予想（増益予想，減益予想）の計4つのグループに分類し，計36グループの株式の累積超過リターンについて分析を行った．表5-9にその統計量を示している．累積超過リターンは決算発表日前後7日（CER（-1，+5））と決算発表日前後32日（CER（-1，+30））の2つを用いた．

CER（-1，+5）の場合について確認する．当期増益に対し，経営者の翌期利益予想を考慮した場合の結果を確認する．3.2.2 での分析から，株式市場では，特に翌期利益予想によって反応に違いが見られたが，年度毎に分類しても，その傾向に変化は見られない．また，景気循環との比較においても，超過リターンと景気の循環との関連性はほとんど見られない．このことから，株式市場では，経営者の翌期利益予想に対する反応は，景気状況に左右されない可能性が高いと考えることができる．CER（-1，+30）の場合について見ても，CER（-1，+5）と同様の傾向となることを確認できる．

4　ま　と　め

本稿では，企業の決算時に公表される情報に着目し，決算情報が社債価格に

5 決算情報が社債市場に及ぼす影響について

表 5-9 年別の株式累積超過リターンの統計量

Panel A：CER$(-1, 5)$		2002 年	2003 年	2004 年	2005 年	2006 年	2007 年	2008 年	2009 年	2010 年
(a) 当期増益, 翌期増益予想		1.29%	1.55%	1.32%	1.14%	0.95%	0.66%	1.35%	1.99%	1.47%
		(2.1)	(2.0)	(2.5)	(2.3)	(1.4)	(0.7)	(1.3)	(1.1)	(2.6)
	N	63	84	100	87	65	63	39	13	58
(b) 当期増益, 翌期減益予想		−0.33%	−2.39%	0.24%	−0.47%	−1.14%	−4.08%	−1.84%	−2.08%	1.21%
		(−0.3)	(−3.1)	(0.3)	(−0.6)	(−1.3)	(−4.2)	(−1.9)	(−1.0)	(0.9)
	N	19	35	31	35	39	36	39	11	13
(c) 当期減益, 翌期増益予想		1.32%	2.06%	1.42%	−0.49%	1.44%	0.20%	1.45%	−0.77%	0.00%
		(2.1)	(2.3)	(1.7)	(−1.1)	(1.7)	(0.2)	(1.2)	(−0.9)	(0.0)
	N	94	48	42	42	48	34	49	71	38
(d) 当期減益, 翌期減益予想		−1.88%	−2.62%	−7.40%	−4.01%	3.80%	−3.76%	−3.32%	−2.22%	−3.96%
		(−0.8)	(−1.7)	(−1.7)	(−2.8)	(1.6)	(−2.2)	(−2.3)	(−2.1)	−
	N	11	7	4	7	6	13	30	36	1
Panel B：CER$(-1, 30)$		2002 年	2003 年	2004 年	2005 年	2006 年	2007 年	2008 年	2009 年	2010 年
(a) 当期増益, 翌期増益予想		3.52%	1.82%	3.04%	2.44%	−1.25%	0.58%	1.42%	1.26%	1.38%
		(3.9)	(1.4)	(3.2)	(2.7)	(−1.2)	(0.5)	(0.9)	(0.4)	(1.6)
	N	63	84	100	87	65	63	39	13	58
(b) 当期増益, 翌期減益予想		1.74%	−6.67%	2.34%	−0.48%	−3.48%	−3.20%	−3.18%	2.62%	3.32%
		(0.9)	(−3.9)	(1.9)	(−0.5)	(−2.3)	(−1.9)	(−1.7)	(1.0)	(1.5)
	N	19	35	31	35	39	36	39	11	13
(c) 当期減益, 翌期増益予想		2.02%	5.82%	1.69%	0.07%	1.42%	−1.20%	2.07%	1.90%	−0.75%
		(1.6)	(2.7)	(1.5)	(0.1)	(1.0)	(−0.7)	(1.1)	(1.3)	(−0.5)
	N	94	48	42	42	48	34	49	71	38
(d) 当期減益, 翌期減益予想		−2.45%	−5.41%	−6.89%	−5.44%	7.56%	−4.58%	−6.28%	1.70%	−4.38%
		(−0.8)	(−1.5)	(−1.1)	(−4.2)	(1.8)	(−1.7)	(−2.2)	(1.1)	−
	N	11	7	4	7	6	13	30	36	1

Note：Panel A は，CER$(-1, 5)$ のサンプル，Panel B は CER$(-1, 30)$ のサンプルを表している．さらに，各 Panel の上段は当期増益の場合について翌期利益（増益，減益）でさらに分類したものであり，下段は当期減益の場合について翌期利益（増益，減益）でさらに分類したものである．データのサンプル期間は 2002 年から 2010 年とし，年次決算情報を用いている．CER(n, m) は株式の累積超過リターンを表しており，決算発表日を基準 ($t=0$) とし，超過リターンを n 日から m 日まで累積したことを意味する．また，括弧の値は CER とゼロとの差の検定における t 値，N はサンプル数を表す．

及ぼす影響について，累積超過リターン（CER）を用いたイベントスタディ分析を行った．

分析の結果，社債価格は，(1) 当期純利益が前期比増益の場合は CER に変化が見られないのに対し，減益の場合は CER がマイナスとなる傾向にあること，さらに (2) 当期減益の場合は，経営者の翌期利益が減益予想で，且つ格付

が低い場合に，CERのマイナスが大きくなる傾向にあること，また，(3) これらの傾向は社債市場独自のものであり，株式市場とは異なること等を見出した．これらの結果は，債券市場において決算情報が価格に反映されるメカニズムについて興味深い結果を示すと同時に，資産運用実務における超過源泉に関しても興味深い結果を示すものである．

さらに，株式市場では，社債市場との比較において，先行研究と同様，翌期の経営者予想の影響を受ける可能性が確認されたが，特に格付が低いと，その影響が大きくなる可能性があることが示された．この点は本研究の新規性のひとつと捉えられる．

〔参考文献〕

石川博行 (2001)，「利益の時系列特性と配当に対する市場の評価」，『會計』第160巻第6号．

上瀧弘晃・高橋 悟・高橋大志 (2009)，「クレジット市場におけるヘッドラインニュースの効果」，ファイナンス学会第17回大会，pp.113-122 (2009.5)．

上瀧弘晃・山下泰央・高橋大志 (2012)，「M＆Aが債券市場に与える影響について ― 債券運用におけるアルファ獲得の観点から ―」，『市場構造分析と新たな資産運用手法（ジャフィー・ジャーナル）』，pp. 56-74．

内山朋規・濱田将光 (2006)，「CDSスプレッドと社債スプレッドと株価の実証的関係 ― クレジットリスクは市場でどう評価されているか？ ―」，『証券アナリストジャーナル』，pp.53-67 (2006.3)．

内山朋規・濱田将光 (2007)，「わが国社債市場のクロスセクション分析」，『現代ファイナンス』，No. 21．

太田浩司 (2001)「決算発表に対する東証一部・東証二部・大阪・店頭市場の反応比較」，『関西大学大学院千里山商学』，第53号，pp25-43．

太田浩司 (2002)，「経営者予想利益の価値関連性およびアナリスト予想利益に与える影響」，『証券アナリストジャーナル』，pp.85-109 (2002.3)．

太田浩司 (2005)，「予想利益の精度と価値関連性 ― I/B/E/S，四季報，経営者予想の比較 ―」，『現代ファイナンス』，No. 18．

清水康弘 (2007)，「経営者予想に含まれるバイアスの継続性とミスプライシング」，『証券アナリストジャーナル』，pp.80-96 (2007.8)．

西 信洋・金田直之（2005），「経営者予想の信頼性」, Discussion Paper Series, No. 1110, University of Tsukuba.
松本紗矢子（2010），「四半期利益変化と業績予想変化のコロボレーション効果」,『経営研究』，第61巻第1号.
Billett, M.T., T.H.D. King and D.C. Mauer (2004), "Bondholder Wealth Effects in Mergers and Acquisitions: New Evidence from the 1980s and 1990s", The Journal of Finance, 59, 107-135.
Campbell J.Y., A.W. Lo and A.C. MacKinlay (1997), The Econometrics of Financial Markets, Princeton University Press.
Collin-Dufresne, P., R.Goldstein and J.Martin (2001), "The Determinants of Credit Spread Changes", The Journal of Finance, 60, 2255-2281.
Conroy, R., K. Harris and Y. Park (1998), "Fundamental Information and Share Prices in Japan: Evidence from Earnings Surprises and Management Predictions", International Journal of Forecasting, 14 (2), 227-244.
Conroy, R. and K. Eades and T. Harris (2000), "A test of the relative pricing effect of dividend and earnings : Evidence from simultaneous announcements in Japan", The Journal of Finance, 55, 1199-1227.
Fama, E. (1970), "Efficient Capital Markets: A Review of Theory and Empirical Work", The Journal of Finance, 25, 383-417.
Guntay, L., D. Hackhbath (2010), "Corporate bond credit spreads and forecast dispersion", Journal of Banking & Finance, 34, 2328-2345.
Sharpe, W.F. (1964), "Capital Asset Prices : A Theory of Market Equilibrium under condition of Risk", The Journal of Finance, 19, 425-442.
Warga, A. and I. Welch (1993), "Bondholder losses in leveraged buyouts", Review of Financial Studies, 6, 959-982.

(上瀧弘晃：三井住友信託銀行)
(山下泰央：三井住友信託銀行)
(高橋大志：慶應義塾大学大学院経営管理研究科)

6 確率的ボラティリティモデルの推定とVIX予測への応用

桂　宏明・マクリン謙一郎

概要　近年，投資指標としてVIX（Volatility Index）が注目されている．VIXは米国株価指数S&P500のインプライドボラティリティをもとに算出されており，投資家の不安心理を示す指標として投資判断に利用されている．本論文ではS&P500のボラティリティを確率的ボラティリティ（Stochastic Volatility：SV）モデルを用いて推定し，VIXの予測可能性について検証を行った．各モデルの推定にはCarvalho et al.（2010）によって提案されたParticle learning（PL）を用いた．PLは逐次モンテカルロ法の一種であり，状態推定に加えて逐次学習によるパラメータ推定が可能である．さらに，周辺尤度が直接的に計算できるため，モデル選択が容易に行える．実証分析ではまず，PLとマルコフ連鎖モンテカルロ法の計算速度の比較を行い，PLの有効性を確認した．PLによるSVモデルの推定の結果，周辺尤度によるモデル比較では誤差項がt分布に従うSVモデルの当てはまりが最も良かった．また，予測したボラティリティによりVIXの変動を再現できることが確認でき，予測精度は誤差項が正規分布に従うSVモデルが最も高いことが確認された．

キーワード：Particle learning，確率的ボラティリティモデル，周辺尤度，VIX，ベイズ推定．

1　序　　　論

　金融実務における意思決定は，様々な指標や統計量を用いて行われることが多い．その中でもボラティリティが果たす役割は大きく，投資のリスク尺度やオプションの理論価格の算出に用いられ，投資判断において欠かせない指標である．特に近年，ボラティリティそのものに対する指標としてVIX（Volatility Index）が注目を集めている．VIXはシカゴ・オプション取引所が公開している指標であり，米国株価指数S&P500のインプライドボラティリティをもとに

算出されている.そのため,VIX は投資家の不安心理を反映した指標であるとされ,リーマンショックなどの金融危機時には投資指標として注目を集める.最近では VIX と連動した金融商品も開発されており,ヘッジに応用されるなど投資戦略の多様化に一役買っている.これらのことから,VIX の変動を捉える,もしくは予測することができれば投資における意思決定の幅が広がると考えられよう.VIX は S&P500 のボラティリティと解釈することができるため,VIX の変動はボラティリティの変動とも捉えられる.そこで本論文では,ボラティリティの変動を定式化した時系列モデルを用いて VIX に関する分析を行った.

金融時系列分析ではボラティリティの変動を明示的に定式化したモデルが大きく分けて 2 つ存在する.その 1 つが Engle (1982) により提唱された ARCH (Autoregressive Conditional Heteroskedasticity) モデルと,それを拡張した Bollerslev (1986) の GARCH (Generalized ARCH) モデル(本論文ではそれらを ARCH 型モデルと呼ぶ)である.ARCH 型モデルはボラティリティの変動を過去のショックの確定的な関数として定式化しているため解析的に尤度が求まり,最尤法によるパラメータ推定が可能である.しかし,ボラティリティは確率的に変動していることが経験的に知られており,ARCH 型モデルではその変動を捉えることができない.そこで,ARCH 型モデルに代わるもう 1 つのモデルが確率的ボラティリティ(Stochastic Volatility:SV)モデルである.SV モデルはボラティリティの二乗の対数値が自己回帰過程に従うとして,ボラティリティの確率的な変動を明示的に定式化した状態空間モデルである.SV モデルのように,観測方程式が非線形である状態空間モデルでは解析的に尤度を求めることができないため,最尤法に代わる推定法が必要である.そこで注目されたのがマルコフ連鎖モンテカルロ(Markov-chain Monte Carlo:MCMC)法によるベイズ推定である.ベイズ推定では,推定したいパラメータの事後分布を評価することでパラメータに関する推論を行う.MCMC 法が注目されたのは,パラメータの事後分布が解析的に求めることができない場合でもモンテカルロ法により事後分布を近似し,推論を行うことが可能になったためである.MCMC 法の特徴は,モンテカルロ標本をマルコフ連鎖を利用して生成する点にある.マルコフ連鎖がエルゴード性を持つならば,適当な初期値を与えて反復回数を十分に大きくしていくとき,生成した乱数の分布は不変分布に

収束する．この性質を利用することにより，乱数を生成したい確率分布を不変分布に持つようなマルコフ連鎖を構成することでモンテカルロ標本を得ることができる．そのようなマルコフ連鎖を構成する代表的なアルゴリズムが，ギブズ・サンプリングとメトロポリス－ヘイスティングス（Metropolis-Hasting：M-H）アルゴリズムである．ギブズ・サンプリングは，パラメータの事後分布は解析的に求めることはできないが，パラメータの条件付き事後分布は解析的に求めることができる場合に，それらの分布から逐次的に乱数を生成するアルゴリズムである．そうして得られた乱数はパラメータの事後分布から生成した乱数として見なすことができるため，モンテカルロ標本として推定に利用することができる．一方，M-Hアルゴリズムは，ギブズ・サンプリングを特殊例として含み，解析的に表現できない条件付き事後分布から乱数を生成するアルゴリズムである．M-Hアルゴリズムは条件付き事後分布の代わりに，乱数を生成しやすい提案分布を導入して事後分布からのサンプリングを可能にしており，提案分布の選択に応じて様々なM-Hアルゴリズムを構成することが可能である．ギブズ・サンプリングとM-Hアルゴリズムを組み合わせることによって殆ど全ての確率分布から乱数を生成することが可能であるため，MCMC法によるベイズ推定はSVモデルのような非線形の状態空間モデルの推定に対して非常に有効である．MCMC法によるSVモデルのベイズ推定では，パラメータとボラティリティの同時事後分布からサンプリングすることで推論を行う．そこではボラティリティをいかに効率的にサンプリングするかが鍵となっており，そのための様々な方法が考案されている[1]．

　しかし近年，MCMC法とは異なる状態空間モデルの状態推定法として，粒子フィルタと呼ばれるアルゴリズムが注目を集めている．MCMC法がまとめて与えられたデータを元に推定を行うオフライン推定であるのに対し，粒子フィルタはデータが観測される毎に推定を行うオンライン推定である．状態空間モデルの代表的な逐次状態推定法はKalman（1960）によって提唱されたカルマンフィルタである．しかし，カルマンフィルタは観測方程式と遷移方程式が線形かつ，各誤差項が正規分布に従う場合にのみ適用可能であり，SVモデルのような非線形の状態空間モデルには適用できない．その点，粒子フィルタは観測

---

[1] SVモデルのMCMC法による推定方法は大森・渡部（2008）が詳しい．

方程式と遷移方程式に線形性・正規性の仮定をおくことなく適用可能である．粒子フィルタは逐次的に状態変数の分布を多数のモンテカルロ標本（この標本のことを粒子と呼ぶ）で近似して状態推定を行う方法であり，Gordon et al. (1993), Kitagawa (1996) により提唱された．さらに，Kitagawa (1998) では状態と共にパラメータも推定できる自己組織化状態空間モデルが提案されている．自己組織化状態空間モデルは状態とパラメータを同じベクトルに組み込むことにより，パラメータの推定を可能にしている．しかし，自己組織化状態空間モデルではパラメータに関する情報が乏しい場合にパラメータの推定がうまくいかないことが指摘されており，Yano (2008) がその問題を解決するアルゴリズムを提案している．その他にもパラメータを同時に推定できる粒子フィルタが Liu and West (2001), Storvik (2002) で提案されている．そして近年，Carvalho et al. (2010) が Storvik (2002) を効率化させた形で Particle learning (PL) を提案した．PL は状態推定に加えて逐次ベイズ学習によるパラメータの推定行えるため，パラメータに関する事前情報が乏しい場合でもデータ数に応じた推定が可能である．さらに，他の粒子フィルタ同様，予測尤度の計算がアルゴリズム内で直接的にできるため，周辺尤度によるモデル選択が容易に行える．

本論文では PL を SV モデルに応用し，MCMC 法との計算速度の比較及び推定したボラティリティによる VIX の変動の再現・予測について実証分析を行った．論文の構成は，2 で PL のアルゴリズムについて解説し，3 で PL の SV モデルへの応用を解説する．4 で実証分析の結果と考察を述べ，5 でまとめと今後の応用や発展，改善点について述べる．

2 Particle learning

2.1 Particle learning のアルゴリズム

Particle learning (PL) は Carvalho et al. (2010) によって提案された，状態推定と逐次パラメータ学習のアルゴリズムである．第 t 時点の観測値と状態変数をそれぞれ y_t, x_t, パラメータを θ 時とすると状態空間モデルは，

$$y_t \sim p(y_t | x_t, \theta)$$

$$x_t \sim p(x_t|x_{t-1}, \theta)$$

と書ける．PL では x_t の推定に加えて，逐次的にパラメータ学習を行うために θ の事後分布の十分統計量，

$$s_t = S(s_{t-1}, x_t, y_t)$$

を含めた同時事後分布 $p(x_t, s_t, \theta|y_{1:t})$ を考える．ただし，$y_{1:t} = (y_1, \cdots, y_t)$ である．

まず，$z_t = (x_t, s_t, \theta)$ と定義し，同時事後分布 $p(z_t|y_{1:t})$ を N 個の粒子 $\{z_t^{(i)}\}_{i=1}^N$ を用いて，

$$p(z_t|y_{1:t}) \simeq \frac{1}{N} \sum_{i=1}^{N} \delta(z_t - z_t^{(i)})$$

と近似する．ここで，$\delta(\cdot)$ はディラックのデルタ関数である．PL では新たなデータ y_{t+1} が観測されると $p(z_{t+1}|y_{1:t+1})$ は以下のように与えられる．

$$p(z_t|y_{1:t+1}) \propto p(y_{t+1}|z_t) p(z_t|y_{1:t}) \tag{1}$$

$$p(z_{t+1}|y_{1:t+1}) = \iint p(s_{t+1}|x_{t+1}, s_t, y_{t+1}) p(x_{t+1}|z_t, y_{t+1}) p(z_t|y_{1:t+1}) dx_{t+1} dz_t \tag{2}$$

式(1) の分布は，

$$\begin{aligned}
p(z_t|y_{1:t+1}) &\simeq \frac{p(y_{t+1}|z_t) \frac{1}{N} \sum_{i=1}^{N} \delta(z_t - z_t^{(i)})}{\int p(y_{t+1}|z_t) \frac{1}{N} \sum_{i=1}^{N} \delta(z_t - z_t^{(i)}) dz_t} \\
&= \frac{1}{\sum_{i=1}^{N} p(y_{t+1}|z_t^{(i)})} \sum_{i=1}^{N} p(y_{t+1}|z_t^{(i)}) \delta(z_t - z_t^{(i)}) \\
&= \sum_{i=1}^{N} w_t^{(i)} \delta(z_t - z_t^{(i)})
\end{aligned} \tag{3}$$

と近似できる．ここで，

$$w_t^{(i)} = \frac{p(y_{t+1}|z_t^{(i)})}{\sum_{i=1}^{N} p(y_{t+1}|z_t^{(i)})}$$

と定義した．よって事後分布式(1)は，重み $w_t^{(i)}$ で $\{z_t^{(i)}\}_{i=1}^N$ をリサンプルした $\{\tilde{z}_t^{(i)}\}_{i=1}^N$ で近似することができる．そして $\{\tilde{z}_t^{(i)}\}_{i=1}^N$ が得られると，$z_{t+1}^{(i)}$ は式(2)より，

$$x_{t+1}^{(i)} \sim p(x_{t+1}|\bar{z}_t^{(i)}, y_{t+1}) \tag{4}$$

$$s_{t+1}^{(i)} = S(\bar{s}_t^{(i)}, x_{t+1}^{(i)}, y_{t+1}) \tag{5}$$

$$\theta^{(i)} \sim p(\theta|s_{t+1}^{(i)}) \tag{6}$$

となる．PL のアルゴリズムは式(3)，式(4)，式(5)，式(6)より次のようにまとめることができる．

Algorithm 1

- **Step 1 (Resample)** $w_t^{(i)} \propto p(y_{t+1}|z_t^{(i)})$ の重みで $\{z_t^{(i)}\}_{i=1}^N$ をリサンプルし，$\{\bar{z}_t^{(i)}\}_{i=1}^N$ を得る．
- **Step 2 (Propagate)** $x_{t+1}^{(i)}$ を $p(x_{t+1}|\bar{z}_t^{(i)}, y_{t+1})$, $(i=1, \cdots, N)$ から発生させる．
- **Step 3 (Update)** $s_{t+1}^{(i)} = S(\bar{s}_t^{(i)}, x_{t+1}^{(i)}, y_{t+1})$, $(i=1, \cdots, N)$
- **Step 4 (Sample)** $\theta^{(i)}$ を $p(\theta|s_{t+1}^{(i)})$, $(i=1, \cdots, N)$ からサンプルする．

さらに PL では x_t の十分統計量，

$$s_t^x = S^x(s_{t-1}^x, \theta, y_t)$$

を導入し，$z_t = (s_t^x, s_t, \theta)$ とすることで Algorithm 1 を次のように書き換えることができる．

Algorithm 2

- **Step 1 (Resample)** $w_t^{(i)} \propto p(y_{t+1}|z_t^{(i)})$ の重みで $\{z_t^{(i)}\}_{i=1}^N$ をリサンプルし，$\{\bar{z}_t^{(i)}\}_{i=1}^N$ を得る．
- **Step 2 (Propagate)** $x_t^{(i)}$ を $p(x_t|\bar{s}_t^{x(i)}, \bar{\theta}^{(i)}, y_{t+1})$, $(i=1, \cdots, N)$ から発生させる．
- **Step 3 (Propagate)** $x_{t+1}^{(i)}$ を $p(x_{t+1}|x_t^{(i)}, \bar{\theta}^{(i)}, y_{t+1})$, $(i=1, \cdots, N)$ から発生させる．
- **Step 4 (Update)** $s_{t+1}^{(i)} = S(\bar{s}_t^{(i)}, x_{t+1}^{(i)}, y_{t+1})$, $(i=1, \cdots, N)$
- **Step 5 (Sample)** $\theta^{(i)}$ を $p(\theta|s_{t+1}^{(i)})$, $(i=1, \cdots, N)$ からサンプルする．
- **Step 6 (Update)** $s_{t+1}^{x(i)} = S^x(s_t^{x(i)}, \theta^{(i)}, y_{t+1})$, $(i=1, \cdots, N)$

2.2 モデル選択

PL ではモデル選択の基準として,周辺尤度を直接計算することができる.モデル $\mathcal{M}$ の周辺尤度 $p(y_{1:t}|\mathcal{M})$ は,

$$p(y_{1:t}|\mathcal{M}) = \prod_{j=1}^{t} p(y_j|y_{1:j-1}, \mathcal{M})$$

となる.予測尤度 $p(y_t|y_{1:t-1}, \mathcal{M})$ は粒子 $\{z_{t-1}^{(i)}\}_{i=1}^{N}$ で,

$$p(y_t|y_{1:t-1}, \mathcal{M}) \simeq \frac{1}{N} \sum_{i=1}^{N} p(y_t|z_{t-1}^{(i)}, \mathcal{M}) \qquad (7)$$

$$= p^N(y_t|y_{1:t-1}, \mathcal{M})$$

と近似することができるので,周辺尤度は近似によって,

$$p(y_{1:t}|\mathcal{M}) \simeq \prod_{j=1}^{t} p^N(y_j|y_{1:j-1}, \mathcal{M})$$

と計算することができる.式(7)は Algorithm 1 および 2 の Step 1 で計算することができるので,計算負荷をかけずにモデル選択を行えることが分かる.またモデル $\mathcal{M}_0$ と $\mathcal{M}_1$ が与えられればベイズファクター $\mathcal{BF}_t$ は,

$$\mathcal{BF}_t = \frac{p(y_{1:t}|\mathcal{M}_1)}{p(y_{1:t}|\mathcal{M}_0)}$$

と計算することができる.

2.3 確率的ボラティリティモデルへの応用

2.3.1 確率的ボラティリティモデル

確率的ボラティリティ(Stochastic Volatility:SV)モデルは以下のように定式化される.

$$\begin{aligned} y_t &= \exp\left(\frac{x_t}{2}\right)\varepsilon_t, \quad \varepsilon_t \sim i.i.d.\ \mathcal{N}(0, 1) \\ x_t &= \mu + \beta x_{t-1} + \tau u_t, \quad u_t \sim i.i.d.\ \mathcal{N}(0, 1) \end{aligned} \qquad (8)$$

SV モデルは,ボラティリティの二乗の対数値が AR(1) モデルに従うと仮定しており,ボラティリティの確率的な変動を定式化している.また,株価が下落した日の翌日の方が上昇した日の翌日よりもボラティリティが高まる傾向(レバレッジ効果)があることが知られており,SV モデルにおいては以下のよう

に定式化される.

$$y_t = \exp\left(\frac{x_t}{2}\right)\varepsilon_t$$

$$x_{t+1} = \mu + \beta x_t + \tau u_t \qquad (9)$$

$$\begin{pmatrix} \varepsilon_t \\ u_t \end{pmatrix} \sim i.i.d.\ \mathcal{N}(0,\ \Sigma),\quad \Sigma = \begin{pmatrix} 1 & \rho \\ \rho & 1 \end{pmatrix}$$

レバレッジ効果を導入した場合,Algorithm 1 および 2 において $p(\theta|s_{t+1}^{(i)})$ を解析的に得ることが困難であるため,本論文ではレバレッジ効果を考慮しない.また,定数項 μ を導入した場合パラメータの識別がうまくされない可能性があるため,本論文では,定数項を除いた以下の SV モデルを用いる.

$$y_t = \exp\left(\frac{x_t}{2}\right)\varepsilon_t,\ \ \varepsilon_t \sim \mathcal{N}(0,\ 1)$$

$$x_t = \beta x_{t-1} + \tau u_t,\ \ u_t \sim \mathcal{N}(0,\ 1) \qquad (10)$$

推定には Algorithm 2 を使用することにする.まず PL を適用するために,SV モデル式 (10) の観測方程式の両辺を二乗して自然対数を取る.

$$y_t^* = x_t + \varepsilon_t^*,\ \ \varepsilon_t^* \sim \log \chi^2(1) \qquad (11)$$

ここで,$y^* = \log y_t^2$, $\varepsilon_t^* = \log \varepsilon_t^2$ と定義した.また,$\log \chi^2(1)$ は自由度 1 の対数カイ二乗分布である.そして Omori et al. (2007) の方法で対数カイ二乗分布を混合正規分布で,

$$p(\varepsilon_t^*) = \sum_{j=1}^{10} \pi_j f(\varepsilon_t^* | \mu_j,\ v_j^2)$$

$$f(\varepsilon_t^* | \mu_j,\ v_j^2) = \frac{1}{\sqrt{2\pi v_j^2}} \exp\left[-\frac{(\varepsilon_t^* - \mu_j)^2}{2v_j^2}\right]$$

と近似することで,SV モデル (8) を,

$$y_t^* = x_t + \varepsilon_t^*,\ \ \varepsilon_t^* \sim \mathcal{N}(\mu_{k_t},\ v_{k_t}^2),\quad k_t \sim Multinomial(\pi)$$

$$x_t = \beta x_{t-1} + \tau u_t,\ \ u_t \sim \mathcal{N}(0,\ 1), \qquad (12)$$

とする.$\theta = (\beta,\ \tau^2)$ の事前分布を $\beta|\tau^2 \sim \mathcal{N}(b_0,\ \tau^2 B_0)$, $\tau^2 \sim \mathcal{IG}(c_0,\ d_0)$, とおくと $s_t = (b_t,\ B_t,\ c_t,\ d_t)$ は,

$$b_t = B_t(B_{t-1}^{-1} b_{t-1} + x_t x_{t-1}),\quad B_t = (B_{t-1}^{-1} + x_{t-1}^2)^{-1},$$

$$c_t = c_{t-1} + 1/2,\quad d_t = d_{t-1} + (B_t B_{t-1}^{-1}(x_t - b_{t-1} x_{t-1})^2)/2 \qquad (13)$$

となる.また,x_t の事前分布を $x_0 \sim \mathcal{N}(m_0, C_0)$ とおくと $s_t^x = (m_t, C_t)$ は以下のカルマンフィルタで得られる.

$$\begin{aligned}
&m_t = a_t + A_t e_t, \quad C_t = (1 - A_t) R_t, \\
&a_t = \beta m_{t-1}, \quad R_t = \beta^2 C_{t-1} + \tau^2, \quad Q_t = R_t + v_{k_t}^2, \\
&A_t = R_t / Q_t, \quad e_t = y_t^* - a_t - \mu_{k_t}
\end{aligned} \quad (14)$$

よって,PL による SV モデルの推定は,式(10)に対して $z_t = (s_t^x, s_t, \theta, k_{t+1})$ として Algorithm 2 を適用すればよい.また,遷移方程式の定常性の仮定 $|\beta| < 1$ を考慮するならば,$|\beta| \geq 1$ となる粒子を消滅させればよい.PL の具体的な手順は付録 A を参照.

2.3.2 誤差項が t 分布に従う確率的ボラティリティモデル

資産価格の変化率にはファットテイル性が存在することが知られている.SV モデル式(10)では観測方程式の誤差項が標準正規分布でも y_t は正規分布より裾の厚い分布に従うことになる.しかし,誤差項が標準正規分布以外の分布に従っていることは十分考えられ,より裾の厚い分布を仮定することは必要であろう.本論文では観測方程式の誤差項に裾の厚い分布を当てはめた SV モデルとして Liesenfeld and Jung (2000) の誤差項が t 分布に従う確率的ボラティリティ (SV with t-distribution:SV-t) モデルを用いる.SV-t モデルは以下のように定式化される.

$$\begin{aligned}
&y_t = \exp\left(\frac{x_t}{2}\right) \sqrt{\lambda_t} \varepsilon_t, \quad \lambda_t \sim \mathcal{IG}\left(\frac{\nu}{2}, \frac{\nu}{2}\right), \quad \varepsilon_t \sim \mathcal{N}(0, 1) \\
&x_t = \beta x_{t-1} + \tau u_t, \quad u_t \sim \mathcal{N}(0, 1)
\end{aligned} \quad (15)$$

誤差項 $\sqrt{\lambda_t} \varepsilon_t$ は自由度 ν の t 分布に従う.ここでは ν は既知として PL を適用する.前の SV モデルと同様に,SV-t モデル式(15)の観測方程式の両辺を二乗して自然対数を取り,Omori et al. (2007) の近似を用いると,

$$\begin{aligned}
&y_t^* = x_t + \log \lambda_t + \varepsilon_t^*, \quad \varepsilon_t^* \sim \mathcal{N}(\mu_{k_t}, v_{k_t}^2), \quad k_t \sim Multinomial(\pi), \\
&x_t = \beta x_{t-1} + \tau u_t, \quad u_t \sim \mathcal{N}(0, 1)
\end{aligned} \quad (16)$$

となる.

SV モデルと同様に $\theta = (\beta, \tau^2)$ の事前分布を $\beta | \tau^2 \sim \mathcal{N}(b_0, \tau^2 B_0)$,$\tau^2 \sim \mathcal{IG}(c_0, d_0)$,$x_t$ の事前分布を $x_0 \sim \mathcal{N}(m_0, C_0)$ とおくと s_t は式(13)で与えられ,s_t^x は以下のカルマンフィルタで得られる.

6　確率的ボラティリティモデルの推定と VIX 予測への応用

$$m_t = a_t + A_t e_t, \quad C_t = (1-A_t)R_t,$$
$$a_t = \beta m_{t-1}, \quad R_t = \beta^2 C_{t-1} + \tau^2, \quad Q_t = R_t + v_{k_t}^2, \qquad (17)$$
$$A_t = R_t/Q_t, \quad e_t = y_t^* - a_t - \log \lambda_t - \mu_{k_t}.$$

PL による SV-t モデルの推定は，式(15) に対して $z_t = (s_t^x, s_t, \theta, \lambda_{t+1}, k_{t+1})$ として Algorithm 2 を適用すればよい．PL の具体的な手順は付録 B を参照．

3　実　証　分　析

3.1　計算速度の比較

VIX の分析を行う前に，PL と MCMC 法の計算速度ついて検証を行った．使用した計算ソフトは MATLAB 7.10.0[2) である．モデルは SV モデル式(10) を用い，パラメータなどの議論はここでは行わない．MCMC 法は Omori et al. (2007) の mixture sampler を用いた．データ数は 1,000 とし，モンテカルロ標本数を $N = 5,000$，10,000，50,000，100,000 の 4 通りで計算時間を計測した．MCMC 法ではバーンインと呼ばれる不変分布に収束したと見なすまでの試行が必要であるため，バーンイン数+N 回のループを実行することになる．本論文ではバーンインの回数を 1,000 とする．計測した計算時間を表 3-1 に記した．どちらの推定方法も計算時間は N に比例しており，いずれの標本数でも計算速度は PL のほうが速く，約 2 倍の速さで推定できたことが確認できる．また，新たなデータが観測されてから状態推定を行う場合，PL では計測された計算時間/データ数の計算を 1 回行えば済むのに対し，MCMC 法ではバーンイン数+N の計算を行わなくてはならない．これらのことから，PL の有効性が示せたといえよう．

表 3-1　計算時間（秒）

粒子数 (N)	5,000	10,000	50,000	100,000
PL	17.3629	35.7086	172.5215	363.9035
MCMC 法	36.5198	64.8496	309.8180	612.5379

---

2)　MATLAB は MathWorks 社の登録商品である．

3.2 VIXの予測についての実証分析

3.2.1 データと設定

2000年1月3日から2011年8月31日までの米国株価指数S&P500の日次データをもとに，日次収益率を $y_t = 100 \times (\log P_t - \log P_{t-1})$ と計算し，PLによりSVモデルとSV-tに当てはめた．ここでP_tは終値である．SV-tモデルは$\nu \in$(5, 10, 15, 20, 25)の5つのモデルを想定した．ハイパーパラメータは$b_0 = 0.9$，$B_0 = 10$，$c_0 = 5$，$d_0 = 0.4$ と設定し，粒子数は10万個とした．2000年1月4日から2003年12月31日の1,004個のデータをパラメータの推定期間とし，2004年1月2日から2011年8月31日を予測期間とする．ただし，予測値は1期先予測値である．また，予測期間もパラメータ学習を続けるものとする．本論文ではVIXを$\sqrt{252}$で割って基準化したものを用いている．

3.2.2 結果

最初の1,004個のデータによるパラメータの推定結果を表3-2，表3-3，全期間の2,987個のデータによるパラメータの推定結果を表3-4，表3-5に記し，パラメータ学習の推移を図3-1，図3-2に示した．図3-1，図3-2では時間の経

表3-2 βの推定値 (2000/1/4～2003/12/31)

モデル	平均	95%信用区間
SV-$t(\nu=5)$	0.9215	[0.8818, 0.9561]
SV-$t(\nu=10)$	0.9333	[0.8954, 0.9670]
SV-$t(\nu=15)$	0.9490	[0.9114, 0.9774]
SV-$t(\nu=20)$	0.9493	[0.9148, 0.9746]
SV-$t(\nu=25)$	0.9466	[0.9144, 0.9739]
SV	0.9511	[0.9192, 0.9768]

表3-3 τ^2の推定値 (2000/1/4～2003/12/31)

モデル	平均	95%信用区間
SV-$t(\nu=5)$	0.0701	[0.0546, 0.0825]
SV-$t(\nu=10)$	0.0574	[0.0546, 0.0901]
SV-$t(\nu=15)$	0.0492	[0.0385, 0.0709]
SV-$t(\nu=20)$	0.0449	[0.0349, 0.0858]
SV-$t(\nu=25)$	0.0529	[0.0398, 0.0669]
SV	0.0547	[0.0392, 0.0825]

表3-4 βの推定値（全データ）

モデル	平均	95%信用区間
SV-$t(\nu=5)$	0.9740	[0.9612, 0.9861]
SV-$t(\nu=10)$	0.9771	[0.9653, 0.9883]
SV-$t(\nu=15)$	0.9795	[0.9677, 0.9895]
SV-$t(\nu=20)$	0.9804	[0.9698, 0.9904]
SV-$t(\nu=25)$	0.9798	[0.9893, 0.9691]
SV	0.9778	[0.9668, 0.9885]

表3-5 τ^2の推定値（全データ）

モデル	平均	95%信用区間
SV-$t(\nu=5)$	0.0614	[0.0536, 0.0684]
SV-$t(\nu=10)$	0.0476	[0.0422, 0.0573]
SV-$t(\nu=15)$	0.0424	[0.0389, 0.0457]
SV-$t(\nu=20)$	0.0397	[0.0352, 0.0440]
SV-$t(\nu=25)$	0.0404	[0.0365, 0.0474]
SV	0.0436	[0.0383, 0.0491]

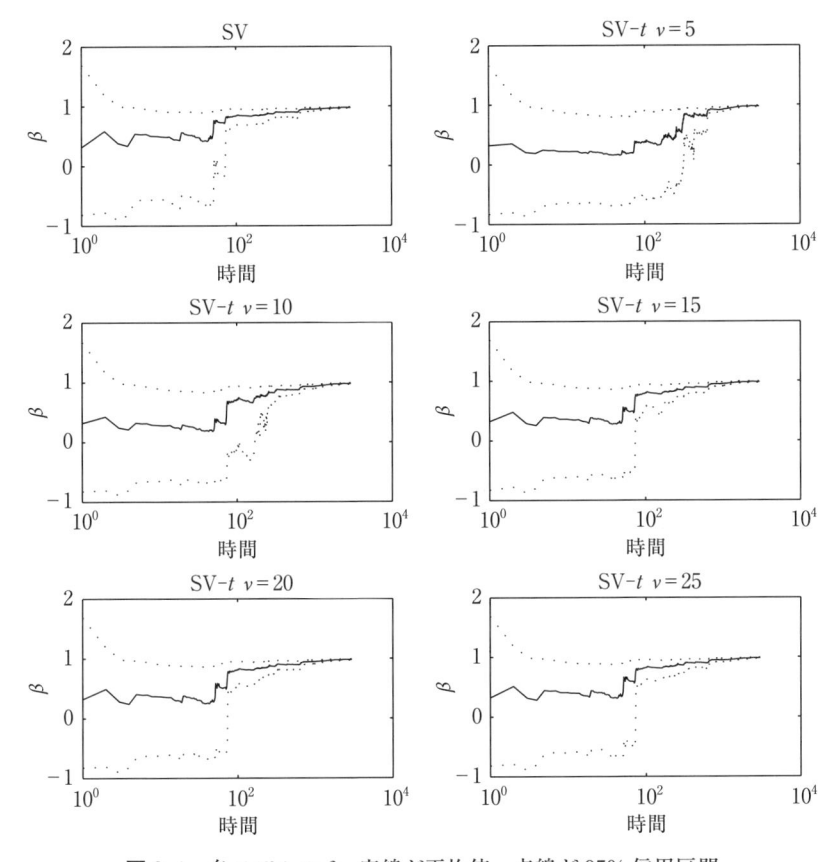

6 確率的ボラティリティモデルの推定とVIX予測への応用

図 3-1 各モデルの β　実線が平均値，点線が95%信用区間

表 3-6 対数周辺尤度

$\nu=5$	$\nu=10$	$\nu=15$	$\nu=20$	$\nu=25$	SV
$-6,337.4$	$-6,309.3$	$-6,298.7$	$-6,297.2$	$-6,298.4$	$-6,299.6$

過とともにパラメータの事後分布の分散が小さくなり，平均値へ収束していく様子が見られる．図3-1，図3-2においてSV-$t(\nu=5)$モデルの学習効率が悪いことが分かる．パラメータの事後分布の分散が小さくなるのがほかのモデルと比べて遅く，特にβに関しては平均値の推移も他のモデルと比べて遅いのがわかる．表3-1を見てもSV-$t(\nu=5)$の推定値が他のモデルと比べてやや小さ

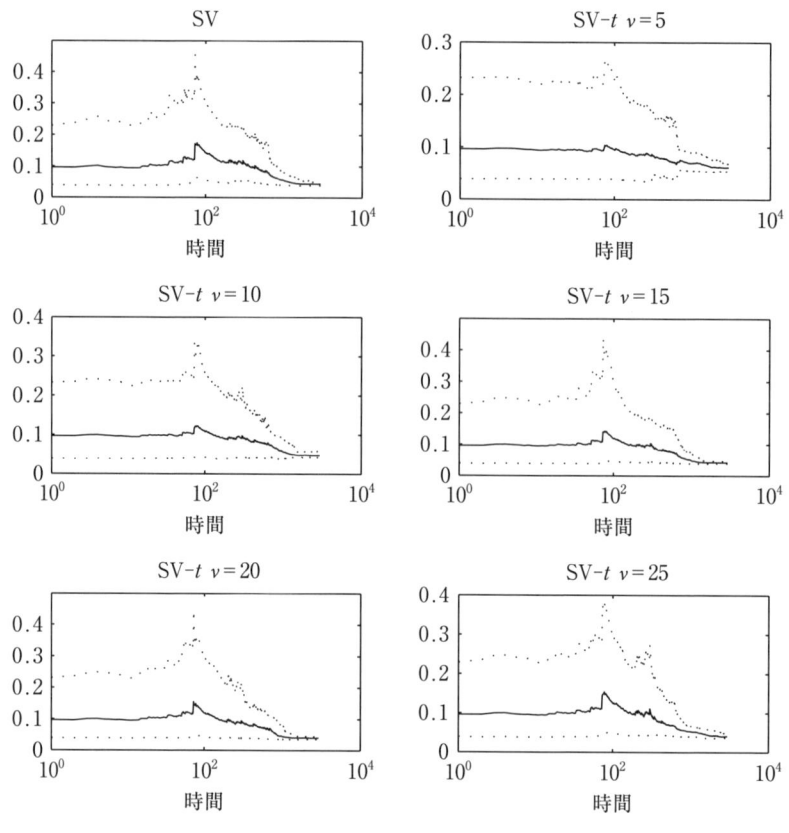

図 3-2 各モデルの τ^2　実線が平均値, 点線が 95% 信用区間

表 3-7　VIX との予測誤差の絶対値の平均

$\nu=5$	$\nu=10$	$\nu=15$	$\nu=20$	$\nu=25$	SV
0.3351	0.2890	0.2769	0.2660	0.2618	0.2440

い.しかし,表 3-2 ではほぼ差がなくなっており,最終的な推定値は他のモデルとほぼ変わらないことが分かる.次に,対数周辺尤度を表 3-6 に記した.対数周辺尤度で比較した結果,SV-$t(\nu=20)$ モデルが最も当てはまりが良く,SV-$t(\nu=5)$ モデルが最も当てはまりが悪いこと分かった.モデルの当てはまりが一番悪かったモデルと学習効率が一番悪いモデルが一致したことは興味深

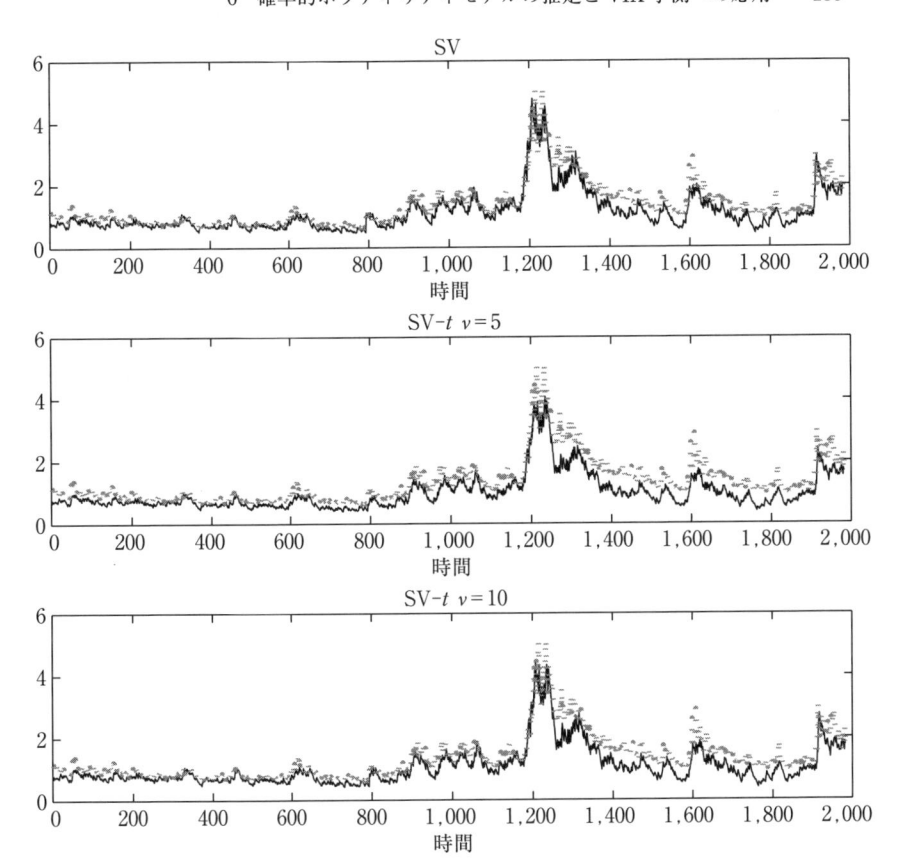

図 3-3 VIX とボラティリティ予測値 点線が VIX, 実線がボラティリティ予測値

く,今後の研究の課題としたい.

図 3-3, 図 3-4 に基準化した VIX と各モデルにより推定したボラティリティの 1 期先予測値(ここでは平均値)を示した.これらを見ると SV, SV-t モデルで VIX の変動の大部分を再現・予測できることが分かる.予測精度を比較するため,VIX との予測誤差の絶対値の平均を表 3-7 に記した.それを見ると SV モデルの予測精度が最も高いことが分かる.SV-t モデルでは自由度が高くなるにつれ予測精度が高まっており,これは SV モデルが SV-$t(\nu=\infty)$ モデルであることを反映していると考えられる.データの当てはまりは SV-t モデルが良いのに対し,VIX の予測精度は SV モデルの方が高いということは VIX が資産

図 3-4 VIX とボラティリティ予測値　点線が VIX, 実線がボラティリティ予測値

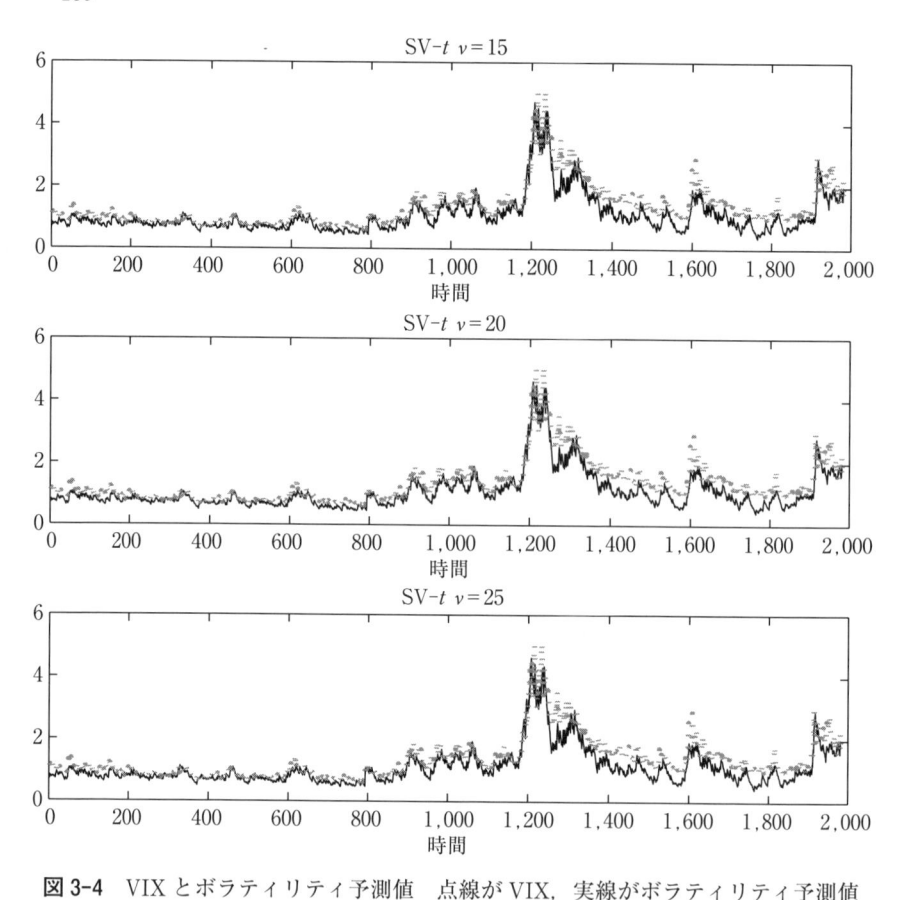

価格のファットテイル性を捉えていないことを示唆しており，このことから VIX が実際の市場を反映していないということが考えられる．

4　まとめと今後の課題

本論文では Carvalho et al.（2010）によって提唱された PL を SV モデルに応用し，MCMC 法との計算速度の比較及び推定したボラティリティによる VIX の変動の再現・予測について実証分析を行った．MCMC 法との速度の比較では，PL が MCMC 法より約 2 倍の速さで推定できることが確認できた．この結

果は計算ソフトやプログラムの実装にも依存するが，PL の有効性を示せた結果といえよう．VIX の分析では，S&P500 の日次データを用いて PL により SV モデルと SV-$t(\nu=5, 10, 15, 20, 25)$ モデルを推定し，予測した 1 期先のボラティリティにより VIX の 1 期先予測を行った．モデルの推定の結果では，モデルの当てはまりは SV-$t(\nu=20)$ モデルが最も良かった．また，モデルの当てはまりが最も悪い SV-$t(\nu=5)$ モデルはパラメータの学習効率も悪いことが確認された．VIX の予測では，ボラティリティの予測値により VIX の変動の大部分を再現・予測できることが確認でき，予測精度は SV モデルが最も良かった．これらの結果から，VIX が資産価格のファットテイル性を捉えられない可能性があることが確認できる．

　今後の課題をいくつか挙げると，まず SV モデル以外のモデルやレバレッジ効果付きの SV モデル等での VIX の分析を行うことが挙げられる．またそれらの結果を踏まえて，新たな精度の良い指数の作成も考えられる．日本では日本経済新聞社が日経平均ボラティリティ・インデクスを公表しており，またそれとは別に学術研究の一貫として大阪大学金融・保険教育研究センターが日経平均ベースの指数である VXJ を公表している．どちらも VIX と同様にインプライドボラティリティをもとに作成されているため，今後 SV モデルのような時系列モデルベースの指数を作成し，精度を比較することは重要であると考えられる．

　別の課題として，粒子フィルタを他の金融時系列モデルの推定に応用することが挙げられる．粒子フィルタ，特に PL の金融時系列モデルへの応用例はまだ少ないが，MCMC 法と比べて高速に推定が行えるため，今後応用例が増えていくと考えられる．

　さらに，計算コストに関わる話題として，近年 GPU を用いた並列計算によるモデルの高速推定が注目を集めている．MCMC 法では計算コストがかかるため実現できないような推定を粒子フィルタや PL の並列計算で行うことも今後の課題である．特に，多変量の時系列モデルにおいては計算コストが膨大になるため，粒子フィルタの並列化による推定は非常に有効であると考えられる．

付録 A. PL for the SV model

- Step 1 (Sample)

    $k_{t+1}^{(i)} \sim Multinomial(\pi)$

- Step 2 (Resample)

    $\{s_t^{x(i)},\ s_t^{(i)},\ \theta^{(i)},\ k_{t+1}^{(i)}\}_{i=1}^N$ を重み

    $w_t^{(i)} \propto p_{\mathcal{N}}(y_{t+1}^* | \mu_{k_{t+1}^{(i)}} + \beta^{(i)} m_t^{(i)},\ \beta^{2(i)} C_t^{(i)} + \tau^{2(i)} + v_{k_{t+1}^{(i)}}^2\})$

    でリサンプルし，$\{\bar{s}_t^{x(i)},\ \bar{s}_t^{(i)},\ \bar{\theta}^{(i)},\ \bar{k}_{t+1}^{(i)}\}_{i=1}^N$ を得る．

- Step 3 (Propagate)

    $x_t^{(i)}$ を $p(x_t | \bar{s}_t^{x(i)},\ \bar{\theta}^{(i)},\ \bar{k}_{t+1}^{(i)},\ y_{t+1}^*) = f_{\mathcal{N}}(x_t | h_t^{(i)},\ V_t^{(i)}),\ (i=1, \cdots, N)$ から発生させる．ただし，

    $h_t^{(i)} = V_t^{(i)} (\bar{m}_t^{(i)} / \bar{C}_t^{(i)} + (y_{t+1}^* - \mu_{\bar{k}_{t+1}^{(i)}}) \beta^{(i)} / (\tau^{2(i)} + v_{\bar{k}_{t+1}^{(i)}}^2))$

    $V_t^{(i)} = 1 / (1/\bar{C}_t^{(i)} + \beta^{2(i)} / (\tau^{2(i)} + v_{\bar{k}_{t+1}^{(i)}}^2))$

    である．

- Step 4 (Propagate)

    $x_{t+1}^{(i)}$ を $p(x_{t+1} | \bar{x}_t^{(i)},\ \bar{\theta}^{(i)},\ \bar{k}_{t+1}^{(i)},\ y_{t+1}^*) = f_{\mathcal{N}}(x_{t+1} | \hat{h}_{t+1}^{(i)},\ \hat{V}_{t+1}^{(i)}),\ (i=1, \cdots, N)$ から発生させる．ただし，

    $\hat{h}_{t+1}^{(i)} = \hat{V}_{t+1}^{(i)} ((y_{t+1}^* - \mu_{\bar{k}_{t+1}^{(i)}}) / v_{\bar{k}_{t+1}^{(i)}}^2 + \beta^{(i)} x_{t-1}^{(i)} / \tau^{2(i)})$

    $\hat{V}_{t+1}^{(i)} = 1 / (1/\tau^{2(i)} + 1/v_{\bar{k}_{t+1}^{(i)}}^2)$

    である．

- Step 5 (Update)

    $s_{t+1}^{(i)} = S(\bar{s}_t^{(i)},\ x_{t+1}^{(i)}),\ (i=1, \cdots, N)$ （式(13)）

- Step 6 (Sample)

    $\theta^{(i)} \sim p(\theta | s_{t+1}^{(i)}) = f_{\mathcal{N}}(\beta | b_t^{(i)},\ \tau^{2(i)} B_t^{(i)}) f_{\mathcal{IG}}(\tau^2 | c_t,\ d_t^{(i)}),\ (i=1, \cdots, N)$

- Step 7 (Update)

    $s_{t+1}^{x(i)} = S^x(s_t^{x(i)},\ \theta^{(i)},\ \bar{k}_{t+1}^{(i)},\ y_{t+1}^*),\ (i=1, \cdots, N)$ （式(14)）

付録 B. PL for the SV-t model

- **Step 1（Sample）**

$$k_{t+1}^{(i)} \sim Multinomial(\pi), \quad \lambda_{t+1}^{(i)} \sim \mathcal{IG}\left(\frac{\nu}{2}, \frac{\nu}{2}\right), \quad (i=1, \cdots, N)$$

- **Step 2（Resample）**

$\{s_t^{x(i)}, s_t^{(i)}, \theta^{(i)}, \lambda_{t+1}^{(i)}, k_{t+1}^{(i)}\}_{i=1}^N$ を重み

$$w_t^{(i)} \propto p_\mathcal{N}(y_{t+1}^* | \mu_{k_{t+1}^{(i)}} + \beta^{(i)} m_t^{(i)} + \log \lambda_{t+1}^{(i)}, \beta^{2(i)} C_t^{(i)} + \tau^{2(i)} + v_{k_{t+1}^{(i)}}^2)$$

でリサンプルし，$\{\bar{s}_t^{x(i)}, \bar{s}_t^{(i)}, \bar{\theta}^{(i)}, \bar{\lambda}_{t+1}^{(i)}, \bar{k}_{t+1}^{(i)}\}_{i=1}^N$ を得る．

- **Step 3（Propagate）**

$x_t^{(i)}$ を $p(x_t | \bar{s}_t^{x(i)}, \bar{\theta}^{(i)}, \bar{\lambda}_{t+1}^{(i)}, \bar{k}_{t+1}^{(i)}, y_{t+1}^*) = f_\mathcal{N}(x_t | h_t^{(i)}, V_t^{(i)}), \quad (i=1, \cdots, N)$ から発生させる．ただし，

$$h_t^{(i)} = V_t^{(i)}(\bar{m}_t^{(i)}/\bar{C}_t^{(i)} + (y_{t+1}^* - \mu_{\bar{k}_{t+1}^{(i)}} - \log \bar{\lambda}_{t+1}^{(i)})\beta^{(i)}/(\tau^{2(i)} + v_{\bar{k}_{t+1}^{(i)}}^2))$$

$$V_t^{(i)} = 1/(1/\bar{C}_t^{(i)} + \beta^{2(i)}/(\tau^{2(i)} + v_{\bar{k}_{t+1}^{(i)}}^2))$$

である．

- **Step 4（Propagate）**

$x_{t+1}^{(i)}$ を $p(x_{t+1} | \tilde{x}_t^{(i)}, \bar{\theta}^{(i)}, \bar{\lambda}_{t+1}^{(i)}, \bar{k}_{t+1}^{(i)}, y_{t+1}^*) = f_\mathcal{N}(x_{t+1} | \hat{h}_{t+1}^{(i)}, \hat{V}_{t+1}^{(i)}), \quad (i=1, \cdots, N)$ から発生させる．ただし，

$$\hat{h}_{t+1}^{(i)} = \hat{V}_{t+1}^{(i)}((y_{t+1}^* - \mu_{\bar{k}_{t+1}^{(i)}} - \log \bar{\lambda}_{t+1}^{(i)})/v_{\bar{k}_{t+1}^{(i)}}^2 + \beta^{(i)} x_{t-1}^{(i)}/\tau^{2(i)})$$

$$\hat{V}_{t+1}^{(i)} = 1/(1/\tau^{2(i)} + 1/v_{\bar{k}_{t+1}^{(i)}}^2)$$

である．

- **Step 5（Update）**

$$s_{t+1}^{(i)} = S(\bar{s}_t^{(i)}, x_{t+1}^{(i)}), \quad (i=1, \cdots, N) \tag{式(13)}$$

- **Step 6（Sample）**

$$\theta^{(i)} \sim p(\theta | s_{t+1}^{(i)}) = f_\mathcal{N}(\beta | b_t^{(i)}, \tau^{2(i)} B_t^{(i)}) f_{\mathcal{IG}}(\tau^2 | c_t, d_t^{(i)}), \quad (i=1, \cdots, N)$$

- **Step 7（Update）**

$$s_{t+1}^{x(i)} = S^x(s_t^{x(i)}, \theta^{(i)}, \bar{\lambda}_{t+1}^{(i)}, \bar{k}_{t+1}^{(i)}, y_{t+1}^*), \quad (i=1, \cdots, N) \tag{式(17)}$$

[参考文献]

大森裕浩・渡部敏明 (2008),「MCMC法とその確率的ボラティリティ変動モデルへの応用」国友直人・山本拓 (編)『21世紀の統計科学Ⅰ 社会・経済と統計科学』東京大学出版会, 第9章, 223-266.

北川源四郎・佐藤整尚・永原祐一 (1998),「非ガウス型状態空間表現による確率的ボラティリティモデルの推定」, *IMES Discussion Paper Series* 98-J-12.

北川源四郎 (2005),『時系列解析入門』, 岩波書店.

矢野浩一・佐藤整尚 (2007),「初期分布探索付き自己組織化状態空間モデルによる金融時系列解析の最前線：t 分布付き確率的ボラティリティ変動モデルへの応用」, FSA リサーチレビュー.

渡部敏明 (2000),『ボラティリティ変動モデル』, 朝倉書店.

Bollerslev, T. (1986), "Generalized Autoregressive Conditional Heteroskedasticity", *Journal of Econometrics*, 31, 307-327.

Carvalho, C. M., M. Johannes, H. F. Lopes and N. G. Polson (2010), "Particle learning and smoothing", *Statistical Science*, 25, 88-106.

Engle, R. F. (1982), "Autoregressive Conditional Heteroskedasticity with Estimates of the Variance of United Kingdom Inflation", *Econometrica*, 50, 987-1007.

Gordon, N., D. Salmond and A. F. M. Smith (1993), "Novel approach to nonlinear/non-Gaussian Bayesian state estimation", *IEE Proceedings-F*, 140, 107-113.

Kalman, R. E. (1960), "A New Approach to Linear Filtering and Prediction Problems", *Transactions of the ASME—Journal of Basic Engineering*, 82, 35-45.

Kim, S., N. Shephard and S. Chib (1998), "Stochastic Volatility: Likelihood Inference and and Comparison with ARCH models", *Review of Economic Studies*, 65, 361-393.

Kitagawa, G. (1996), "Monte Carlo Filter and Smoother for Non-Gaussian Nonlinear State Space Models", *Journal of Computational and Graphical Statistics*, 5, 1-25.

Kitagawa, G. (1998), "A Self-Organizing State-Space Model", *Journal of the American Statistical Association*, 93, 1203-1215.

Liesenfeld, R. and R. C. Jung (2000), "Stochastic Volatility Models: Conditional Normality versus Heavy-Tailed Distributions", *Journal of Applied Econometrics*, 15, 137-160.

Liu, J. and M. West (2001), "Combined Parameters and State Estimation in Simulation-based Filtering", In *Sequential Monte Carlo Methods in Practice* (A. Doucet, N. de Freitas and N. Gordon, eds.), New York : Springer-Verlag, 197-223.

Lopes, H. F., C. M. Carvalho M. Johannes and N. G. Polson (2010), "Particle Learning for Sequential Bayesian Computation", In *Bayesian Statistics*, **9**, Oxford Univ. Press, Oxford.

Lopes, H. F. and N. G. Polson (2010), "Bayesian inference for stochastic volatility modeling", In *Rethinking Risk Measurement and Reporting: Uncertainty, Bayesian Analysis and Expert Judgement*, 515-551.

Lopes, H. F. and N. G. Polson (2011), "Particle Learning for Fat-tailed Distributions", *Working Paper* The University of Chicago Booth School of Business.

Omori, Y., S. Chib, N. Shephard and J. Nakajima (2007), "Stochastic volatility with leverage: Fast likelihood inference", *Journal of Econometrics*, **140**, 425-449.

Pitt, M. and N. Shephard (1999), "Filtering via Simulation:Auxiliary Particle Filters", *Journal of the American Statistical Association*, **94**, 590-599.

Storvik, G. (2002), "Particle filters in state space models with the presence of unknown static parameters", *IEEE Trans. Signal Process*, **50**, 281-289.

West, M. and J. Harrison (1997), *Bayesian Forecasting and Dynamic Models* 2nd ed., New York, Springer.

Yano, K. (2008), "A Self-organizing state space model and simplex initial distribution search", *Computational Statistics*, **23**, 197-216.

Yu, J. (2005), "On Leverage in a Stochastic Volatility Model", *Review of Financial Studies*, **14**, 837-859.

(桂　宏明：慶應義塾大学大学院経済学研究科)
(マクリン謙一郎：慶應義塾大学大学院経済学研究科)

一 般 論 文

7 I-共変動：市場ユニバースにおける新たなリスク指標

山田雄二・吉野貴晶・斉藤哲朗

概要 本論文では，資本資産価格付けモデル（CAPM）におけるベータを，市場ポートフォリオ超過収益率の高次項を考慮するように拡張した共変動と呼ばれるリスク指標の問題点を指摘した上で，新たな指標として Idiosyncratic 共変動（I-共変動）を提案し，その性質について議論する．I-共変動とは，市場ポートフォリオ超過収益率の累乗の空間に対する個別資産超過収益率（あるいは前段階回帰の残差項）の直交射影を与える回帰係数によって定義され，1次のI-共変動は個別資産のベータを与える一方，2次のI-共変動は市場ユニバースにおける個別資産収益率の分布の歪み，3次のI-共変動は裾野の特性に関係する．ここでは，I-共変動が以下の性質をもつことを示す．(1) 全ての資産収益率が正規分布に従えば，2次以上のI-共変動は全て0であり，また，(2) 2次以上のI-共変動の市場ポートフォリオ重みによる加重平均は0である．性質 (1)，(2) から，クロスセクション方向でのI-共変動の分布における標準偏差等の統計量は，市場ユニバース全体における正規性からのかい離を測る尺度を与える．以上を念頭に，本論文では，東証1部上場銘柄を分析対象に6次までのI-共変動を推定した上で，全対象銘柄に対するI-共変動が有意な銘柄の割合をI-共変動の有意比率と定義し，日本市場におけるI-共変動の有意性および市場ユニバースにおける資産収益率分布の歪みや尖りについて検証する．さらに，期間別および属性別のI-共変動の特性について分析する．

キーワード：I-共変動，資本資産価格付けモデル（CAPM），高次モーメント，市場ポートフォリオ，ベータ．

1 はじめに

伝統的な資本資産価格付けモデル（Capital Asset Pricing Model, 以下 CAPM（J. Lintner, 1965；W. Sharpe, 1964）をクロスセクション方向で見た

場合，個別銘柄の無リスク利子率に対する期待超過収益率は，ベータと呼ばれる市場ポートフォリオ収益率と個別資産収益率の共分散に関するファクターにのみ依存する．一方，近年，Fama-Frenchの3ファクターモデル（E. F. Fama et al., 1993）をはじめとして，CAPMを複数ファクターのケースに拡張する研究が盛んになりつつある．このようなアプローチの背景としては，CAPMにおける投資家のリスク尺度の設定や投資家の非合理性の問題，あるいは資産収益率の正規分布からのかい離の問題などが指摘され，現在でも多くの議論が展開されているホットなトピックの一つである（例えばM. M. Carhart, 1997；久保田ほか，2007；L. Pasto et al., 2003；竹原，2008）．本研究では，これらの中でも，CAPMにおけるベータを市場ポートフォリオ超過収益率の高次項を考慮するように拡張した共変動モデルに着目し，新たな指標としてIdiosyncratic共変動（I-共変動）を提案する．さらに，I-共変動の理論的な性質を示した上で，伝統的なCAPMでは捉えることのできない市場ユニバースにおける歪みや尖りの有意性について分析する．

共変動とは，市場ポートフォリオ超過収益率の累乗と個別銘柄超過収益率の共分散によって定義され，正規分布からのかい離が個別資産の期待超過収益率に与える影響の説明要因として（R. Christie-David et al., 2001；Y. P. Chung et al., 2006；H. Fang et al., 1997），あるいはプライシングカーネルにおける市場ポートフォリオ超過収益率の非線形性を考慮する目的で導入されてきた（R. F. Dittmar, 2002；C. Harvey et al., 2000）．いずれのケースも，富の超過収益率に対する高次項を取り入れた期待効用最大化問題の1階の条件やプライシングカーネルの展開式から，個別資産の期待超過収益率に対する共変動の関係式を導き，実際のデータを用いて，時系列もしくはクロスセクション方向での有意性を検証するといったものが，共変動を用いた分析の主なアプローチとして挙げられる．さらに，クロスセクション分析においては，2次または3次の共変動を市場ポートフォリオ超過収益率の中心モーメントで正規化したものを，それぞれ共歪度，共尖度として定義し，1次項であるベータを加えたマルチファクターモデルにおいて，個別資産超過収益率に対するこれらのファクターの影響が検証されている（H. Fang et al., 1997）．

本論文では，通常の共変動の定義では，仮に全ての資産収益率が正規分布に

従ったとしても，個別銘柄の期待収益率に対して高次共変動が有意に影響を与えうることを指摘した上で，低次の共変動の影響を取り除いた指標として，Idiosyncratic 共変動（I-共変動）を新たに提案する．I-共変動とは，市場ポートフォリオ超過収益率の累乗の空間に対する個別資産超過収益率（あるいは前段階回帰の残差項）との直交射影を与える回帰係数によって定義され，1次のI-共変動は CAPM における個別資産のベータに等しい．また，I-共変動の性質として，全ての資産収益率が正規分布に従えば2次以上のI-共変動は零となること，2次以上のI-共変動は，市場ポートフォリオの重みで加重平均すれば零になるという基準化条件を満たすことも示される．さらに，2次のI-共変動は市場ユニバースにおける個別資産収益率の分布の歪み，3次のI-共変動は分布の裾野の尺度に関係し，クロスセクション方向でのI-共変動の分布における標準偏差等の統計量は，市場ユニバース全体における歪みや裾野の特性を測る指標を与える．本論文では，東証1部上場銘柄を分析対象に，分析期間における全対象銘柄に対するI-共変動が有意な銘柄の割合をI-共変動の有意比率と定義し，日本市場におけるI-共変動の有意性，およびI-共変動を用いた期間別，あるいは属性別の特徴について検証する．

本論文の構成は以下の通りである．第2節では，共変動を導入した上で，共変動を用いた分析の背景と問題点を述べる．第3節では，共変動に代わる新たな指標としてI-共変動を定義し，その特徴について説明する．第4節では，I-共変動のもつ理論的性質を定理として示す．第5節では，日本市場におけるI-共変動の有意性について，東証一部上場銘柄を対象に実証分析を行う．第6節では，まとめと今後の課題を述べる．

2 共変動モデル

2.1 共変動と CAPM

投資ユニバースとして，n 個の個別銘柄（資産 $i=1, \ldots, n$）とこれらの銘柄によって構成される市場ポートフォリオ M を考え，時点 t における資産 i の超過収益率を $R_{i,t}$，$i=1, \ldots, n$，市場ポートフォリオの超過収益率を $R_{M,t}$ と表記する．ただし，超過収益率とは，資産収益率（例えば日次収益率）から無

リスク利子率，あるいは資産収益率の期待値を差し引くことにより，

$$R_{i,t}=r_{i,t}-r_f,\ R_{M,t}=r_{M,t}-r_f \tag{1}$$

あるいは，

$$R_{i,t}=r_{i,t}-\bar{r}_i,\ R_{M,t}=r_{M,t}-\bar{r}_M \tag{2}$$

のように与えられるものとする[1]．ただし，$r_{i,t}$ は資産 i の収益率，r_f は無リスク利子率であり，$\bar{r}_i:=\mathbb{E}[r_{i,t}]$，$\bar{r}_M:=\mathbb{E}[r_{M,t}]$ である．本論文では，資産 i と市場ポートフォリオの k 次の共変動を，次式の $C_{iM}^{(k)}$ で定義する[2]．

$$C_{iM}^{(k)}:=\mathrm{Cov}\left[R_{i,t},\ R_{M,t}^k\right],\ k=1,\ 2,\ \ldots \tag{3}$$

また，$C_{iM}^{(k)}$ を $R_{M,t}$ の k 次の中心モーメントで正規化した値を，

$$\kappa_{iM}^{(k)}:=\frac{C_{iM}^{(k)}}{\mathbb{E}\left[\{R_{M,t}-\mathbb{E}[R_{M,t}]\}^{k+1}\right]},\ k=1,\ 2,\ \ldots \tag{4}$$

のように定義する．

超過収益率が式(1)で与えられる場合，1次の共変動を市場ポートフォリオ超過収益率の2次の中心モーメント（すなわち分散）で正規化した値である，

$$\kappa_{iM}^{(1)}=\frac{C_{iM}^{(1)}}{\mathrm{Var}[R_{M,t}]} \tag{5}$$

は CAPM のベータを与え，平均・分散効率性の仮定の下，次式が成立する（J. Lintner, 1965；W. Sharpe, 1964）．

$$\begin{aligned}\bar{r}_i-r_f&=\kappa_{iM}^{(1)}(\bar{r}_M-r_f)\\ &=\frac{C_{iM}^{(1)}}{\mathrm{Var}[R_{M,t}]}(\bar{r}_M-r_f)\end{aligned} \tag{6}$$

式(2)における右辺の $\bar{r}_M-r_f$, $\mathrm{Var}[R_{M,t}]$ は市場ポートフォリオの期待超過収益率および分散であり，資産の個別性を示す i によらず全ての投資ユニバースに

---

1) 本論文では，確率変数 X, Y に対し，期待値，分散，共分散を，それぞれ，$\mathbb{E}[X]$, $\mathrm{var}[X]$, $\mathrm{Cov}[X,\ Y]$ のように表記する．また，$\bar{X}:=\mathbb{E}[X]$ とし，X が m 次元ベクトルの場合，$\bar{X}\in\Re^m$ は，X の期待値ベクトルを与えるとする．
2) r_f を定数とした場合，1次共変動は超過収益率の選び方（式(1)，あるいは式(2)）に依らず等しい．一方，2次以上については，共変動の定義は超過収益率の選び方に依存するが，実証分析において両者の差はほとんど観測されない．ただし，理論的な取り扱いにおいて両者を区別する必要が生じる場合があるので，その際はどちらの定義によるものか，その都度明記するものとする．

対して一定である．従って，式(2)は，通常のCAPMにおける仮定の下では，個別資産の期待超過収益率は1次の共変動 $C_{iM}^{(1)}$（あるいは $\kappa_{iM}^{(1)}$）の1次式となることを示している．

一方，文献（H. Fang et al., 1997）では，投資家の効用関数を，2次までのモーメント情報に対応する平均・分散のみならず，3次以上の高次モーメントを考慮するように拡張した場合，個別資産の期待超過収益率は2次以上の共変動にも依存し，個別資産の期待超過収益率 $\bar{r}_i - r_f$ が $C_{iM}^{(k)}$（あるいは $\kappa_{iM}^{(k)}$, $k=1, 2, \ldots$）の線形式として記述されることを示している．ただし，個別資産の期待超過収益を表現する際に取り入れる共変動の次数は，投資家の効用関数の次数によって決まる．文献（H. Fang et al., 1997）では，4次の効用関数に対し，$\kappa_{iM}^{(2)}$ を資産 i の共歪度，$\kappa_{iM}^{(3)}$ を共尖度とした上で，ベータ，共歪度，共尖度の3つのファクターを用いて個別資産の超過収益率を表現している．なお，これらの結果は，文献（A. Kraus et al., 1976）における3次モーメントCAPMの拡張と捉えることができる．文献（R. F. Dittmar, 2002；C. Harvey et al., 2000）では，ポートフォリオ選択問題におけるオイラー方程式のプライシングカーネル（確率的ディスカウントファクター）を，市場平均ポートフォリオの超過収益率の線形式から高次多項式に拡張することによって，同様の関係を示している．

2.2 共変動を用いた分析の背景と問題点

2次以上の高次の共変動を導入する背景として，大きく分けて以下の2点が挙げられる．1点目は，文献（Y.P. Chung et al., 2006）で説明されているのだが，資産収益率の正規分布からのかい離の評価指標としてである．すでに多くの文献（例えばJ-P. Bouchaud et al., 2000；B. B. Mandelbrot, 1997）で指摘されているように，資産収益率分布は非対称性やファットテールをもつなど，正規分布からのかい離が観測される．このような正規分布からのかい離が高次の共変動に反映され，期待超過収益率に影響を与えるというのが，文献（R. Christie-David et al., 2001；Y. P. Chung, et al., 2006）などで述べられている仮説である．

2点目については，文献（R. E. Dittmar, 2002；C. Harvey et al., 2000）で主に述べられているのだが，プライシングカーネルの非線形性が期待超過収益率

に影響を与えるというものである．通常の CAPM においては，プライシングカーネルは市場ポートフォリオの超過収益率に対して線形であり，結果として，個別資産の超過収益率は，1次の共変動であるベータにのみ依存する形となる．しかし，プライシングカーネルが一般に非線形，すなわち市場ポートフォリオの超過収益率の多項式として与えられるような場合には，個別資産の超過収益率は高次の共変動に依存することが示されている（R. F. Dittmar, 2002）．いずれのケースも，富の超過収益率に対する高次項を取り入れた期待効用最大化問題の1階の条件やプライシングカーネルの展開式から，個別資産の期待超過収益率に対する高次共変動の符号条件を導き，実際のデータを用いて，時系列方向あるいはクロスセクション方向での高次共変動の有意性を検証するという分析が，主に行われてきている．

共変動を説明変数とする際の問題点について考察するため，個別資産の超過収益率を，CAPM のベータを与える $\kappa_{iM}^{(1)}$ を用いて，以下のように表現する．

$$R_{i,t} = \kappa_{iM}^{(1)} R_{M,t} + \varepsilon_{i,t} \quad t \tag{7}$$

ただし，$\varepsilon_{i,t}$ は残差項である．このとき，$C_{iM}^{(k)}$, $k \geq 2$ は，次式で与えられる．

$$\begin{aligned} C_{iM}^{(k)} &= \mathrm{Cov}(R_{i,t}, R_{M,t}^k) \\ &= \kappa_{iM}^{(1)} \mathrm{Cov}(R_{M,t}, R_{M,t}^k) + \mathrm{Cov}(\varepsilon_{i,t}, R_{M,t}^k), \ k=2, 3, \ldots \end{aligned} \tag{8}$$

式(8)の右辺第1項は，クロスセクション方向において，個別資産のベータ（$= \kappa_{iM}^{(1)}$）にのみ依存する項である．一方，第2項における $\varepsilon_{i,t}$ であるが，個別資産の超過収益率を市場ポートフォリオの超過収益率で回帰した際の残差であり，$R_{M,t}$ とは無相関である．全ての資産の超過収益率が正規分布に従う場合において，無相関は独立であることを示唆し，式(8)の右辺第2項は0となる．結果として，

$$\begin{aligned} C_{iM}^{(k)} &= \kappa_{iM}^{(1)} \mathrm{Cov}(R_{M,t}, R_{M,t}^k) \\ \Leftrightarrow \kappa_{iM}^{(k)} &= \kappa_{iM}^{(1)} \times \frac{\mathrm{Cov}(R_{M,t}, R_{M,t}^k)}{\mathbb{E}\left[\{R_{M,t} - \mathbb{E}[R_{M,t}]\}^{k+1}\right]}, \ k=2, 3, \ldots \end{aligned} \tag{9}$$

が成り立ち，$C_{iM}^{(k)}$ および $\kappa_{iM}^{(k)}$ は個別資産のベータ（$= \kappa_{iM}^{(1)}$）に比例する．さらに，$R_{i,t}$, $R_{M,t}$ が式(2)によって定義されるとすれば，

$$\kappa_{iM}^{(1)} = \kappa_{iM}^{(k)}, \ k=2, 3, \ldots$$

が成り立つ．

このように，超過収益率が正規分布に従う場合，高次共変動はクロスセクション方向でベータとともに変動する．そのため，個別資産の期待超過収益率を被説明変数，共変動を説明変数とするクロスセクション回帰分析において，高次共変動の係数が仮に有意であったとしても，それが正規分布とのかい離によるものであるのか，あるいはベータとの連動によるものであるのかを区別することは一般にできない．また，式(8)のように，高次の共変動は低次の共変動の影響を直接的に受けるため，異なる次数の共変動を説明変数とすることにおける多重共線性の問題も懸念される．以上を背景として，本論文では，I-共変動と呼ぶ新たな指標を導入し，その性質について議論する．

3 I-共変動の導入

3.1 定 義

I-共変動は，以下のように定義される．

定義1（I-共変動） $\varepsilon_{i,t}^{(0)} := R_{i,t}$ とする．次式で定義する $\beta_{iM}^{(k)}$ を，k 次の I-共変動と呼ぶ．

$$\beta_{iM}^{(k)} := \frac{\mathrm{Cov}\left(\varepsilon_{i,t}^{(k-1)}, R_{M,t}^k\right)}{\mathrm{Var}\left(R_{M,t}^k\right)}, \ k=1,\ 2,\ 3,\ \ldots \tag{10}$$

ただし，

$$\varepsilon_{i,t}^{(k)} := \varepsilon_{i,t}^{(k-1)} - \beta_{iM}^{(k)} R_{M,t}^{(k)},\ k=1,\ 2,\ 3,\ \ldots \tag{11}$$

I-共変動の定義について補足的な説明を加える．まず，$\beta_{iM}^{(1)}$ は個別資産のベータであり，$\beta_{iM}^{(1)} = \kappa_{iM}^{(1)}$ が成り立つ．さらに，$\beta_{iM}^{(1)} R_{M,t}$ は，$R_{M,t}$ の空間に対する $\varepsilon_{i,t}^{(0)} := R_{i,t}$ の直交射影を与え，残差項 $\varepsilon_{i,t}^{(1)} = R_{i,t} - \beta_{iM}^{(1)} R_{M,t}$ について，$\varepsilon_{i,t}^{(1)} \perp \beta_{iM}^{(1)} R_{M,t}$ が成り立つ[3]．この $\varepsilon_{i,t}^{(1)}$ を 1 次残差と呼ぶこととすれば，$\beta_{iM}^{(2)} R_{M,t}^2$ は $R_{M,t}^2$ の空間に対する 1 次残差の直交射影を与え，残差項 $\varepsilon_{i,t}^{(2)} = \varepsilon_{i,t}^{(1)} - \beta_{iM}^{(2)} R_{M,t}^2$ は $\varepsilon_{i,t}^{(2)} \perp \beta_{iM}^{(2)} R_{M,t}^2$ を満たす．このように順次定義される $\varepsilon_{i,t}^{(k)}$ を k 次残差と呼べば，k 次の I-共変動 $\beta_{iM}^{(k)}$ は，$R_{M,t}^k$ の空間に対する $\varepsilon_{i,t}^{(k-1)}$ の直交射影によって定義される．

---

[3] 2乗可積分な確率変数確率変数 $X,\ Y$ に対し，$X \perp Y$ は $\mathbb{E}[XY] = 0$ であることを示す．

3.2 I-共変動の推定量と分布の形状

つぎに，多段階回帰を適用した際のI-共変動の推定量とその性質について議論する．ここでは，時点 $t=1, 2, \ldots, T$ における $R_{i,t}, R_{M,t}$ の観測値が与えられるとする[4]．このとき，$R_{i,t}$ の観測値を $R_{M,t}$ の観測値で単回帰した際の回帰係数の最小二乗（Ordinary Least Squares：OLS）推定量は，1次のI-共変動 $\beta_{iM}^{(1)}$ の推定量を与える．1次のI-共変動はベータに等しいので，このことはベータの推定量が非零であれば $R_{i,t}$ と $R_{M,t}$ に線形の相関関係が存在することを示す．

一方，2次のI-共変動 $\beta_{iM}^{(2)}$ の推定量は，1次残差を与える1段階目の回帰の残差項 $\varepsilon_{i,t}^{(1)} = R_{i,t} - \beta_{iM}^{(1)} R_{M,t}$ の観測値[5]に対して，$R_{M,t}^2$ の観測値を説明変数として単回帰した際のOLS推定量によって与えられる．このような回帰係数は，$\left(R_{M,t}, \varepsilon_{i,t}^{(1)}\right)$ の観測値を最小二乗近似する2次曲線 $y = cx^2 + d$ における x^2 の係数 c の推定量を計算することによって求めることができる．図7-1は，2次I-共変動の推定量が非零だった場合における，$R_{M,t}$ の観測値と $\varepsilon_{i,t}^{(1)}$ の観測値の関係を表す概念図である．このように，2次I-共変動（の推定量）が正の場合，$R_{M,t}$（の観測値）が正であれば $\varepsilon_{i,t}^{(1)}$（の観測値）も正となる傾向にあるが，$R_{M,t}$ が負となる場合でも $\varepsilon_{i,t}^{(1)}$ は正となる傾向にあり，$R_{M,t}$ の符号に対して $\varepsilon_{i,t}^{(1)}$ は非対称に反応することが分かる．このことは，個別資産の超過収益率 $R_{i,t}$ が市場ポートフォリオの超過収益率 $R_{M,t}$ から非対称な影響を受けることを意味し，結果として，$R_{M,t}$ の分布に対して $R_{i,t}$ の分布は正の方向に歪む．逆に，2次I-共変動が負のとき，$R_{M,t}$ の分布に対して $R_{i,t}$ の分布は負の方向に歪むものと考えられる．

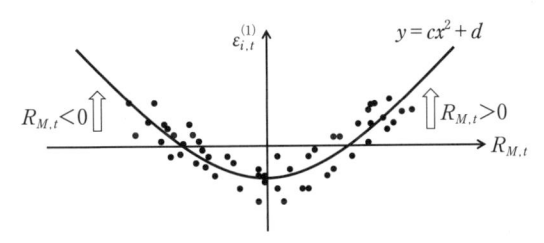

図7-1 2次I-共変動が正の場合の $R_{M,t}$ と $\varepsilon_{i,t}^{(1)}$ の関係

---

4) ここでは，時点 $t=1, 2, \ldots, T$ における $R_{i,t}, R_{M,t}$ の観測値は，それぞれ独立かつ同一の分布に従う（すなわち $i.i.d.$）とする．
5) ただし，$\varepsilon_{i,t}^{(1)}$ の観測値を計算する際は，$\beta_{iM}^{(1)}$ の推定量が用いられる．

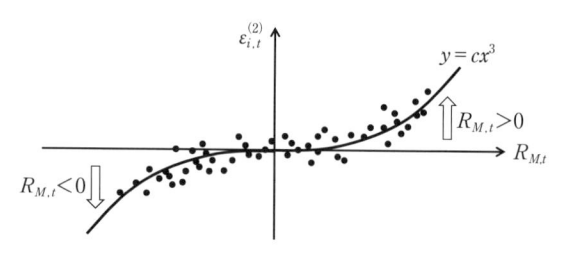

図7-2 3次 I-共変動が正の場合の $R_{M,t}$ と $\varepsilon_{i,t}^{(2)}$ の関係

同様に，3次のI-共変動 $\beta_{iM}^{(3)}$ の推定量は，2次残差 $\varepsilon_{i,t}^{(2)} = \varepsilon_{i,t}^{(1)} - \beta_{iM}^{(2)} R_{M,t}^2$ の観測値に対して，$R_{M,t}^3$ の観測値を説明変数として単回帰した際の OLS 推定量によって与えられる．このような3次 I-共変動の推定量については，図7-2に示されるような3次関数 $y = cx^3$ の形状から，$\varepsilon_{i,t}^{(2)}$ の分布のより裾野の部分に対する $R_{M,t}$ の影響を反映するものと考えられる．例えば，$\beta_{iM}^{(3)} > 0$ の推定量が正であれば，$R_{M,t}$ と順方向に $\varepsilon_{i,t}^{(2)}$ が反応し，$\beta_{iM}^{(3)} < 0$ の推定量が負であれば，$R_{M,t}$ と逆方向に $\varepsilon_{i,t}^{(2)}$ が反応するのであるが，分布の裾野に行くほどその影響が強くなるものと考えられる．結果として，3次のI-共変動が正である場合，市場ポートフォリオの超過収益率の分布よりも個別資産収益率の分布の裾野は太くなる傾向にあることが分かる．

このように，$R_{i,t}$，$R_{M,t}$ の観測値が与えられれば，多段階回帰を適用することにより，I-共変動を順次推定することが可能である．また，2次，3次の I-共変動の推定量に対する議論と同様に，より高次の I-共変動についても，個別資産収益率に対する市場ポートフォリオ超過収益率の影響について考察することが可能であるが，k 次 I-共変動の推定量に関係する関数 $y = cx^k$ の形状から，偶数次の I-共変動は市場ポートフォリオ超過収益率からの非対称な影響，奇数次の I-共変動は裾野部分への影響を反映する指標であると考えることができる．ただし，k が大きくなるにつれ，x^k の絶対値（ただし $|x| < 1$）は小さくなるため，高次の場合，絶対値の小さい $R_{M,t}$ の変動の影響は観測されにくくなる．結果として，より次数の高い I-共変動の方が，$R_{M,t}$ の絶対値がより大きな変動部分の個別資産超過収益率への影響を反映するものと考えられる．

3.3 共変動との関係

以下，I-共変動について成り立ついくつかの理論的性質を示す前に，共変動とI-共変動の関係について考察する．まず，I-共変動の定義から，

$$\varepsilon_{i,t}^{(k-1)} = \beta_{iM}^{(k)} R_{M,t}^k + \varepsilon_{i,t}^{(k)}, \ \varepsilon_{i,t}^{(0)} = R_{i,t} \tag{12}$$

であるので，$R_{i,t}$ は，m 次までのI-共変動 $\beta_{iM}^{(k)}$, $k=1, \ldots, m$ を用いて次のように表現される．

$$\begin{aligned} R_{i,t} &= \beta_{iM}^{(1)} R_{M,t} + \varepsilon_{i,t}^{(1)} \\ &= \beta_{iM}^{(1)} R_{M,t} + \beta_{iM}^{(2)} R_{M,t}^2 + \varepsilon_{i,t}^{(2)} \\ &= \cdots \quad \cdots \quad \cdots \quad \cdots \\ &= \beta_{iM}^{(1)} R_{M,t} + \beta_{iM}^{(2)} R_{M,t}^2 + \cdots + \beta_{iM}^{(m-1)} R_{M,t}^{m-1} + \beta_{iM}^{(m)} R_{M,t}^m + \varepsilon_{i,t}^{(m)} \end{aligned} \tag{13}$$

また，

$$\mathrm{Cov}\left(\varepsilon_{i,t}^{(m)}, R_{M,t}^m\right) = 0$$

が成り立つので，式(13)の右辺を m 次の共変動の定義式，

$$C_{iM}^{(m)} = \mathrm{Cov}(R_{i,t}, R_{M,t}^m)$$

に代入すると，任意の $m \geq 1$ に対して次式が成り立つ．

$$C_{iM}^{(m)} = \beta_{iM}^{(1)} \mathrm{Cov}(R_{M,t}, R_{M,t}^m) + \cdots + \beta_{iM}^{(m-1)} \mathrm{Cov}(R_{M,t}^{m-1}, R_{M,t}^m) + \beta_{iM}^{(m)} \mathrm{Var}(R_{M,t}^m) \tag{14}$$

$R_{M,t}$ は全銘柄で共通であるので，

$$\mathrm{Cov}(R_{M,t}^k, R_{M,t}^m), \ k=1, \ldots, m$$

の項は，i に依存せず全銘柄で等しい．結果として，任意の次数の共変動は，同次数以下のI-共変動の線形式として表現されることが分かる．

さらに，式(14)を用いて，1次共変動から m 次共変動まで書き表すと，

$$\begin{aligned} C_{iM}^{(1)} &= \beta_{iM}^{(1)} \mathrm{Var}(R_{M,t}) \\ C_{iM}^{(2)} &= \beta_{iM}^{(1)} \mathrm{Cov}(R_{M,t}, R_{M,t}^2) + \beta_{iM}^{(2)} \mathrm{Var}(R_{M,t}^2) \\ C_{iM}^{(k)} &= \beta_{iM}^{(1)} \mathrm{Cov}(R_{M,t}, R_{M,t}^k) + \cdots + \beta_{iM}^{(k-1)} \mathrm{Cov}(R_{M,t}^{k-1}, R_{M,t}^k) + \beta_{iM}^{(k)} \mathrm{Var}(R_{M,t}^k), \\ & \quad k=3, \ldots, m \end{aligned}$$

であるので，$[k, l]$-成分 ($k=1, \ldots, m$) が，

$$L_M[k, l] = \begin{cases} \mathrm{Cov}(R_{M,t}^k, R_{M,t}^l) & (l=1, \ldots, k) \\ 0 & (l=k+1, \ldots, m) \end{cases} \tag{15}$$

のように与えられる下三角行列 $L_M \in \mathfrak{R}^{m \times m}$ に対し，以下の関係が成り立つ．

$$\begin{bmatrix} C_{iM}^{(1)} \\ C_{iM}^{(2)} \\ \vdots \\ C_{iM}^{(m)} \end{bmatrix} = L_M \begin{bmatrix} \beta_{iM}^{(1)} \\ \beta_{iM}^{(2)} \\ \vdots \\ \beta_{iM}^{(m)} \end{bmatrix} \Leftrightarrow \begin{bmatrix} \beta_{iM}^{(1)} \\ \beta_{iM}^{(2)} \\ \vdots \\ \beta_{iM}^{(m)} \end{bmatrix} = L_M^{-1} \begin{bmatrix} C_{iM}^{(1)} \\ C_{iM}^{(2)} \\ \vdots \\ C_{iM}^{(m)} \end{bmatrix} \quad (16)$$

下三角行列の逆行列は下三角行列であるので,式(16)は,任意の次数のI-共変動が,同次数以下の共変動の線形結合として表現されることを意味する.また,付録Aに示すように,標準的回帰モデルと同様の仮定(例えば浅野ほか,2009)の下,式(16)の関係を用いてI-共変動の標準誤差を導出することができる.

4 I-共変動の理論的性質

前節では,I-共変動の定義を導入した上で,I-共変動の推定量と分布の形状との関係,およびI-共変動が同次数以下の共変動の線形結合として表現されることを示した.本節では,I-共変動のもつさらなる性質について考察する.

4.1 正規性からのかい離指標としての性質

まず,全ての資産収益率が正規分布に従う際に成立するI-共変動のもつ性質を,以下に定理として示す.

定理1 全ての資産収益率が正規分布に従えば,高次(2次以上)のI-共変動は全て0である.すなわち,

$$\beta_{iM}^{(k)} = 0, \ k \geq 2 \quad (17)$$

が成り立つ.

証明 $R_{i,t}$, $i=1, \ldots, n$, および $R_{M,t}$ は正規分布に従うとする.このとき,

$$\varepsilon_{i,t}^{(1)} = R_{i,t} - \beta_{iM}^{(1)} R_{M,t}$$

は $R_{M,t}$ と独立であるので[6],

$$\mathrm{Cov}(\varepsilon_{i,t}^{(1)}, R_{M,t}^2) = 0 \quad (18)$$

を得る.よって,

$$\beta_{iM}^{(2)} = 0, \ \varepsilon_{i,t}^{(2)} = \varepsilon_{i,t}^{(1)} - \beta_{iM}^{(2)} R_{M,t}^2 = \varepsilon_{i,t}^{(1)}$$

---

6) $\varepsilon_{i,t}^{(1)}$ は $R_{M,t}$ と無相関であり,かつ正規確率変数の場合,無相関であれば独立である.

であるが，独立性より，
$$\operatorname{Cov}\left(\varepsilon_{i,t}^{(2)}, R_{M,t}^3\right) = \operatorname{Cov}\left(\varepsilon_{i,t}^{(1)}, R_{M,t}^3\right) = 0 \tag{19}$$
が成り立ち，$\beta_{iM}^{(3)} = 0$ が得られる．同様にして，$k \geq 4$ に対しても，
$$\operatorname{Cov}\left(\varepsilon_{i,t}^{(k-1)} R_{M,t}^3\right) = \operatorname{Cov}\left(\varepsilon_{i,t}^{(1)}, R_{M,t}^k\right) = 0 \tag{20}$$
が示され，結果として，式(17)が成立する．

定理1の対偶をとれば，高次のI-共変動に非零のものが存在すれば，資産収益率に正規分布に従わないものが存在することとなり，結果として市場ユニバースが非正規性をもつことを意味する．また，非零の高次I-共変動が有意である銘柄の割合が高ければ，それだけ市場ユニバース全体が正規分布からかい離していることが想定される．

4.2 I-共変動の加重平均

つぎに，市場ポートフォリオの個別資産の重みに対するI-共変動の加重平均が満たす条件を示す．市場ポートフォリオの個別資産 $i = 1, \ldots, n$ に対する重みを w_i とすると，w_i は，
$$\sum_{i=1}^n w_i = 1$$
を満たす．このとき，個別資産のベータの重み付け和（加重平均）は市場平均ポートフォリオのベータに一致するので，1次のI-共変動について次式が成り立つ．
$$\sum_{i=1}^n w_i \beta_{iM}^{(1)} = 1 \tag{21}$$

さらに，式(12)において，$k = 1$，$\varepsilon_{i,t}^{(0)} = R_{i,t}$ としたものに対し，両辺加重平均をとると，
$$\sum_{i=1}^n w_i R_{i,t} = \sum_{i=1}^n w_i \beta_{iM}^{(1)} R_{M,t} + \sum_{i=1}^n w_i \varepsilon_{i,t}^{(1)} \tag{22}$$
であるが，式(22)の左辺は市場ポートフォリオの超過収益率 $R_{M,t}$ を与えるので，式(21)より，
$$R_{M,t} = R_{M,t} + \sum_{i=1}^n w_i \varepsilon_{i,t}^{(1)}$$

が成り立つ．結果として，

$$\sum_{i=1}^{n} w_i \varepsilon_{i,t}^{(1)} = 0 \tag{23}$$

を得る．また，$\beta_{iM}^{(2)}$ の加重平均について，

$$\sum_{i=1}^{n} w_i \beta_{iM}^{(2)} = \mathrm{Cov}\left(\sum_{i=1}^{n} w_i \varepsilon_{i,t}^{(1)}, R_{M,t}^2\right) \frac{1}{\mathrm{Var}(R_{M,t}^2)} \tag{24}$$

であるが，式(23) より，式(24) の右辺は 0，すなわち，

$$\sum_{i=1}^{n} w_i \beta_{iM}^{(2)} = 0 \tag{25}$$

が成り立つ．以上の議論を一般化すると，次の定理を得る．

定理2 高次のI-共変動および残差項について，以下の関係が成り立つ．

$$\sum_{i=1}^{n} w_i \beta_{iM}^{(k)} = 0 \quad (k \geq 2) \tag{26}$$

$$\sum_{i=1}^{n} w_i \varepsilon_{i,t}^{(k)} = 0 \quad (k \geq 1) \tag{27}$$

証明：$k \geq 2$ に対し，

$$\sum_{i=1}^{n} w_i \varepsilon_{i,t}^{(k-1)} = 0, \quad \sum_{i=1}^{n} w_i \beta_{iM}^{(k)} = 0 \tag{28}$$

とする．このとき，式(12) の両辺加重平均をとると，

$$\sum_{i=1}^{n} w_i \varepsilon_{i,t}^{(k-1)} = \sum_{i=1}^{n} w_i \beta_{iM}^{(k)} R_{M,t}^{(k)} + \sum_{i=1}^{n} w_i \varepsilon_{i,t}^{(k)} \tag{29}$$

であるので，

$$\sum_{i=1}^{n} w_i \varepsilon_{i,t}^{(k)} = 0 \tag{30}$$

を得る．さらに，式(24) と同様に，$\beta_{iM}^{(k+1)}$ の加重平均を計算すると，

$$\sum_{i=1}^{n} w_i \beta_{iM}^{(k+1)} = \mathrm{Cov}\left(\sum_{i=1}^{n} w_i \varepsilon_{i,t}^{(k)}, R_{M,t}^{k+1}\right) \frac{1}{\mathrm{Var}(R_{M,t}^{k+1})} \tag{31}$$

である．よって，式(23)，式(25)を初期条件とする数学的帰納法より，式(26)，式(27)が成り立つ．

I-共変動の加重平均を市場の平均と見なせば，定理2より，2次以上のI-共

変動の市場平均は0であるので，I-共変動の符号や絶対値の大きさから，個別資産の市場平均に対する相対的な評価が可能であることが分かる．さらに，クロスセクション方向の分析を考えた場合，加重平均が0であるとは，重みで測度変換した確率測度上で期待値が0となることを意味し，クロスセクションでのI-共変動の分布における分散（標準偏差）などの統計量やI-共変動の有意比率[7]は，市場全体における正規分布からのかい離を測る評価指標を与える．以上を念頭に，次節では日本市場におけるI-共変動の有意性について検証する．

4.3 I-共変動を考慮したポートフォリオについて

市場ポートフォリオとベータが一致するように個別資産のポートフォリオ重みを算出するための制約を「ベータ・ニュートラル制約」と呼ぶことがあるが，ベータ・ニュートラル制約の下，超過アルファを獲得するようなポートフォリオはいわゆる"アクティブ・リターン"をもたらすものと考えられる．一方，このようなポートフォリオは許容する市場リスクとしてベンチマークとなる市場ポートフォリオと同程度のベータ・リスクを想定することになるが，ベータ・リスクとは市場ポートフォリオとの線形的な連動性に起因するものであり，市場ポートフォリオ超過収益率との非対称な連動性のリスク，あるいは個別資産超過収益率に対する裾野への影響のリスクは必ずしも考慮されていない．

一方，式(13)より，ポートフォリオのI-共変動は，ベータと同様，個別資産のI-共変動を資産配分重みで加重平均したもので与えられる．また，市場ポートフォリオの2次以上のI-共変動は0であるので，ベータ・ニュートラル制約の他に，「スキュー・ニュートラル制約」あるいは「テール・ニュートラル制約」として，2次あるいは3次のI-共変動の加重平均が0であるという制約を付加すれば，ベータ・ニュートラル制約だけでは考慮されなかった非対称性リスク，あるいは裾野への影響リスクを低減化できることが期待される．

本論文の位置づけとしては，このようなI-共変動に関する制約を取り入れたポートフォリオ最適化やリスク管理手法について検討する前段階として，実際に日本市場でI-共変動が有意に観測されるかを検証することにある．I-共変動

---

[7] 本論文では，市場ユニバースにおける全銘柄に対して，I-共変動がプラス，あるいはマイナス方向で有意と判定された銘柄の割合を有意比率として定義する．

を考慮したポートフォリオ最適化やアクティブ・リターンとの関係，またリスク管理への適用法については，今後の課題としたい．

5　日本市場における I-共変動の有意性実証分析

本論文では，東証 1 部に上場している金融業を除いた銘柄に対し[8]，分析サイクルを日次とした上で，日経 NEEDS-Financial QUEST で株式価格の日次収益率データが取得可能な 1978 年 10 月 3 日を分析全期間の起点，2012 年 3 月 30 日を最終時点に設定する[9]．ただし，データ観測期間を一定以上確保するため，全期間を対象とする分析では，2012 年 3 月 30 日時点で過去 10 年以上上場している 1,084 銘柄を分析対象とする．また，個別資産の超過収益率 $R_{i,t}$，市場ポートフォリオの超過収益率 $R_{M,t}$ は，それぞれ式 (1) に基づき，個別銘柄の日次収益率，あるいは分析対象全銘柄の収益率の時価総額加重平均から無リスク利子率を差し引くことにより計算するものとする[10]．

5.1　全期間を対象とした分析

表 7-1 は，全期間における分析対象 1,084 銘柄に対して I-共変動を 6 次まで推定した結果の要約である．表 7-1 の第 1 段目は，$\beta_{iM}^{(i)}$，$i=1,\ldots,6$ の推計値および t 値の，クロスセクションにおける平均・標準偏差を示す．また，第 2 段目は，回帰係数を 0 とした片側 t 検定において，有意水準 5% で有意と判定された銘柄数の全対象銘柄数に対する割合（有意比率）を，プラス・マイナス

---

[8]　分析期間前月末時点の東証 33 業種分類に基づき，銀行業，証券・先物取引業，保険業，その他金融業の 4 業種を金融業と表す．

[9]　http://www.nikkei.co.jp/needs/services/fq.html 参照．なお，株式価格データは 1978 年 10 月 2 日を起点とする当日の調整済み終値を使用しているが，データ期間は日次収益率が実現される時点を基準とするため，1978 年 10 月 3 日を分析全期間の起点としている．

[10]　有担保コールローン翌日物を日次換算した値を無リスク利子率とする．なお，超過収益率の定義に式 (2) を採用した分析も実施したが，結果に差異は見られなかったので，本分析では式 (1) を用いた結果のみ掲載している．また，時価総額から計算される重みは，本来，時点とともに変化するのであるが，重みが時点に依存する場合は，期待値や分散・共分散を，それぞれ，条件付き期待値，条件付き分散・共分散に置き換えることで，本論文と同様の議論が可能である．

表7-1 $\beta_{iM}^{(k)}$ の推定結果（要約）と片側5％のt検定における有意比率

次　　数	$k=1$	$k=2$	$k=3$	$k=4$	$k=5$	$k=6$
推計値平均	0.844	−0.567	10.876	19.573	39.282	272.637
推計値標準偏差	0.231	1.097	13.505	61.725	237.826	1,517.070
t値平均	40.422	−1.055	2.073	0.462	0.066	0.129
t値標準偏差	13.228	2.081	2.429	1.380	0.640	0.564
プラス有意比率（％）	100.000	9.686	59.317	20.572	1.107	0.369
マイナス有意比率（％）	0.000	40.129	6.642	5.812	0.092	0.185

方向でそれぞれ計算したものである[11]．

　表7-1に示す結果から，まず，2次のI-共変動については，マイナス方向の有意性が高く，3次のI-共変動についてはプラス方向で有意性が高いことが分かる．また，有意と判定される銘柄の割合（プラス・マイナス有意比率の和）も，2次で全体の約50％，3次で全体の約65％と，個別銘柄に対する市場ポートフォリオの非対称な影響，および裾野部分の影響が多くの銘柄で観測されている．また，4次までは全体の25％強が有意と判定されるが，5, 6次については，有意と判定される銘柄の割合が数％以下と大きく低下することも見て取れる．なお，付録Bの表B-2に示すように，10次までのI-共変動についても同様に有意比率を計算したが，有意性は低下したままであった．

5.2 期間別分析

つぎに，分析期間を以下の期間1−4に4等分し，期間ごとのI-共変動有意比率を計算する[12]．

1： 1978/10/3 − 1986/4/22， 2： 1986/4/23 − 1994/9/21
3： 1994/9/22 − 2003/6/19， 4： 2003/6/20 − 2012/3/30

図7-3は，それぞれの期間におけるI-共変動の有意比率を示す．ただし，横

---

11) I-共変動の推定には，3.2で示した多段階回帰を用いる．また，I-共変動の推計値やt値のクロスセクションにおける中央値・最大値・最小値・歪度・尖度・上下x％点を除く平均と片側1％，片側10％の有意比率は，付録B表B-1に掲載．

12) 期間を4分割した分析においては，分析期間最終日から遡り，過去4年以上，上場している銘柄を分析対象とした．対象銘柄数は，期間1から順に，855, 1,018, 1,098, 1,449である．

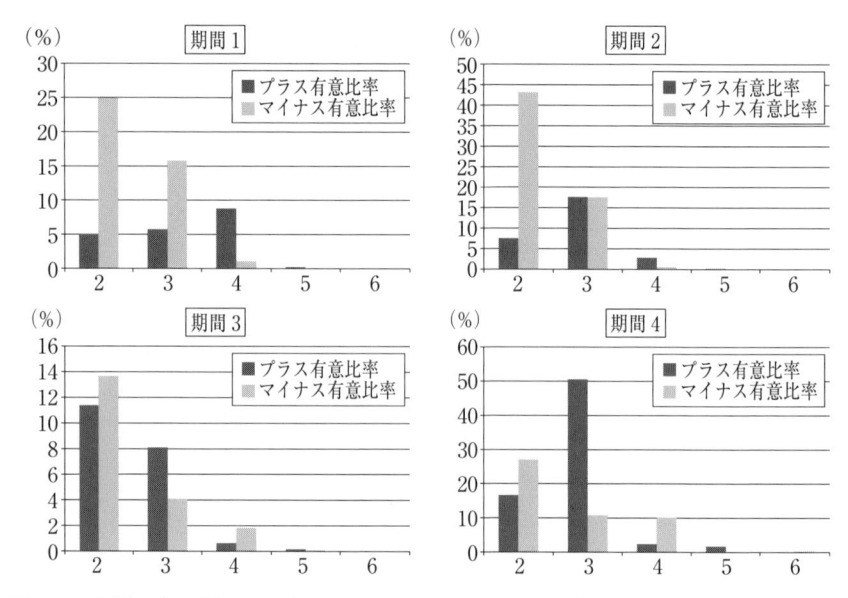

図7-3 全期間を4期間に分割した際のI-共変動の次数（横軸：2〜6次）と有意比率の関係

軸は，I-共変動の次数，縦軸はプラスあるいはマイナスの有意比率を表す．全期間の場合と同様に，2次，3次のI-共変動の有意比率が相対的に高く，5次以上のI-共変動の有意比率は数パーセント以下と低いことが分かる．また，期間1においては，2次のI-共変動はマイナス有意比率がプラスを大きく上回っているが，4次のI-共変動はプラス有意比率がマイナス有意比率を大きく上回っている．4次のI-共変動も2次のI-共変動と同様に，市場ポートフォリオの超過収益率に対する個別資産の超過収益率の非対称な影響を表しているが，2次関数$y=cx^2$の外側に4次関数$y=cx^4$が位置することに注意すると，4次のI-共変動はより分布のテール方向の非対称性を反映するものと考えられる．

図7-4は，2次，あるいは3次のI-共変動に対して，各期間（1〜4）の有意比率を表示したものである．期間2はバブル期（および崩壊期），期間4は直近の金融危機を含む期間であるが，期間2では2次I-共変動のマイナス有意比率が突出して高く，期間4では3次I-共変動のプラス有意比率が他に比べて高いことが分かる．

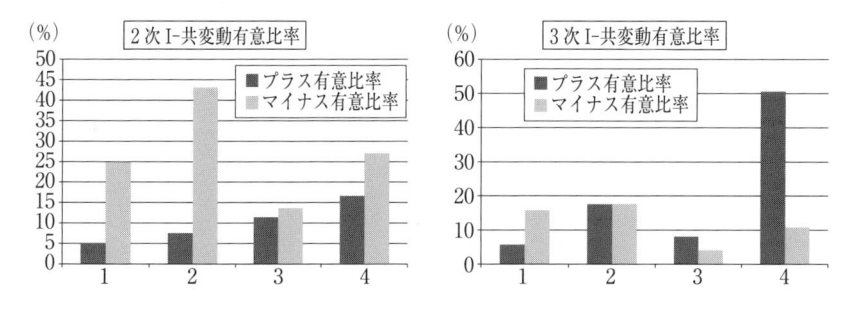

7 I-共変動：市場ユニバースにおける新たなリスク指標　185

図 7-4　全期間を 4 分割した際の期間 1〜4（横軸）に対する有意比率

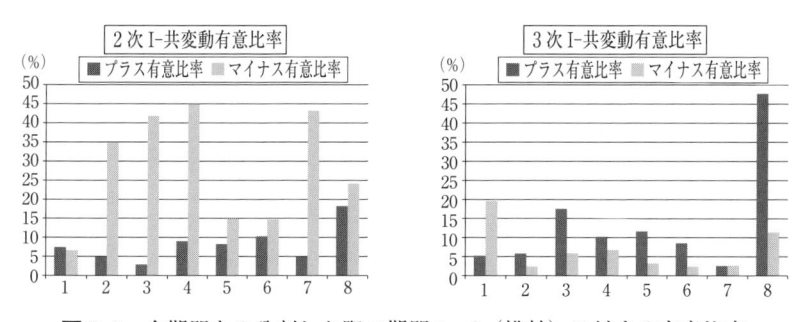

図 7-5　全期間を 8 分割した際の期間 1〜8（横軸）に対する有意比率

　各期間をさらに 2 分割することによって，全期間を以下のように 8 分割した結果を図 7-5 に示す．

1：1978/10/3 – 1982/7/13，2：1982/7/14 – 1986/4/22，
3：1986/4/23 – 1990/5/15，4：1990/5/16 – 1994/9/21，
5：1994/9/22 – 1999/2/3，6：1999/2/4 – 2003/6/19，
7：2003/6/20 – 2007/11/2，8：2007/11/5 – 2012/3/30

　図 7-5 における右図の 3 次 I-共変動有意比率については，サブプライムローン問題が表面化した 2007 年夏以降の期間 8 においてプラス有意比率が突出しており，昨今の金融危機に強く反応していることが分かる．一方，左図の 2 次 I-共変動有意比率については，マイナスの有意比率が期間 3〜4 と期間 7 において高い．期間 3 と期間 7 はともに，日経平均が上昇し続けた期間とほぼ一致しているが，両期間とも分析期間の直後にバブルの崩壊，あるいは金融危機が表面

化する期間でもあり，当該時期における市場の歪みの影響が2次I-共変動の有意比率に反映されていることが伺える．

5.3 属性別分析

最後に，分析対象を時価総額の大小，あるいは簿価・時価比率（B/P）の大小で層別した際の分析結果を示す．ここでは，分析期間における時価総額，あるいはB/Pの月末時点の値（月末値）を，個別銘柄ごとに計算した上で分析期間における期間平均を求め，期間平均値が低い順に対象全銘柄を5分割し（第1～5分位），各分位に対して層別分析を行う．

図7-6は，全期間を分析対象期間として時価総額で5分割した場合の，第1分位から第5分位の銘柄群に対して，それぞれ2次，3次のI-共変動を推定し，時価総額が低い順に左から5%水準の有意比率を示したものである．まず，2次I-共変動については，時価総額が低い分位の方がマイナス有意比率が高く，時価総額の高い分位の方がプラス有意比率が高くなる傾向にあることが分かる．一方，3次I-共変動については逆の傾向にあり，時価総額の低い銘柄ほどプラス有意比率が高く，時価総額が高くなるにつれプラス有意比率は低下し，マイナス有意比率が上昇する．ただし，3次I-共変動のプラス有意比率は，全ての分位において相対的にマイナス有意比率を大きく上回っている．

図7-7は，B/P比率の低い順に第1分位から第5分位で分割した銘柄群について，同じく5%水準の2次あるいは3次のI-共変動有意比率を計算したものである．分析結果から，B/P比率が高いほど2次I-共変動のマイナス有意比率，

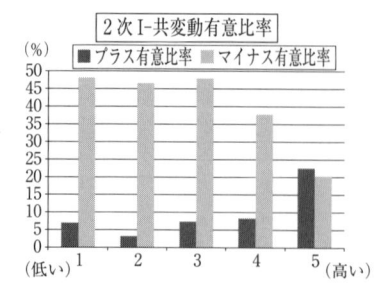

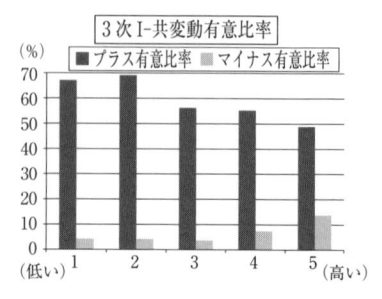

図7-6 時価総額別有意比率（左から第1分位，第2分位，...，第5分位の順）

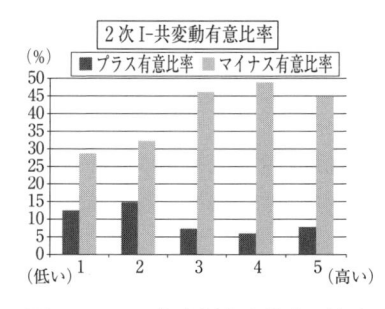

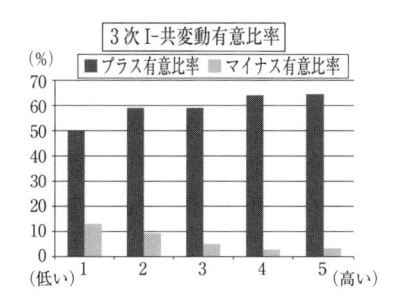

図 7-7　B/P 比率別有意比率（左から第 1 分位，第 2 分位，...，第 5 分位の順）

および 3 次 I-共変動のプラス有意比率がともに上昇することが分かる．一方，2 次 I-共変動のプラス有意比率については顕著な特徴はみられないものの，3 次 I-共変動のマイナス有意比率は，B/P 比率が低いほど上昇している．

6 おわりに

本論文では，I-共変動と呼ぶ新たなリスク評価指標を提案し，その性質について議論した．まず，I-共変動を，市場ポートフォリオ超過収益率の累乗の空間に対する個別資産超過収益率（あるいは前段階回帰の残差項）の直交射影を与える回帰係数によって定義し，2 次の I-共変動は市場ユニバースにおける個別資産収益率の分布の歪み，3 次の I-共変動は裾野の特性に関係することを述べた．つぎに，全ての資産収益率が正規分布に従う際に，2 次以上の I-共変動は全て 0 となること，および 2 次以上の I-共変動は，市場ポートフォリオの重みで加重平均すれば 0 になるという基準化条件を満たすことを示した．

I-共変動がもつこれらの性質を踏まえ，本論文では分析対象全銘柄に対する I-共変動が有意な銘柄の割合を I-共変動の有意比率と定義し，東証 1 部上場銘柄における I-共変動の有意性および期間別あるいは属性別の特徴について検証した．全期間を対象とした分析では，2 次の I-共変動はマイナス方向の有意性が高く，3 次の I-共変動についてはプラス方向で有意性が高いことが検出された．具体的には，5% 水準で有意と判定される銘柄の割合（プラス・マイナス有意比率の和）は 2 次で全体の約 50%，3 次で全体の約 65% と，個別銘柄に対す

る市場ポートフォリオの非対称な影響および裾野部分の影響が多くの銘柄で観測された．また，4次までのI-共変動は全体の25%以上が有意と判定されたが，5次以上については数%以下と大きく低下した．

期間別の分析では，3次I-共変動のプラス有意比率が直近の金融危機において強く反応した一方，2次のI-共変動は，日経平均が上昇し続けた期間，あるいはバブル崩壊期などの急激な下落を伴う期間にマイナス有意比率が高くなる傾向が見られた．さらに，属性別の分析では，2次I-共変動については，時価総額が低い分位の方がマイナス有意比率が高く，時価総額の高い分位の方がプラス有意比率が高くなる傾向にある一方，3次I-共変動については，時価総額の低い銘柄ほどプラス有意比率が高くなった．B/P比率の低い順に分割した場合では，B/P比率が高いほど2次I-共変動のマイナス有意比率および3次I-共変動のプラス有意比率がともに上昇し，3次I-共変動のマイナス有意比率は，B/P比率が低いほど上昇するという結果が得られた．

このように，本分析においては，日本市場において2次および3次のI-共変動が有意に観測されること，および期間別，あるいは属性別における特性がI-共変動に反映されることが分かった．今後の課題としては，Fama-Frenchの3ファクターモデルとの比較を含む，クロスセクションにおけるI-共変動のリスクプレミアムに与える影響分析が挙げられる．また，4.3で述べたように，I-共変動を考慮したポートフォリオ最適化やアクティブリターンとの関係，またリスク管理への適用についても，今後の課題として検討したい．

付録A．多項式回帰係数とI-共変動との関係

CAPMにおけるベータは，個別資産の超過収益率を市場ポートフォリオの超過収益率で単回帰した際の回帰係数を与えている．高次の共変動に対しても同様に，個別資産の超過収益率を市場ポートフォリオの超過とが収益率の累乗で多重回帰した，次式のような多項式回帰モデルを対応させることができる．

$$R_{i,t} = b_1 R_{M,t} + b_2 R_{M,t}^2 + \cdots + b_m R_{M,t}^m + \varepsilon_{i,t} \tag{A.1}$$

ただし，$\varepsilon_{i,t}$ は残差項であり，m は任意に与えられた多項式回帰モデルの次数である．本付録では，多項式回帰モデルにおける回帰係数の推定値と共変動およびI-共変動の関係を示し，さらに標準回帰モデルの仮定（例えば浅野ほか，2009）の下，I-共変動の標準誤差を計算する．

(A.1)式に対して直交条件

$$(b_1 R_{M,t} + b_2 R_{M,t}^2 + \cdots + b_m R_{M,t}^m) \perp \varepsilon_{i,t}$$

を当てはめると，直交射影を与える回帰係数 b_k^*, $k=1, \ldots, m$ について，次式が成り立つ．

$$\begin{bmatrix} b_1^* \\ b_2^* \\ \vdots \\ b_m^* \end{bmatrix} = \Sigma_M^{-1} \begin{bmatrix} C_{iM}^{(1)} \\ C_{iM}^{(2)} \\ \vdots \\ C_{iM}^{(m)} \end{bmatrix} \in \Re^m \tag{A.2}$$

ただし，$\Sigma_M \in \Re^{m \times m}$ は，$[k, l]$-成分が以下のように与えられる $R_{M,t}, \ldots, R_{M,t}^m$ の共分散行列である．

$$\Sigma_M[k, l] = \mathrm{Cov}(R_{M,t}^k, R_{M,t}^l), \, k, l=1, \ldots, m \tag{A.3}$$

時点 $t=1, 2, \ldots, T$ における $R_{i,t}, R_{M,t}$ の観測値に対し，b_k^* ($k=1, \ldots, m$) の標本推定量を $\hat{b}_k$，$\hat{b}_k$ を第 k 成分とする回帰係数の標本推定量ベクトルを $\hat{b} \in \Re^m$ とする．このとき，$\hat{b} \in \Re^m$ は次式のように記述される．

$$\hat{b} = (X^\top X)^{-1} X^\top Y, \, X \in \Re^{T \times m}, \, Y \in \Re^T \tag{A.4}$$

$$X[t, k] := R_{M,t}^k - \overline{R_{M,t}^k}, \, Y[t] := R_{i,t}^k, \, t=1, \ldots, T, \, k=1, \ldots, m$$

ただし，$\overline{R_{M,t}^k}$ は，$R_{M,t}^k$ の標本平均を表す．また，ここでは，

$$\hat{\Sigma}_M := X^\top X \in \Re^{m \times m}$$

とおく．

回帰残差 $\varepsilon_{i,t}$ について，標準回帰モデル（例えば浅野ほか，2009）における均一分散条件および無相関条件，

$$\mathrm{Var}[\varepsilon_{i,t}] = \sigma_i^2, \ \mathrm{Cov}[\varepsilon_{i,t}, \varepsilon_{i,s}] = 0 \quad (t, s=1, \ldots, T, t \neq s)$$

を適用すると，

$$\mathbb{V}(Y) = \mathbb{V}(e) = \sigma_i^2 I \in \Re^{T \times T} \tag{A.5}$$

である．ただし，$e \in \Re^T$ は，第 t 要素が $\varepsilon_{i,t}$ で与えられるベクトルであり，$\mathbb{V}(Y)$，$\mathbb{V}(e)$ は，それぞれ，Y，e の共分散行列を表す．このとき，$\hat{b}$ の共分散行列 $\mathbb{V}(\hat{b})$ は以下のように与えられる．

$$\begin{aligned}\mathbb{V}(\hat{b}) &= \sigma_i^2 (X^\top X)^{-1} X^\top X (X^\top X)^{-1} \\ &= \sigma_i^2 \hat{\Sigma}_M^{-1}\end{aligned} \tag{A.6}$$

さらに，式(16)において，L_M が共分散行列 Σ_M と対角成分以下は等しい下三角行列であることに注意すると，時点 $t=1, 2, \ldots, T$ における $R_{i,t}$，$R_{M,t}$ の観測値が与えられた場合の，k 次の I-共変動 $\beta_{iM}^{(k)}$ の標本推定値を第 k 成分にもつベクトル $\hat{\beta} \in \Re^m$ について，次式が成り立つ．

$$\hat{\beta} = \hat{L}_M^{-1} X^\top Y \in \Re^m \tag{A.7}$$

ただし，$\hat{L}_M \in \Re^{m \times m}$ は，$\hat{\Sigma}_M$ の対角要素以下の成分をもつ下三角行列であり，$\hat{\Sigma}_M$ の (i, j)-成分を，

$$\hat{\Sigma}_M[i, j] = S_{ij} (i, j=1, \ldots, m)$$

とすれば[13]，

$$\hat{L}_M = \begin{bmatrix} S_{11} & 0 & 0 & \cdots & 0 \\ S_{12} & S_{22} & 0 & \cdots & 0 \\ S_{13} & S_{23} & S_{33} & \ddots & \vdots \\ \vdots & \vdots & \ddots & \ddots & 0 \\ S_{1m} & S_{2m} & \cdots & S_{(m-1)m} & S_{mm} \end{bmatrix}$$

のように表現される．このとき，Y の分散，共分散について，式(A.6)を導出した際と同様の標準回帰モデルの仮定が成り立つとすると，$\hat{\beta} \in \Re^m$ の共分散行列は次式を満たす．

$$\mathbb{V}(\hat{\beta}) = \sigma_i^2 \hat{L}_M^{-1} \hat{\Sigma}_M \hat{L}_M^{-\top} \tag{A.8}$$

---

[13] $\hat{\Sigma}_M$ は対称行列であるので，$S_{ji} = S_{ij}$ $(i, j=1, \ldots, m)$ が成り立つことに注意する．

ここで，$\hat{b}$, $\hat{\beta}$ の共分散行列を，それぞれ，
$$V_b = \mathbb{V}(\hat{b}), \quad V_\beta = \mathbb{V}(\hat{\beta})$$
のように表記する．このとき，V_b の (k, k)-成分は $\hat{b}_k$ の分散を与え，

$$V_b[k, k] = \frac{\sigma_i^2}{S_{kk}} \times \mathrm{VIF}_k, \quad k = 1, \ldots, m \tag{A.9}$$

が成り立つ．ただし，VIF_k は，回帰式(A.1)における k 番目の説明変数に対する VIF（Variance Inflation Factor：分散拡大要因）である．VIF とは，回帰係数の分散が当該説明変数のみで単回帰した場合の分散に対してどれだけ増幅されるかを表す指標であり，標準回帰モデルにおける仮定の下，VIF_k は次のように与えられることが知られている（浅野ほか，2009）．

$$\mathrm{VIF}_k = \frac{1}{1 - \hat{R}_k^2}, \quad k = 1, \ldots, m \tag{A.10}$$

ただし，$\hat{R}_k^2$ は，k 番目の説明変数を，それ以外の説明変数で回帰した際の決定係数である．$0 \leq \hat{R}_k^2 \leq 1$ より，$\mathrm{VIF}_k \geq 1$ であることに注意すると，

$$V_b[k, k] \geq \frac{\sigma_i^2}{S_{kk}} \tag{A.11}$$

が成り立つ．

一方，k 次のI-共変動の分散を与える $V_\beta[k, k]$ について，以下の命題が成立することを示すことができる．

命題1 k 次のI-共変動の分散 $V_\beta[k, k]$ について，次式が成り立つ．

$$V_\beta[k, k] \leq \frac{\sigma_i^2}{S_{kk}}, \quad k = 1, \ldots, m \tag{A.12}$$

証明 ここでは，$k = m$ の場合について，式(A.12)が成り立つことを示す．ただし，$k = 1, \ldots, m-1$ の場合も同様である．

まず，$\hat{\Sigma}_M, \hat{L}_M$ を以下のように分解して表記する．

$$\hat{\Sigma}_M = \begin{bmatrix} S_{m-1} & s \\ s^\top & S_{mm} \end{bmatrix}, \quad S_{m-1} \in \Re^{(m-1) \times (m-1)}, \quad s \in \Re^{(m-1)} \tag{A.13}$$

$$\hat{L}_M = \begin{bmatrix} L_{m-1} & 0 \\ s^\top & S_{mm} \end{bmatrix}, \quad L_{m-1} \in \Re^{(m-1) \times (m-1)} \tag{A.14}$$

このとき，逆行列の公式[14] より，

であることに注意すると，

$$\hat{L}_M^{-1} = \begin{bmatrix} L_{m-1}^{-1} & 0 \\ -S_{mm}^{-1}\boldsymbol{s}^\top L_{m-1}^{-1} & S_{mm}^{-1} \end{bmatrix}$$

$$\hat{L}_M^{-1}\hat{\Sigma}_M\hat{L}_M^{-\top} = \begin{bmatrix} L_{m-1}^{-1}S_{m-1}L_{m-1}^{-\top} & * \\ * & S_{mm}^{-1}\boldsymbol{s}^\top L_{m-1}^{-1}S_{m-1}L_{m-1}^{-\top}\boldsymbol{s}S_{mm}^{-1} - \\ & S_{mm}^{-1}\boldsymbol{s}^\top L_{m-1}^{-\top}\boldsymbol{s}S_{mm}^{-1} - S_{mm}^{-1}\boldsymbol{s}^\top L_{m-1}^{-1}\boldsymbol{s}S_{mm}^{-1} + S_{mm}^{-1} \end{bmatrix}$$

が成り立ち，$V_\beta[m, m]$ は以下のように計算される[15]．

$$\begin{aligned}V_\beta[m, m] &= \sigma_i^2 [S_{mm}^{-1}\boldsymbol{s}^\top L_{m-1}^{-1}S_{m-1}L_{m-1}^{-\top}\boldsymbol{s}S_{mm}^{-1} - S_{mm}^{-1}\boldsymbol{s}^\top L_{m-1}^{-\top}\boldsymbol{s}S_{mm}^{-1} - S_{mm}^{-1}\boldsymbol{s}^\top L_{m-1}^{-1}\boldsymbol{s} \\ &\quad S_{mm}^{-1} + S_{mm}^{-1}] \\ &= \sigma_i^2 [S_{mm}^{-1}\boldsymbol{s}^\top L_{m-1}^{-1}(S_{m-1} - L_{m-1} - L_{m-1}^\top)L_{m-1}^{-\top}\boldsymbol{s}S_{mm}^{-1} + S_{mm}^{-1}] \\ &= \sigma_i^2 [-S_{mm}^{-1}\boldsymbol{s}^\top L_{m-1}^{-1}\mathrm{diag}[S_{11},\ldots,S_{(m-1)(m-1)}]L_{m-1}^{-\top}\boldsymbol{s}S_{mm}^{-1} + S_{mm}^{-1}] \\ &\leq \sigma_i^2 S_{mm}^{-1}\end{aligned}$$

結果として，$k = m$ について，式(A.12)が成り立つ．

標準回帰モデルの仮定の下ではあるものの，命題1は，k 次 I-共変動の標準誤差が，$R_{i,t}$ を被説明変数 $R_{M,t}^k$ を説明変数とする単回帰係数の標準誤差以下となることを示す．なお，式(A.15)より，m 次 I-共変動の分散は，以下のように計算されることに注意する．

$$V_\beta[m, m] = \sigma_i^2 [-S_{mm}^{-1}\boldsymbol{s}^\top L_{m-1}^{-1}\mathrm{diag}[S_{11},\ldots,S_{(m-1)(m-1)}]L_{m-1}^{-\top}\boldsymbol{s}S_{mm}^{-1} + S_{mm}^{-1}]$$
(A.16)

一方，$V_b[m, m]$ については，$\hat{\Sigma}_M$ に逆行列の公式(例えば，児玉ほか，1992)を適用することにより，

$$V_b[m, m] = \sigma_i^2 (S_{mm} - \boldsymbol{s}^\top S_{m-1}^{-1}\boldsymbol{s})^{-1}$$
(A.17)

が成立する．

付録B. I-共変動推定量に関するその他の統計量と7次以上のI-共変動有意比率

5.1における全期間を対象とした分析の表5-1と同一のデータに対し，クロスセクションにおけるその他の統計量および片側1%–10%の有意比率を表B-

---

14) 文献，児玉ほか（1992）pp. 41-43 参照．

15) ただし，$\mathrm{diag}[a_1,\ldots,a_j] \in \Re^{j \times j}$ は，$a_1,\ldots,a_j$ を対角成分にもつ対角行列である．

7 I-共変動：市場ユニバースにおける新たなリスク指標　193

1に示す．また，より高次（$k=7, \ldots, 10$）のI-共変動の片側5%有意比率と推定結果要約を表B-2に示す．

表 B-1 $\beta_{iM}^{(k)}$の推定結果（中央値・最大値・最小値・歪度・尖度・上下x%点を除く平均）と有意比率（片側1% – 10%）．ただし，尖度は，正規分布において0となる超過尖度を算出．

次数	$k=1$	$k=2$	$k=3$	$k=4$	$k=5$	$k=6$
【推計値】						
中央値	0.840	−0.635	10.891	17.232	17.601	287.831
最大値	1.452	5.029	82.809	218.987	1,284.840	5,477.599
最小値	0.237	−4.434	−46.239	−167.233	−604.909	−6,218.199
歪度	0.048	0.464	0.210	0.091	0.662	−0.214
尖度	−0.634	1.195	2.118	0.020	1.461	0.707
1%（99%）点超を除く平均	0.844	−0.578	10.791	19.465	36.198	279.969
5%（95%）点超を除く平均	0.843	−0.597	10.786	19.371	31.029	288.958
10%（95%）点超を除く平均	0.842	−0.601	10.879	19.166	28.080	293.883
【t値】						
中央値	39.098	−1.191	2.114	0.375	0.055	0.115
最大値	88.401	5.891	12.218	5.537	2.901	2.141
最小値	14.231	−7.880	−5.918	−4.172	−1.862	−2.333
歪度	0.589	0.384	0.009	0.103	0.291	0.014
尖度	0.016	0.379	0.512	0.064	0.623	0.454
1%（99%）点超を除く平均	40.260	−1.066	2.067	0.460	0.061	0.130
5%（95%）点超を除く平均	39.857	−1.110	2.076	0.456	0.056	0.129
10%（90%）点超を除く平均	39.569	−1.135	2.094	0.446	0.055	0.127
【プラス有意比率】	(%)	(%)	(%)	(%)	(%)	(%)
片側1%	100.000	6.273	46.402	9.502	0.277	0.000
片側5%	100.000	9.686	59.317	20.572	1.107	0.369
片側10%	100.000	12.638	64.668	27.860	2.768	2.399
【マイナス有意比率】	(%)	(%)	(%)	(%)	(%)	(%)
片側1%	0.000	26.292	3.782	1.568	0.000	0.092
片側5%	0.000	40.129	6.642	5.812	0.092	0.185
片側10%	0.000	48.247	8.856	9.041	1.292	0.830

表 B-2 次数$k=7, \ldots, 10$の場合のI-共変動推定結果（要約）と片側5%有意比率

次数	$k=7$	$k=8$	$k=9$	$k=10$
推計値平均	2,017.431	9,469.285	92,981.087	360,327.003
推計値標準偏差	6,957.883	48,701.899	236,960.064	1,669,314.625
t値平均	0.074	0.084	0.070	0.059
t値標準偏差	0.322	0.322	0.207	0.206
プラス有意比率（%）	0.092	0.000	0.000	0.000
マイナス有意比率（%）	0.000	0.000	0.000	0.000

〔参考文献〕

浅野・中村 (2009), "計量経済学" 第2版, 有斐閣.

久保田・竹原 (2007), "Fama-French ファクターモデルの有効性の再検討" 現代ファイナンス, 22, 3-23.

児玉・須田 (1992), "システム制御のためのマトリクス理論" 第2版, (社)計測自動制御学会.

竹原 (2008), "コントラリアン戦略, 流動性リスクと期待リターン：市場効率性の再検証"『ファイナンシャル・テクノロジーの過去・現在・未来』, 三菱UFJトラスト投資工学研究所, 407-430.

Bouchaud, J-P. and M. Potters (2000), *Theory of Financial Risks*, Cambridge University Press.

Carhart, M.M. (1997), "On persistence in mutual fund performance", *Journal of Finance*, 52 (1), 57-82.

Christie-David, R. and M. Chaudhry (2001), "Coskewness and cokurtosis in futures markets", *Journal of Empirical Finance*, 8, 55-81.

Chung, Y.P., H. Johnson and M. Schill (2006), "Asset pricing when returns are nonnormal: Fama-French factors vs. higher-order systematic comoments", *Journal of Business*, 79 (2): 923-940.

Dittmar, R.F. (2002), "Nonlinear pricing kernels, kurtosis preference, and evidence from the cross-section of equity returns", *Journal of Finance*, 51, 369-403.

Fama, E.F. and K.R. French (1993), "Common risk factors in the returns on stocks and bonds", *Journal of Financial Economics*, 33 (1), 3-56.

Fang, H. and T.-Y. Lai (1997), "Co-kurtosis and capital asset pricing", *Financial Review*, 32, 293-307.

Harvey, C. and A. Siddique (2000), "Conditional skewness in asset pricing tests", *Journal of Finance*, 55, 1263-1295.

Kraus, A. and R. Litzenberger (1976), "Skewness preference and the valuation of risk assets", *Journal of Finance*, 31, 1085-1100.

Lintner, J. (1965), "The valuation of risk assets and the selection of risky investments in stock portfolios and capital budgets", *Review of Economics and Statistics*, 13-37.

Malevergne, Y. and D. Sornette (2006), *Extreme Financial Risks: From Dependence to Risk Management*, Springer.

Mandelbrot, B.B. (1997), *Fractals and Scaling in Finance: Discontinuity, Concen-*

trations, Risk, Springer, New York.

Pastor, L. and R.F. Stambaugh (2003), "Liquidity risk and expected stock returns", *Journal of Political Economy*, **111** (3), 642-685.

W. Sharpe (1964), "Capital asset prices : a theory of market equilibrium under conditions of risk", *Journal of Finance*, **19**, 425-442.

(山田雄二:筑波大学ビジネスサイエンス系)
(吉野貴晶:大和証券株式会社 投資戦略部)
(斉藤哲朗:大和証券株式会社 投資戦略部)

8 Time-changed Lévy 過程の下での アメリカンオプションの評価

杉浦大輔・今井潤一

概要 オプションの評価において，原資産価格が従う確率過程には，これまでの実証研究で示されている資産価格のジャンプ，確率的なボラティリティの変動，株価とボラティリティの相関を考慮することが望ましいが，これまでの研究においてアメリカンオプションの評価に用いられてきた Black-Scholes モデルや，Heston の確率ボラティリティモデルではこの現象を説明しきれない．そこで本稿では，これらを考慮することのできる Time-changed Lévy 過程に属する NIG(Normal Inverse Gaussian) - CIR (Cox-Ingersoll-Ross) 過程の下で，アメリカンオプションの評価を最小二乗モンテカルロ法を用いて行う．そして，NIG-CIR 過程の下で求めた価格と早期行使境界が，Black-Scholes モデル，Heston モデル，NIG 過程の下で求めたものと比較して，想定する確率過程がアメリカンオプションの最適行使境界に与える影響について検証する．本研究の数値実験により，アメリカン・プットオプションの価格は原資産にジャンプを入れた過程では低く評価され，ボラティリティ変動を考慮すると，高く評価されることが明らかになる．

キーワード：Time-changed Lévy 過程，NIG-CIR 過程，アメリカンオプション，最小二乗モンテカルロ法，早期行使境界．

1 はじめに

デリバティブの代表的な商品の一つであるヨーロピアンコールオプションの理論価格の導出に用いられる Black-Scholes モデル（以下 BS モデル）が提案された 1973 年以降，オプション価格評価は，理論と実務が共に大きく発展した．BS モデルにおいては，原資産が従う確率過程を幾何ブラウン運動と想定している．つまり，BS モデルでは原資産の収益率分布に正規性を仮定している．しか

し，過去の実証研究の結果により，市場で観察される収益率は正規分布に従っておらず，BS モデルの仮定には限界が生じている事が分かっている．このような背景から，より正確な資産価格のモデリングのためには，stylized fact を反映させる必要がある．stylized fact とは，市場の特性を表す統計的特徴であり，株式市場が持つ stylized fact に関しては，例えば Cont（2001）が詳しく議論している．多くの先行研究が指摘している，重要な stylized fact として，ファットテイル（fat tail），確率的なボラティリティの変動，レバレッジ効果（leverage effect）が挙げられる．本稿では，これら3つの要因を含んだモデルを想定し，その上でアメリカンオプションの評価問題を分析する．

ファットテイルとは，平均から極端に離れた事象の発生する確率が正規分布から予想される確率よりも高い現象である．ファットテイル性をモデリングに反映させることで，金融危機に見られるような資産価格のジャンプを考慮することができる．多くの理論研究ではジャンプを考慮した確率過程として，Lévy 過程の導入を提案している．Lévy 過程とは，その増分が，独立で同一な無限分解可能分布として表される確率過程である．本稿では，Lévy 過程の中でも Barndorff-Nielsen（1998）が提案した NIG（Normal Inverse Gaussian）過程を扱う．NIG 過程は，その増分が NIG 分布に従う Lévy 過程である．Schoutens（2003）は，原資産が NIG 過程に従っている時のヨーロピアンオプションの評価を行っている．

ボラティリティはオプション価格に重要な影響を及ぼすことが知られている．BS モデルでは，このボラティリティが一定であると仮定して，価格の導出が行われているが，現実の金融市場ではボラティリティの水準は持続性を持つものの一定ではないことが観察されており，一度ボラティリティが高くなるとしばらく高い状態が続く．このような現象をボラティリティクラスタリングといい，ボラティリティはその水準に持続性を示しながら時間の経過とともに変動していく．また，レバレッジ効果とは，株価が上がった日の翌日よりも下がった日の翌日の方がボラティリティがより上昇する現象である．これは，原資産株価とボラティリティとの間には負の相関があることを示唆している．レバレッジ効果の詳細は Nelson（1991），Black（1976）で議論されている．これらのボラティリティ変動を考慮したオプション価格評価モデルに確率ボラティリテ

ィモデル（Stochastic Volatility model，以下 SV モデル）がある．特に，連続時間における SV モデルにおいては，Heston（1993）や，Hull and White（1987）によるモデルが代表的で，より詳しい議論は Barndorff-Nielsen, Nicolato and Shephard（2002）で行われている．

本稿では，以上3つの stylized fact をすべて考慮することができる確率過程として Carr and Wu（2004），Carr et al.（2003）によって提案されている Time-changed Lévy 過程（時間変更済み Lévy 過程）を用いる．Time-changed Lévy 過程は，ファットテイル性を含む Lévy 過程に stochastic time change（確率的時間変更）の概念を加えることで，ボラティリティクラスタリング，レバレッジ効果も表現することのできるモデルである．time change は確率論において重要な技法であり，Mandelbrot and Taylor（1967）によって金融に応用された．実時間を表す元の時間軸を calendar time（暦時刻）という．また，新たな時間軸が確率的な挙動をするとき，特に stochastic time change と呼ばれ，このときの時間軸を business time（ビジネス時間）という．time change のより詳しい議論については林（2009）を参照するとよい．Schoutens（2003）は，原資産が Time-changed Lévy 過程に従うときのオプション評価を行い，原資産が Lévy 過程や SV モデルに従うときと比べて実データへの当てはまりが良いことを示している．

アメリカンスタイルのデリバティブの価格評価は，数理ファイナンスの重要なトピックの一つである．アメリカンスタイルのデリバティブとは，満期，あるいは満期前の任意の時刻において保有者がその証券に関して意思決定できる証券である．本稿で扱うアメリカン・プットオプションは，満期あるいは，満期前の任意の時刻において保有者が行使価格で証券を売却できる権利である．この早期行使の特性により，アメリカンオプションは同種のヨーロピアンオプションの価値と同等，あるいはそれ以上の価値を持つ．アメリカンオプションの価値は，直ちに行使した際に得られるペイオフを下回ることはない．このペイオフをオプションの本源的価値という．逆に，権利を行使せずに，オプションを保持していた場合に将来得られるであろうキャッシュフローの価値を継続価値という．各時点における本源的価値と継続価値を比較し，本源的価値が大きいときはアメリカンオプションを行使し，継続価値が大きいときは行使せず

に保持するのが，合理的投資家の基本的な考え方である．

アメリカンオプションの最適行使問題は継続価値を求めるという点で解析的に分析することが困難な問題であり，BS モデルにおいてさえ，アメリカン・プットオプションの価格の単純な解析解は得られていない．よって，価格を得るためには数値計算法を用いることが一般的である．本稿では，数値計算法にモンテカルロ法を用いる．かつてアメリカンオプションをモンテカルロ法で解くことは不可能であると考えられていたが，Tilly（1993）が初めてモンテカルロ法を用いたアメリカンオプションの評価法を提案して以来，様々な手法が提案されている．

本稿では，Carriere（1996），Longstaff and Schwartz（2001）により提案された最小二乗モンテカルロ法（Least Squares Monte Carlo algorithm，以下 LSM アルゴリズム）により，継続価値を求めることでアメリカンオプションを評価する．LSM アルゴリズムでは，継続価値を最小二乗法によって推定するアルゴリズムである．LSM アルゴリズムによるデリバティブの評価例は Longstaff and Schwartz（2001）を参照するとよい．本稿で扱うアメリカン・プットオプションには，株価がある程度下がると，そこで権利行使するのが最適となるような株価が存在し，これは最適行使境界と呼ばれる．LSM アルゴリズムで求めた各時点でのアメリカンオプションの継続価値は，その時点の株価の関数として記述できるため，最適行使境界を求めることが可能である．

LSM アルゴリズムが提案されて以来，BS モデルよりも現実の株価にあてはまりの良い確率過程を用いた拡張がされてきている．ボラティリティクラスタリング，レバレッジ効果を考慮することができる Heston モデルは，標準ブラウン運動に Cox, Ingersoll and Ross（1985）により提案された CIR モデルによる time change を加えたモデルとして表すことができる．AitSahlia（2010）では，原資産が BS モデルと Heston モデルの下で LSM アルゴリズムを用いた数値実験を行っている．しかし，Heston モデルで株価とボラティリティの相関係数が変わったときの影響までは検証されていない．また，AitSahlia（2010）は Heston モデルの下での実証分析を行っている．Medvedev and Scaillet（2010）では，確率的なボラティリティの変動に加えて，金利の確率的変動も考慮したモデルを数値実験を用いて分析している．一方，原資産がジャンプを含

む過程に従うとした拡張は Chockalingam and Muthuraman（2010）によるジャンプ拡散過程での数値実験による分析にとどまっている．

　Time-changed Lévy 過程は，これまで提案されてきた連続モデルの中でも最も現実の株価の挙動を表現することのできる確率過程の一つであるにも関わらず，オプションの価格評価に関する数値実験を扱う研究は Carr and Itkin (2010) 等の例外を除き，十分に行われていないのが現状である．まして早期行使の特性により評価が難しくなるアメリカンオプションの価格評価を行っている研究は，原資産がジャンプを含む Lévy 過程に従うときでさえされていないのが現状である．アメリカンオプションの行使戦略に大きく影響を与える早期行使境界の導出は，AitSahlia（2010）により，Heston モデルに従うときではされているものの，原資産が Lévy 過程，Time-changed Lévy 過程に従うときのアメリカンオプションの早期行使境界の導出はこれまでされていない．また，原資産が確率ボラティリティモデルに従うときのアメリカンオプションの評価に関する研究は多く行われているが，ボラティリティの変動の大きさ，レバレッジ効果の度合いがアメリカンオプションの価格，行使戦略に与える影響までは分析が十分にされていない．より現実に即した確率過程を用いてアメリカンオプションの評価問題を分析したときに，これまでの研究で用いられてきたモデルで評価したときとどのような違いがあるかを分析することは，アメリカンオプションの保有者の行使に直接関わる問題であるといえる．

　そこで本稿では，原資産が Time-changed Lévy 過程に従うときのアメリカン・プットオプションの評価を行う．そして，ファットテイル，確率的なボラティリティの変動，レバレッジ効果が，それぞれアメリカン・プットオプションの行使戦略に与える影響の大きさを検証する．それぞれの stylized fact の影響を見るために，BS モデル，NIG 過程，Heston モデルにおいてもアメリカン・プットオプションの価格評価，早期行使境界の導出も行い，Time-changed Lévy 過程の下でのアメリカンオプションの評価価値との比較分析を行う．本稿で用いる Time-changed Lévy 過程として，NIG(Normal Inverse Gaussian)-CIR(Cox-Ingersoll-Ross) 過程を用いる．NIG-CIR 過程は，NIG 過程に CIR モデルによる time change を加えたモデルに対応しており，ボラティリティ変動に CIR モデルが関わる点で Heston モデルと共通している．本稿では，原資

産が BS モデルと NIG 過程に従うときのアメリカン・プットオプションの価格と最適行使境界を比較することで，ファットテイルの影響を見る．同様にして，原資産が BS モデルと Heston モデルに従うときのアメリカン・プットオプションの価格，最適行使境界を比較することで，確率的なボラティリティの変動，レバレッジ効果，それぞれの影響を見る．原資産が BS モデル，NIG 過程，NIG-CIR 過程に従うときのアメリカン・プットオプションの価格，最適行使境界を比較することで，ファットテイル，確率的なボラティリティの変動，レバレッジ効果の影響を同時に見る．LSM アルゴリズムは，アメリカンオプションを評価する上で，継続価値を効率的に求めることができる，多次元問題への応用が可能である等の利点のある強力な手法で，これまで多くの研究者が関心を寄せてきた手法である．一方で，LSM アルゴリズムの限界も指摘されており，準乱数を用いた数値計算の効率化，継続価値の精緻化に関する研究も多数行われている．また，LSM アルゴリズムで求めた早期行使境界の精度を上げようと試みる研究も行われているが，本稿では，早期行使境界は LSM アルゴリズムを用いて導出し，LSM アルゴリズムの，どの確率過程のサンプルパスでも，評価を行えるという利点を生かし，BS モデル，各 stylized fact を考慮した確率過程に従う時の行使境界の形状の変化を考察することに重点を置く．

　本稿で行う数値実験の結果，次のことが明らかにされる．第一に，ファットテイル性を考慮すると，アメリカン・プットオプションの価格はどの行使価格においても低く評価され，ヨーロピアン・プットオプションの価格は高く評価される．早期行使境界は満期直前までほぼ一定となり，初期時点の近くでは権利行使しやすく，満期が近づくにつれ権利行使しにくくなる．第二に，確率的なボラティリティの変動を考慮すると，ボラティリティのボラティリティが大きい状態ではアメリカン・プットオプションの価格は高くなるが，早期行使価値は小さくなる．早期行使境界はボラティリティのボラティリティが大きくなるほど低くなる傾向が見られ，権利行使しにくくなる．第三に，レバレッジ効果を考慮すると，アメリカン・プットオプションの価格は高くなるが，早期行使価値は極めて小さくなる．NIG-CIR 過程の下でアメリカン・プットオプションの評価を行い，ジャンプを考慮した上でボラティリティの変動を考慮すると，NIG 過程に従うときと比べ，アメリカン・プットオプションの価格は，初期時

点がアウトオブザマネーの状態になるに従い高く評価される.また,ヨーロピアン・プットオプションの価格は,初期時点がアウトオブザマネーのときには高く評価され,インザマネーのときは低く評価されるため,早期行使価値は,初期時点がインザマネーの状態になるに従い高く評価される.よって,より現実に即した確率過程を想定してアメリカン・プットオプションの価格評価と行使境界の導出を行うことで,アメリカン・プットオプションの買い手は,満期に近づくにつれ,BSモデルで評価したときと比べ,より株価が下がったときに権利を行使するのが良いことが分かる.

本論文の構成は以下の通りである.セクション2では,まずTime-changed Lévy過程を導入する.続いて,本稿で数値実験に用いるBSモデル,NIG過程,Hestonモデル,NIG-CIR過程を紹介し,価格評価に用いるエッシャー変換を説明し,シミュレーション方法について述べる.セクション3ではまず,アメリカンオプションの価格評価に関する全般的な枠組みを説明した後,LSMアルゴリズムを紹介する.セクション4ではアメリカン・プットオプションの原資産がBSモデル,NIG過程,Hestonモデル,NIG-CIR過程に従っている場合について数値実験を行い,比較,考察を行う.最後にセクション5で結論を述べる.

2 Time-changed Lévy過程

本稿では,確率空間 $(\Omega, \mathcal{F}, \mathbb{P})$ のもとで,Time-changed Lévy過程が定義されているとする.ただし,Ω を標本空間,$\mathcal{F}$ を Ω の部分集合からなる σ-加法族,$\mathbb{P}$ を確率測度とする.また,裁定機会が存在しないと仮定して,同値マルチンゲール測度 $\mathbb{Q}$ の存在を仮定する.

2.1 Time-changed Lévy過程

2.1では,Carr and Wu (2004),Carr et al (2003) が提案したTime-changed Lévy過程について述べる.まず,Time-changed Lévy過程を定義する上で必要な subordinator(劣後過程)を説明する.subordinatorとは,単調非減少のLévy過程を言う.Lévy過程とは,その増分が,独立で同一な無限分

解可能分布として表される確率過程であり，詳細は Applebaum (2003) を参照すると良い．time change は subordinator の重要な応用先である．Applebaum (2003) によると，以下の定理が成り立つ．

定理 2.1.1 任意の Lévy 過程 $X = \{X_t, t \geq 0\}$ と，それと同一の確率空間上にある，X とは独立な subordinator $\mathcal{T} = \{\mathcal{T}_t, t \geq 0\}$ とによって，新たな確率過程 Y を，

$$Y_t = X_{\mathcal{T}_t}$$

によって定義する．このとき，Y もまた Lévy 過程である．

0 以上の正の実数全体の集合を $\mathbb{R}^+$ とする．Time-changed Lévy モデルは二つの集合 $\mathbb{T}, \mathbb{S} \subset \mathbb{R}^+$ に対して，実時間 $t \in \mathbb{T}$ とともに動く Lévy 過程 $Y = \{(Y_t)_{t \in \mathbb{T}}, t \geq 0\}$ が，t とは別の時間軸 $s \in \mathbb{S}$ で動く Lévy 過程 $X = \{(X_s)_{s \in \mathbb{S}}, t \geq 0\}$ と，subordinator $\mathcal{T} = \{(\mathcal{T}_t)_{t \in \mathbb{T}}, t \geq 0\}$ とによって，以下のように記述される．

$$Y_t = X_{\mathcal{T}_t}$$

$\mathcal{T}_t$ は，正の値を取る Lévy 過程 $v(s)$ によって表される．

$$\mathcal{T}_t = \int_0^t v(s) \, ds$$

$v(t)$ を instantaneous business (activity) rate，$\mathcal{T}_t$ を business (activity) time，t を calendar time，X_t を background Lévy 過程，Y_t を time-changed Lévy 過程という．time change とは，$\mathcal{T}_t$ による X から Y への変換操作を指す．特に $\mathcal{T}_t$ がランダムであるとき、$\mathcal{T}_t$ による X から Y への変換操作を stochastic time change という．

Y_t の特性関数を $\phi_{Y_t}(u)$，X_t の特性関数を $\phi_{X_t}(u)$，$\mathcal{T}_t$ の特性関数を $\phi_{\mathcal{T}_t}$ とおくと，

$$\phi_{Y_t}(u) = E[\exp(iu Y_t)] = \phi_{\mathcal{T}_t}(-i\psi_X(u))$$

が成り立つ．$\psi_X(u)$ は以下の式を満たす．

$$\phi_{X_t}(u) = \exp(t \psi_X(u))$$

2.2 本稿で用いる Time-changed Lévy 過程

2.2.1 ＮＩＧ過程

2.2.1 では，原資産の従う確率過程として Lévy 過程の中でも NIG 過程を取

り上げる．NIG 過程 X_t^{NIG} は，その増分が NIG 分布に従う Lévy 過程である．詳細は，Barndorff-Nielsen (1998) を参照すると良い．NIG 過程は，background Lévy 過程を標準ブラウン運動，instantaneous business time を IG 過程 (Inverse Gaussian process) としたときの Time-changed Lévy 過程と IG 過程の和により構成される．

IG 過程 X_t^{IG} は，その増分が IG 分布に従う Lévy 過程である．IG 分布は Tweedie (1947) によって提案された．IG 分布 $\text{IG}(a, b)$ は a, b の 2 つのパラメータのによって特徴付けられ，$a > 0$ を満たす．密度関数を $f_{\text{IG}(a, b)}(x)$ とおくと，$f_{\text{IG}(a, b)}(x)$ は以下の式で定義される．

$$f_{\text{IG}}(x\,;a,\,b) = \frac{a}{\sqrt{2\pi}} \exp(ab) x^{-3/2} \exp\left(-\frac{1}{2}(a^2 x^{-1} + b^2 x)\right),\ x > 0$$

また，IG 分布の特性関数を $\phi_{\text{IG}}(u)$，モーメント母関数を $M_{\text{IG}}(u)$ とおくと，$\phi_{\text{IG}}(u)$ および $M_{\text{IG}}(u)$ は次のように表される．

$$\phi_{\text{IG}}(u) = \exp\left(-a\left(\sqrt{-2iu + b^2} - b\right)\right)$$
$$M_{\text{IG}}(u) = \exp\left(-a\left(\sqrt{-2u + b^2} - b\right)\right)$$

次に，NIG 過程について説明する．NIG 分布 $(\alpha, \beta, \delta, \mu)$ は $\alpha, \beta, \delta, \mu$ の 4 つのパラメータによって特徴付けられ，$\delta > 0, \alpha > 0, 0 \leq |\beta| \leq \alpha, \mu \in \mathbb{R}$ を満たす．これらを用いて，密度関数を $f_{\text{NIG}(\alpha, \beta, \delta, \mu)}(x)$ とすると，$f_{\text{NIG}(\alpha, \beta, \delta, \mu)}(x)$ は以下のように定義される．

$$f_{\text{NIG}(\alpha,\beta,\delta,\mu)}(x) = \frac{\alpha\delta}{\pi} \exp\left(\delta\sqrt{\alpha^2 - \beta^2} + \beta(x - \mu)\right) \frac{K_1\left(\alpha\sqrt{\delta^2 + (x - \mu)^2}\right)}{\sqrt{\delta^2 + (x - \mu)^2}}$$

ただし，K_1 は第三種の修正ベッセル関数である．また，NIG 分布の特性関数を $\phi_{\text{NIG}}(u)$，モーメント母関数を $M_{\text{NIG}}(u)$ とおくと，$\phi_{\text{NIG}}(u)$ および $M_{\text{NIG}}(u)$ は次のように表される．

$$\phi_{\text{NIG}}(u) = \exp\left(i\mu u + \delta\left(\sqrt{\alpha^2 - \beta^2} - \sqrt{\alpha^2 - (\beta + iu)^2}\right)\right)$$
$$M_{\text{NIG}}(u) = \exp\left(\mu u + \delta\left(\sqrt{\alpha^2 - \beta^2} - \sqrt{\alpha^2 - (\beta + u^2)}\right)\right)$$

NIG 分布の各モーメントの値は表 8-1 のように表される．

NIG 過程を $X^{\text{NIG}} = \{X_t^{\text{NIG}}, t \geq 0\}$ とおくと，X^{NIG} は $\text{NIG}(\alpha, \beta, \delta t, \mu t)$ に従う．X_t^{NIG} は，background Lévy 過程を標準ブラウン運動，instantaneous business rate を IG 過程としたときの Time-changed Lévy 過程と IG 過程 X_t^{NIG} に

表 8-1 NIG$(\alpha, \beta, \delta, \mu)$ の各モーメント

	NIG$(\alpha, \beta, \delta, \mu)$
平均	$\mu + \delta \dfrac{\beta}{\sqrt{\alpha^2 - \beta^2}}$
分散	$\delta \dfrac{\alpha^2}{\sqrt{\alpha^2 - \beta^2}^3}$
歪度	$3 \dfrac{\beta}{\alpha \left(\delta\sqrt{\alpha^2 - \beta^2}\right)^{\frac{1}{2}}}$
尖度	$3 \left(1 + 4\left(\dfrac{\beta}{\alpha}\right)^2\right) \dfrac{1}{\delta\sqrt{\alpha^2 - \beta^2}}$

より以下のように書ける．このときの IG 過程のパラメータは $a = 1$, $b = \delta\sqrt{\alpha^2 - \beta^2}$ である．

$$X_t^{\mathrm{NIG}} = \beta\delta^2 X_t^{\mathrm{IG}} + \delta W_{X_t^{\mathrm{IG}}} \tag{1}$$

2.2.2 Heston モデル

2.2.2 では，time-changed Lévy モデルの一例として，BS モデルに代替するオプション価格モデルの中で代表的な Heston (1993) の SV モデルを紹介する．W_t^1, W_t^2 を標準ブラウン運動とすると，原資産価格 $S(t)$ とボラティリティ $\sqrt{v(t)}$ の変動は以下の確率微分方程式により記述される．

$$dS(t) = \mu S(t)dt + \sqrt{v(t)}S(t)dW_t^1,$$
$$dv(t) = \kappa(\theta - v(t))dt + \sigma\sqrt{v(t)}dW_t^2,$$
$$E[dW_t^1 dW_t^2] = \rho dt$$

ここで，μ を $S(t)$ の期待収益率，κ を平均回帰速度，θ を回帰水準，σ を攪乱係数，原資産とボラティリティの相関を $\rho(\in[-1, 1])$ とする．Heston モデルは，BS モデルにボラティリティ変動を加えることによって，ボラティリティ・スキューやスマイルを表現するだけでなく，期間構造も表すこともできるモデルとなっている．

また，Heston モデルは background Lévy 過程を幾何ブラウン運動，instantaneous business time を $v(t)$ としたときの Time-changed Lévy 過程として以下のように記述できる．

$$\ln\frac{S_t}{S_0} = rt + W_{\mathcal{T}_t}, \quad \mathcal{T}_t = \int_0^t v_s ds$$

$dW_{\mathcal{T}_t}$ と $\sqrt{v(t)}dW_t$ は同値である．Heston モデルの第二項の確率微分方程式は，Cox, Ingersoll and Ross (1985) による Cox-Ingersoll-Ross (CIR) モデルであるため，instantaneous business time を CIR モデルとしたときの time change を CIR time change という．

2.2.3 NIG-CIR 過程

本稿では，資産価格のジャンプ，確率的なボラティリティの変動を同時に考慮することのできる Time-changed Lévy 過程として NIG-CIR 過程を用いる．NIG-CIR 過程は，background Lévy 過程に 2.2.1 で紹介した NIG 過程，instantaneous business rate $v(t)$ が CIR 過程に従う．

NIG-CIR 過程を $Y^{\mathrm{NIG\text{-}CIR}} = \{Y_t^{\mathrm{NIG\text{-}CIR}}, t \geq 0\}$，NIG 過程を $X^{\mathrm{NIG}} = \{X_t^{\mathrm{NIG}}, t \geq 0\}$，CIR 過程を $v^{\mathrm{CIR}} = \{v_t^{\mathrm{CIR}}, t \geq 0\}$，business time $\mathcal{T}_t$ を v_t^{CIR} による subordinator とすると，NIG-CIR 過程は以下のように記述できる．

$$Y_t^{\mathrm{NIG\text{-}CIR}} = X_{\mathcal{T}_t}^{\mathrm{NIG}}$$

ただし，subordinator $\mathcal{T}_t$ は，

$$\mathcal{T}_t = \int_0^t v_s^{\mathrm{CIR}} ds$$

で表現できる．ここで，subordinator に含まれる CIR 過程 v_t^{CIR} が従う確率微分方程式は，2.2.2 の Heston モデルで用いたパラメータを用いて，次のように記述できる．

$$\begin{cases} dv_t^{\mathrm{CIR}} = \kappa(\theta - v_t^{\mathrm{CIR}})dt + \sigma\sqrt{v_t^{\mathrm{CIR}}}dW_t \\ v_0^{\mathrm{CIR}} = 1 \end{cases}$$

次に，NIG-CIR 過程の特性関数を特定する．導入の詳細は Beyer and Kienitz (2009) を参照のこと．Lévy 過程 X_t に CIR time change を加えたときの確率過程を $Y^{\mathrm{X\text{-}CIR}} = \{Y_t^{\mathrm{X\text{-}CIR}}, t \geq 0\}$，$Y_t^{\mathrm{X\text{-}CIR}}$ の特性関数を $\phi_t^{\mathrm{X\text{-}CIR}}(u)$ とする．$\phi_{X_t}(u) = \exp(t\psi_X(u))$，$\gamma(u) = \sqrt{\kappa^2 - 2\sigma^2 iu}$，$i = \sqrt{-1}$ とし，$f_1(u)$, $f_2(u)$, $f_3(u)$ を以下のようにそれぞれ設定する．

$$f_1(u) = f_2(-i\psi_X(u)) \left(1 - \frac{1}{2}if_3(-i\psi_X(u))\frac{\sigma^2}{\kappa}(1 - \exp(-\kappa t))\right)^{-2\kappa\theta/\sigma^2}$$

8 Time-changed Lévy 過程の下でのアメリカンオプションの評価　207

$$\times \exp\left(\frac{if_3(-i\psi_X(u))v_0^{\mathrm{CIR}}\exp(-\kappa t)}{1-\frac{1}{2}if_3(-i\psi_X(u))\frac{\sigma^2}{\kappa}(1-\exp(-\kappa t))}\right)$$

$$f_2(u) = \frac{\exp(\kappa^2\theta t/\sigma^2)}{(\cosh(\gamma(u)t/2)+\kappa\sinh(\gamma(u)t/2)/\gamma(u))^{2\kappa\theta/\sigma^2}}$$

$$f_3(u) = \frac{2u}{\kappa+\gamma(u)\coth(\gamma(u)\mathrm{t}/2)}$$

また，時刻 t に依存する関数 A_t を以下のように定義する．

$$A_t = \exp(\kappa^2\theta t/\sigma^2)\exp\left(\frac{2v_0^{\mathrm{CIR}}i(-i)\psi_X(-i)}{\kappa+\gamma((-i)\psi_X(-i))\coth(\gamma((-i)\psi_X(-i))t/2)}\right)$$

$$\bigg/\left[\cosh\left(\frac{1}{2}\gamma((-i)\psi_X(-i))t\right)+\frac{\kappa}{\gamma((-i)\psi_X(-i))}\right.$$

$$\left.\times\sinh\left(\frac{1}{2}\gamma((-i)\psi_X(-i))t\right)\right]^{2\kappa\theta/\sigma^2}$$

以上の式を用いて，特性関数 $\phi_t^{\mathrm{X-CIR}}(u)$ は次のように表される．

$$\phi_t^{\mathrm{X-CIR}}(u) = \exp\left(iu\left[rt-\log\frac{A_t}{A_0}\right]\right)f_1(u) \tag{2}$$

式(2) で Lévy 過程 X_t が NIG 過程のとき，NIG-CIR 過程の特性関数 $\phi_t^{\mathrm{NIG-CIR}}(u)$ を表現できる．時点 t における NIG 分布の特性関数 ϕ_t^{NIG} は以下のように記述できる．

$$\phi_t^{\mathrm{NIG}}(u) = \exp\left(i\mu tu - \sqrt{\alpha^2-\beta^2} - \delta t\sqrt{\alpha^2-(\beta+iu)^2}\right)$$

アメリカンオプションの価格を LSM アルゴリズムにより導出する際に必要なサンプルパスの発生方法については 2.4 で議論する．

2.3　原資産が Time-changed Lévy 過程に従うときのオプション評価

BS モデルにおいて市場は完備であると仮定されているのに対して，本稿で用いる Time-changed Lévy モデルは非完備であると考えられているため，リスク中立確率測度を一意的に定めることが出来ない．そこで本稿では，無裁定の条件の下で，リスク中立測度を決定する方法としてエッシャー変換を用いる．

詳細は Gerber and Shiu（1994）で議論されている．エッシャー変換は，以下のように定義される．

定義 2.3.1 $L(t)$ を定常増分をもつ確率過程とし，その確率密度関数を $f(x, t)$，モーメント母関数を $M(x, t)$ とおく．ある実数 h を所与として，$X(t)$ の新たな確率密度関数を，

$$f(x, t; h) = \frac{e^{hx}f(x, t)}{M(h, t)}$$

と定義する．この変換をパラメータ h によるエッシャー変換と呼ぶ．

また，r を安全利子率とすると，Keller（1997）により，以下の等式を満たす．

$$r = \log \frac{M(h+1)}{M(h)}$$

NIG 分布の場合，

$$r = \mu + \delta(\sqrt{\alpha^2 - (\beta+h)^2} - \sqrt{\alpha^2 - (\beta+h+1)^2})$$

を満たす．これを $\beta + h$ について解くと，

$$\beta + h = -\frac{1}{2} + \sqrt{\frac{(\mu-r)^2}{\delta^2 + (\mu-r)^2}\alpha^2 - \frac{(\mu-r)^2}{4\delta^2}}$$

となる．NIG 分布において，エッシャー変換を行った後の分布は，Steven and Andrew（2008）によると，

$$NIG(\alpha, \beta+h, \delta, \mu)$$

と書くことができる．

2.4 シミュレーション方法

ここでは，本稿で用いる NIG 過程，Heston モデル，NIG-CIR 過程それぞれのサンプルパスの発生方法について述べる．

2.4.1 NIG 過程のサンプルパス

NIG 過程は，式(1) のように IG 過程を用いた Time-changed Brownian motion（時間変更済みブラウン運動）として記述できるため，シミュレーションの際にまず IG 過程のサンプルパスの発生方法から述べる．IG 分布からの乱数は，以下の Devroye（1986）によるアルゴリズムにしたがって生成すること

ができる．

アルゴリズム 2.4.1（IG 乱数の生成）
(1) 標準正規乱数 v を発生させる．
(2) v を用いて $y=v^2,\ x=\dfrac{a}{b}+\dfrac{y}{2b^2}+\dfrac{\sqrt{4aby+y^2}}{2b^2}$ とする．
(3) i を以下のように定義する．

$$i=\begin{cases} x, & u\le \dfrac{a}{a+xb} \\ \dfrac{a^2}{b^2 x}, & u>\dfrac{a}{a+xb} \end{cases}$$

このとき，$i\sim \mathrm{IG}(a,b)$ となる．

IG 過程を $X^{\mathrm{IG}}=\{X_t^{\mathrm{IG}},\ t\ge 0\}$，とおくと，$X_t^{\mathrm{IG}}$ は $\mathrm{IG}(at,b)$ に従う．K 個の独立な IG 乱数 $\{i_n,\ n\ge 1\}$ を用いて以下の式によりサンプルパスを発生させることができる．

$$X_0^{\mathrm{IG}}=0,\quad X_{n\Delta t}^{\mathrm{IG}}=X_{(n-1)\Delta t}^{\mathrm{IG}}+i_n$$

NIG 過程のサンプルパスを発生させるには，NIG 分布からの乱数が必要になるが，以下の Raible（2000）によるアルゴリズムにしたがって生成することができる．

アルゴリズム 2.4.2（NIG 乱数の生成）
(1) アルゴリズム 2.4.1 に基づき，IG 乱数 $x\sim \mathrm{IG}(\delta,\sqrt{\alpha^2-\beta^2})$ を生成する．
(2) 標準正規乱数 $y\sim N(0,1)$ を発生させる．
(3) z を以下のように定義する．

$$z=\mu+\beta x+\sqrt{x}\,y$$

このとき，$z\sim \mathrm{NIG}(\alpha,\beta,\delta,\mu)$ となる．

各時点を $\{n\Delta t,\ n=0,1,\dots,K\}$ とすると，K 個の独立な NIG 乱数 $\{z_{k\Delta t},\ k\ge 1\}$ を用いて以下の式によりサンプルパスを発生させることができる．

$$X_{n\Delta t}^{\mathrm{NIG}}=X_0^{\mathrm{NIG}}\exp\left(\sum_{k=1}^{n} z_{k\Delta t}\right)$$

2.4.2 Heston モデルのサンプルパス

Heston モデルのボラティリティ $\sqrt{v(t)}$ について，K 個の独立な正規乱数 $\{\varepsilon_n,\ n\ge 1\}$ を用いて時点 $n\Delta t$ でのボラティリティ $\sqrt{v_{n\Delta t}}$ の二乗の値 $v_{n\Delta t}$ は以下のように記述できる．

$$v_{n\Delta t} = v_{(n-1)\Delta t} + \kappa(\theta - v_{(n-1)\Delta t})\Delta t + \sigma v_{(n-1)\Delta t}^{1/2}\sqrt{\Delta t}\varepsilon_n \qquad (3)$$

2.4.3 NIG-CIR 過程のサンプルパス

NIG-CIR 過程を $X^{\text{NIG-CIR}} = \{X_t^{\text{NIG-CIR}}, t \geq 0\}$, CIR 過程を $X^{\text{CIR}} = \{X_t^{\text{CIR}}, t \geq 0\}$, business time $\mathcal{T}_t$ を $v(t)$ による subordinator とする. K 個の独立な NIG 乱数 $\{i_n, n \geq 1\}$ と標準正規乱数 $\{\varepsilon_n, n \geq 1\}$ を用いて以下のアルゴリズムによりサンプルパスを発生させることができる.

アルゴリズム 2.4.3 (NIG-CIR 過程のサンプルパスの発生)

(1) 式(3)に従い, CIR 過程 $X_{n\Delta t}^{\text{CIR}}$ のサンプルパスを発生させる.

(2) CIR 過程の累積分布関数を計算し, business time $\mathcal{T}_{n\Delta t}$ を求める.

$$\mathcal{T}_{n\Delta t} = \sum_{k=0}^{n} X_{k\Delta t}^{\text{CIR}} \Delta t$$

(3) business time $\mathcal{T}_t$ の各時点の差 $dt_{n\Delta t}$ を求める.

$$dt_{n\Delta t} = \mathcal{T}_{(n+1)\Delta t} - \mathcal{T}_{n\Delta t}$$

(4) アルゴリズム 2.4.2 に従い, 各時点 $n\Delta t$ において, NIG 乱数 $\{z_{k\Delta t}, n \geq 1\}$ を発生させる

$$z_{k\Delta} \sim \text{NIG}(\alpha, \beta, \delta dt_{n\Delta t}, \mu dt_{n\Delta t})$$

(5) (4) で発生させた $\{x_{k\Delta}, k \geq 1\}$ を用いて NIG-CIR 過程 $X_{n\Delta t}^{\text{NIG-CIR}}$ を以下の式により求める.

$$X_{n\Delta t}^{\text{NIG-CIR}} = X_0^{\text{NIG-CIR}} \exp\left(\sum_{k=1}^{n} x_{k\Delta t}\right)$$

3 アメリカンオプションの価格評価

3.1 アメリカンオプション

停止時刻 τ は, アメリカンオプションが行使される時刻である. アメリカンオプションの行使の決定にはその時刻において利用可能なすべての情報に依存できるが, 将来の情報には依存できない. アメリカンオプションの最適戦略は, 停止時刻の中で, オプションの価値を最大化するように選ばれた停止時刻と考えることができる. 有限な時刻 T を満期日とする. $0 \leq t \leq T$ および $x \geq 0$ を所与とし, $S(t) = x$ とする. $\mathcal{F}_u^{(t)}$ ($0 \leq u \leq T$) を, v が $[t, u]$ 上を動く場合の過

程 $S(v)$ から生成される σ-加法族とし，$\mathcal{T}_{t,T}$ をフィルトレーション $\mathcal{F}_u^{(t)}$，$(0 \leq u \leq T)$ に関する停止時刻で $[t, T]$ の値または ∞ をとるものからなる集合とする．全ての $u \in [t, T]$ に対し，$\{\tau \leq u\} \in \mathcal{F}_u^{(t)}$ である．すなわち，$\mathcal{T}_{t,T}$ に属する停止時刻は時刻 $u \in [t, T]$ における停止を時刻 t から u までの間の株価の経路のみに基づいて決定する．満期日が時刻 T であるアメリカン・プットオプションの時刻 t における価格 $v(t, x)$ は次で定義される．

$$v(t, x) = \max_{\tau \in \mathcal{T}_{t,T}} \mathbb{E}_{\mathbb{Q}}\left[e^{-r\tau}(X - S(\tau)) \mid S(t) = x\right]$$

X をプットオプションの行使価格，r を安全利子率とする．また，$\tau = \infty$ の事象においては $e^{-r(\tau-t)}(X - S(\tau))$ がゼロであると解釈する．これはプットが行使されずに満期日を迎える場合である．よって，アメリカンオプションの価値は，全ての停止時刻に対し，停止時刻に決まるオプションのペイオフをリスク中立確率測度の下で割り引いたものの中の最大値として定義される．

3.2 モンテカルロ法によるアメリカンオプションの価格評価

アメリカンオプションは満期までの期間 $[0, T]$ における任意の時刻に権利行使できるが，ここでは $[0, T]$ における時刻，

$$0(= t_0) < t_1 < t_2 \cdots < t_K = T$$

においてのみ権利行使できると考える．簡単のため，

$$t_{k+1} - t_k = \frac{T}{K} (= \Delta t), \quad k = 0, 1, \ldots, K$$

と仮定する．K を十分大きくとることによって，アメリカンオプションの近似解を得る．モンテカルロシミュレーションにより N 個のパスを発生させ，ω 番目のパスにおける最適停止時刻 $\tau(\omega)$ と書けば，

$$\frac{1}{N} \sum_{\omega=1}^{N} e^{-r\tau(\omega)} (X - S(\tau(\omega)))^+$$

が求めたい値であり，$\{\tau(\omega)\}_{\omega=1,\ldots,N}$ を決定すればよい．時刻 t_k における $S(t_k) = s$ という条件の下でのオプションの価値を $V_k(s)$ と書く．求めたい値は，$V_0(S(t_0))$ である．一般に $V_0(S(t_0))$ を求めるには，動的計画法より次の反復式を解けばよい．

$$V_K(s) = (X-s)^+,$$
$$V_k(s) = \max\{(X-s)^+, F(\omega;t_k)\}$$

この式を後ろ向きに解いて，$V_0(S(t_0))$ を求めればよい．$F(\omega;t_k)$ は，アメリカンオプションの継続価値である．この継続価値を次節で説明するLSMアルゴリズムによって求める．

3.3 LSMアルゴリズム

3.3 では，LSMアルゴリズムについて述べる．LSMアルゴリズムにより，アメリカンオプションの継続価値を最小二乗法による回帰によって推定することができる．この方法は，サンプルパスさえ発生させることができれば適用できるため，本稿ではこのLSMアルゴリズムを，BSモデル，Hestonモデル，NIG過程，NIG-CIR過程に用いる．

時刻 $[0, T]$ 間にランダムなキャッシュフローが与えられるアメリカンオプションを考える．$\omega \in \Omega$ は特定のサンプルパスを表すとする．時刻 t において，各パス ω における，アメリカンオプションの時刻 s でのペイオフ関数を $C(\omega, t; s, T)$ とおく．s は $t < s \leq T$ を満たす．例えば，時刻 s でアメリカン・プットオプションを即時行使することを考える．時刻 s での株価を $S(\omega, t; s, T)$ とおくと，このときのペイオフ関数 $C(\omega, t; s, T)$ は，
$$C(\omega, t; s, T) = (X - S(\omega, t; s, T))^+$$
と書ける．LSMアルゴリズムの目的はアメリカンオプションの価値を最大化するために最適行使時刻を近似することである．時刻 t_k において，オプション保持者は即時行使したときのペイオフは分かるが，継続価値がいくらかは分からない．しかし，マルチンゲール測度 $\mathbb{Q}$ を用いて時刻 t_k におけるオプションの継続価値（条件付期待値関数）$F(\omega; t_k)$ は，以下のように書ける．

$$F(\omega; t_k) = E_{\mathbb{Q}}\left[\sum_{j=k+1}^{K} \exp\left(-\int_{t_k}^{t_j} r(\omega, s)ds\right) C(\omega, t_k; t_j, T) | \mathcal{F}_{t_k}\right]$$

LSMはアルゴリズムは，一般的には計算が難しいこの継続価値の計算を最小二乗法を用いて近似的求めるアルゴリズムである．$F(\omega; t_{K-1})$ は $\mathcal{F}_{t_{K-1}}$-可測な基底関数の線形結合により近似される．オプションの原資産価格を x とする．Wang and Cafisch (2009) の先行研究を踏まえ，基底関数に多項式関数，

$$\phi_k(x) = x^k, \ k = 0, 1, 2, \ldots, n$$

を採用すると，条件付期待値関数 $F(\omega\,;t_{K-1})$ は，

$$F(\omega\,;t_{K-1}) = \sum_{j=0}^{n} a_j \phi_j(x)$$

と書ける．係数 a_j は定数である．

LSM アルゴリズムを実装するにはまず，$F(\omega\,;t_{K-1})$ に用いる n 次基底関数 ($n<\infty$) の定数を推定する．推定した各時点の各パスにおける継続価値と，そのときの本源的価値を比べ，本源的価値の方が大きくなる最初の時刻が，各パスにおける最適停止時刻となる．アメリカンオプションの価格評価をする際には，各時点において，本源的価値と継続価値を比較するが，本源的価値が 0 以上であるとき，すなわちその時点でインザマネーであるときが，継続価値との大小関係を考える必要がある．逆に，ある時点においてアウトオブザマネーのときは，オプションは行使されない．よって，LSM アルゴリズムにおいては，継続価値を最小二乗法によって基底関数を定数を推定する際には，その時点での行使に関わるインザマネーのパスのみを用いることが効率的であるということが Longstaff and Schwartz (2001) によって示されている．以上より，LSM アルゴリズムをまとめると，以下のようになる．

アルゴリズム 3.3.1 （LSM アルゴリズム）

(1) 時刻 t_k での株価のパス $\{S(\omega\,;t_k)\}$, $k=0,\ldots,K$, $\omega=1,\ldots,N$ を N 本発生させる．

(2) 満期における価値を計算する．
$$V_K(S(\omega\,;t_K)) = (X - S(\omega\,;t_K))^+, \ \omega = 1, \ldots, N$$

(3) 後ろ向きに次の計算を行う．時点 k において，

　(a) 権利行使した場合の価値を計算する．$(X - S(\omega\,;t_k))$

　(b) 継続価値を計算する．一時点前の価値を割り引いた時点 k の継続価値 $\{e^{-r\Delta t}V(S(\omega\,;t_{k+1}))\}_{\omega=1,\ldots,N}$ を現時点での株価で近似する．時点 k において，N 本のパスのうち，$(X - S(\omega\,;t_k)) > 0$ を満たす株価のパスを $\{S(\omega'\,;t_k)\}$, $\omega' = 1, \ldots, N'$ とすると，

$$\min \sum_{\omega'=1}^{N'} \left(e^{-r\Delta t} V(S(\omega\,;t_{k+1})) - \sum_{j=0}^{n} a_j \phi_j(x) \right)^2$$

を解くことで，回帰係数 $a_1, \ldots, a_n$ を求める．そして，継続価値を，
$$F(\omega; t_k) = a_1\phi_1(S(\omega; t_k)) + a_2\phi_2(S(\omega; t_k)) + \cdots + a_n\phi_n(S(\omega; t_k))$$
で近似する．

(c) 時点 k におけるオプション価値を，
$$V(S(\omega; t_k)) = \begin{cases} X - S(\omega; t_k) & X - S(\omega; t_k) > F(\omega; t_k) \\ e^{-r\Delta t}V(S(\omega; t_k)) & X - S(\omega; t_k) \leq F(\omega; t_k) \end{cases}$$
とする．

(4) 以上の計算を $k = K-1$ から $k = 0$ まで行い，$\{V(\omega; t_0)\}_{\omega=1,\cdots,N}$ を求め，
$$\frac{1}{N}\sum_{\omega=1}^{N} V(\omega; t_0)$$
としたものがオプション価格である．

4　数　値　実　験

本セクションでは，数値例を用いて原資産が Time-changed Lévy 過程に属する NIG-CIR 過程に従うときのアメリカン・プットオプションの評価を LSM アルゴリズムにより行う．そして，ファットテイル，確率的なボラティリティの変動，レバレッジ効果が，それぞれアメリカン・プットオプションの行使戦略にどのような影響があるかを検証する．それぞれの stylized fact の影響を見るために，BS モデル，NIG 過程，Heston モデルにおいてもアメリカン・プットオプションの評価を行う．また，アメリカンオプションの早期行使価値は，同種のヨーロピアンオプションとの差で求めることができるが，早期行使の可能性について考察をするために，ヨーロピアンオプションの価格もモンテカルロ法により，同時に求めていく．

アメリカン・プットオプションの継続価値を求める際に用いる LSM アルゴリズムの基底関数の次数を $n = 3$ とする．基底関数の次数に関しては，4 次，5 次にしたときでも価格評価を行い，同程度の精度が確認できたことから計算時間を一番抑えられる 3 次を採用する[1]．

---

1) 3 次の場合の結果をベンチマークとしたときの 4 次，5 次の結果との相対誤差が 0.3% 未満であることが確認できている．

全ての数値実験に用いるプログラムは，MATLABによって書かれている．アメリカン・プットオプションのパラメータは，初期株価 $S(0)$，行使価格を X，満期 T，安全利子率 r とする．本章で行う数値実験では，$S(0)=1,000$，$T=1$，$r=0.01$ とし，満期までのアメリカン・プットオプションの行使機会を 50 回とする．行使機会の分割数に関しては，Longstaff and Schwartz (2001)，AitSahlia (2010) らの先行研究から連続的に行使できる機会があることを 50 回で近似できると考える．また，本セクションで行うプライシングに用いるサンプルパスの本数については，Longstaff and Schwartz (2001) では 100,000 本で行っているが，本稿では，オプションの価格評価を 50,000 本のサンプルパスで 100 回行い，その平均値を取ることでより精度の高い価格評価を行う．

4.1 ファットテイルを考慮する場合

4.1 では，原資産が BS モデルと NIG 過程それぞれに従っているときに，アメリカン・プットオプションの価格，早期行使境界を求め，比較することで，ファットテイルを考慮することがアメリカン・プットオプションの行使戦略にどのような影響があるか検証する．

アメリカン・プットオプションを評価する上で用いる NIG 過程のパラメータは，日経平均株価指数のデータに対して，NIG 過程のキャリブレーションをしている前川 (2008) の結果を用いて，$\alpha=78.004$，$\beta=0.7391$，$\delta=0.017525$，$\mu=-0.00042$ とする．比較に使う幾何ブラウン運動のパラメータ $\mu=-0.00025$，$\sigma=0.015$ は，上記のパラメータに従う NIG 過程と平均，分散を合わせたものを用いる．NIG 過程の各モーメントは，表 8-1 に示している．

これらのパラメータを用いて，リスク中立エッシャー測度の下で，行使価格 $X=993$ から $X=1,007$ までのアメリカン・プットオプションの価格を LSM アルゴリズムによりそれぞれ計算する．原資産が BS モデル，NIG 過程に従う時のそれぞれの行使価格におけるアメリカン・プットオプション，ヨーロピアン・プットオプションの価格と標準誤差，そして早期行使価値は表 8-2 のようになる．それぞれ 50,000 本のサンプルパスによる価格計算を 100 回繰り返したときの平均値，標準誤差を示している．i ($i=1,\ldots,100$) 回目の価格計算によって求められたアメリカン・プットオプションの価格 V_i^A を，ヨーロピアン・

表 8-2 原資産が BS モデルと NIG 過程に従うときのオプション評価

行使価格	BS モデル			NIG 過程		
	American	European	早期行使価値	American	European	早期行使価値
993	1.2318 (0.0013)	0.9486 (0.0014)	0.2833	1.1308 (0.0014)	0.9689 (0.0014)	0.1619
994	1.4209 (0.0014)	1.0834 (0.0017)	0.3375	1.3028 (0.0017)	1.1129 (0.0016)	0.1898
995	1.6332 (0.0014)	1.238 (0.0017)	0.3951	1.4994 (0.0016)	1.272 (0.0019)	0.2274
996	1.8748 (0.0015)	1.402 (0.0019)	0.4728	1.7231 (0.0017)	1.4572 (0.0019)	0.2659
997	2.1448 (0.0017)	1.5876 (0.0022)	0.5571	1.9771 (0.0018)	1.6592 (0.002)	0.3179
998	2.4462 (0.0017)	1.79 (0.002)	0.6562	2.2662 (0.0021)	1.8894 (0.0023)	0.3768
999	2.785 (0.0016)	2.0064 (0.0022)	0.7786	2.5901 (0.0021)	2.1408 (0.0023)	0.4493
1,000	3.163 (0.0022)	2.2514 (0.0024)	0.9116	2.9482 (0.0022)	2.423 (0.0021)	0.5251
1,001	3.5784 (0.002)	2.5158 (0.0029)	1.0626	3.3599 (0.0022)	2.7299 (0.0024)	0.6299
1,002	4.0387 (0.002)	2.8007 (0.0028)	1.238	3.8101 (0.0023)	3.0671 (0.0027)	0.743
1,003	4.5568 (0.0022)	3.1072 (0.0026)	1.4496	4.3128 (0.0023)	3.4294 (0.0029)	0.8834
1,004	5.1229 (0.002)	3.4384 (0.003)	1.6845	4.8814 (0.0021)	3.8302 (0.0029)	1.0512
1,005	5.7553 (0.002)	3.794 (0.0029)	1.9613	5.5036 (0.002)	4.2431 (0.0028)	1.2605
1,006	6.4417 (0.0021)	4.1776 (0.0033)	2.2642	6.2099 (0.0021)	4.7032 (0.0035)	1.5067
1,007	7.2026 (0.0021)	4.5838 (0.0038)	2.6188	7.0121 (0.0016)	5.1839 (0.003)	1.8282

プットオプションの価格を V_i^E とする.アメリカン・プットオプション,ヨーロピアン・プットオプションの価格計算を 100 回行ったときの平均値をそれぞれ V^A, V^E とすると,早期行使価値は,

$$V^A - V^E$$

により求めることができる.また,アメリカン・プットオプション,ヨーロピ

アン・プットオプションの価格計算を100回行ったときの標準偏差をそれぞれ σ^A, σ^E とし，標準誤差をそれぞれ SE^A, SE^E とすると，SE^A, SE^E は，

$$SE^A = \frac{\sigma^A}{\sqrt{100}}, \quad SE^E = \frac{\sigma^E}{\sqrt{100}}$$

と記述できる．

その結果，どの行使価格の場合においてもアメリカン・プットオプションの価格は BS モデルが NIG 過程の場合よりも高くなり，ヨーロピアン・プットオプションの価格は，NIG 過程が BS モデルよりも高い結果となっている．

アメリカン・プットオプションの各行使価格での価格差について細かく見ていくと，この2つの確率過程の価格差は 0.101 から 0.2517 となり，初期時点でアウトオブザマネーの状態からインザマネーの状態になるにつれて，価格差は大きくなる傾向が見られたが，初期株価 $S(0)$ が 1,000 ということを踏まえると，ほぼ一定の価格差と見ても良いだろう．一方，ヨーロピアンオプションについては，2つの確率過程の価格差は 0.0203 から 0.6001 となり，初期時点でアウトオブザマネーの状態からインザマネーの状態になるにつれて，価格差は次第に大きくなる．早期行使価値は初期時点がインザマネーの状態になるにつれて BS モデルが高くなる．従って，ファットテイルを加味すると，アメリカン・プットオプションの早期行使価値は少なくなり，ヨーロピアン・プットオプションの価値は高くなることが分かる．NIG 過程に従うときに，アメリカン・プットオプションの価格が小さくなるのは，NIG 分布の尖りが影響し，早期行使境界まで株価が下がらないパスが増えたことが考えられる．また，NIG 過程に従うときに，ヨーロピアン・プットオプションの価格が大きくなるのは，NIG 分布の裾の厚さが影響して高いペイオフを持つパスが，多く含まれたことが考えられる．

次に，LSM アルゴリズムによって計算した各時点の継続価値をもとに求めたアメリカン・プットオプションの早期行使境界について考察する．図 8-1 は，満期までの時刻，行使価格，そのときの早期行使境界の関係を表している．図 8-1 から，BS モデルと NIG 過程の行使境界が全ての行使価格の場合において交差していることが分かる．BS モデルの早期行使境界は満期に近づくほど行使境界が高くなるが，NIG 過程の早期行使境界は，満期直前まではほぼ一定にな

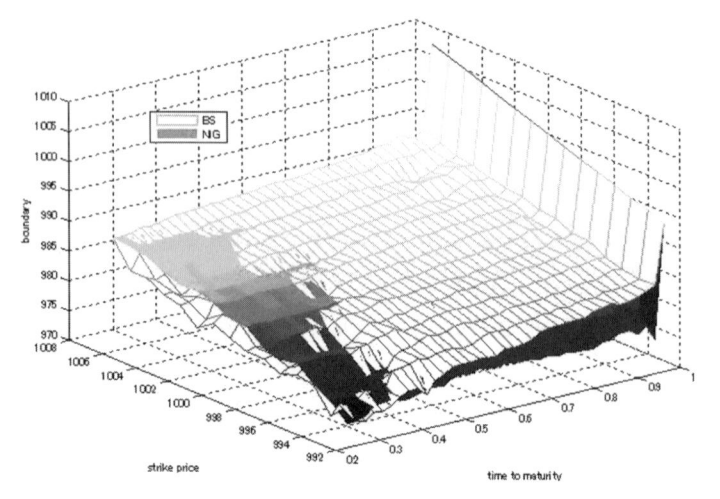

図 8-1 原資産が BS モデルと NIG 過程に従うときのアメリカン・プットオプションの早期行使境界

るという違いが見られる．また，初期時点においてインザマネーになるにつれて，早期行使境界は上昇することも分かる．よって，ファットテイルを考慮することによって，初期時点の近くでは権利行使しやすく，満期が近づくにつれ権利行使しにくくなる．

4.2 ボラティリティ変動を考慮する場合

4.2 では，原資産株価が BS モデルとそれにボラティリティ変動を考慮している Heston モデルに従っているときに，アメリカン・プットオプションの価格，早期行使境界を求め，両者を比較することで，ボラティリティ変動がアメリカン・プットオプションの行使戦略にどのような影響があるかを検証する．まず，2.2.2 で説明した Heston モデルの撹乱係数 σ についての感度分析を行うことで，ボラティリティのボラティリティがアメリカンオプションの行使戦略にどのような影響があるかを検証する．比較に用いる BS モデルのパラメータは，4.1 と同様に $\mu = -0.00025$, $\sigma = 0.015$ とする．Heston モデルのパラメータは，ボラティリティの初期値を BS モデルと一致させ，κ の値は，Carr and Itkin (2010) に従い，$\kappa = 1.572$, $\theta = 0.0002246$, $v_0 = 0.0002246$, $\rho = 0$ とする．$\kappa = 0$,

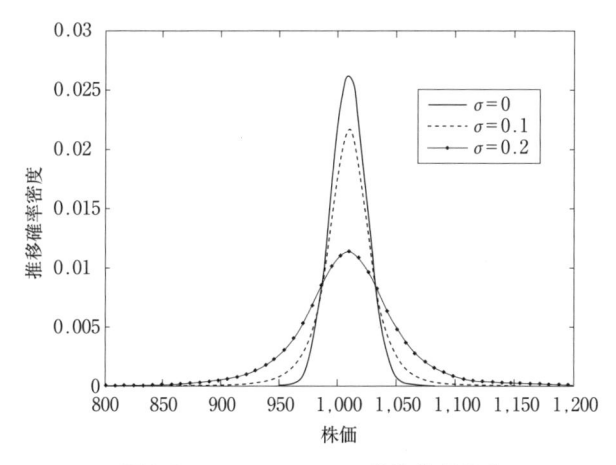

8 Time-changed Lévy 過程の下でのアメリカンオプションの評価　　*219*

図 8-2　Heston モデルの推移確率密度

$\sigma=0$ としてボラティリティ変動を一定にすると，BS モデルと一致する．Heston モデルの攪乱係数 σ は，ボラティリティのボラティリティを表すパラメータであり，σ の値のとり方によって，原資産の推移確率密度の形状が変化する．図 8-2 では，$\sigma=0, 0.1, 0.2$ としたときの推移確率密度の変化の様子を表している．縦軸は，推移確率，横軸は満期での原資産価格を示している．推移確率密度は，カーネル密度推定により行い，MATLAB 上で実装されている．それぞれ 100,000 本のサンプルパスを用いている．また，その他のパラメータは $\kappa=1.572, \theta=0.0002246, v_0=0.0002246, \rho=0$ としている．図 8-2 から，σ が大きくなるにつれ，分布が広がることが確認できる．

そこで，σ を 0 から 0.15 まで変動させたときのアメリカン・プットオプションの価格，早期行使境界を BS モデルと比較する．行使価格を $X=1,000$ としたときのアメリカン・プットオプションの価格，ヨーロピアン・プットオプションの価格，それぞれの標準誤差を表 8-3 に示す．それぞれ 50,000 本のサンプルパスによる計算を 100 回繰り返したときの平均値，標準誤差を示している．

σ を 0 から大きくしていくと，$\sigma=0.04$ で極小値を取り，$\sigma \geq 0.05$ では価格は単調に大きくなる．また，アメリカンオプションの価格が小さくなるときにはヨーロピアンオプションの価格も小さくなり，その差である早期行使価値は単調減少する．よって，Heston モデルの推移確率密度の分布が広がるほど，早期

表 8-3 Heston モデルに従うときのオプション評価

σ	American	European	早期行使価値
0	3.1474	2.2563	0.8911
	(0.0018)	(0.0023)	
0.01	3.1008	2.2395	0.8613
	(0.002)	(0.0026)	
0.02	2.979	2.1902	0.7887
	(0.002)	(0.0024)	
0.03	2.8261	2.1306	0.6955
	(0.0019)	(0.0027)	
0.04	2.7291	2.1305	0.5986
	(0.0017)	(0.0029)	
0.05	2.7741	2.2746	0.4994
	(0.0019)	(0.0027)	
0.06	2.9898	2.5842	0.4056
	(0.0021)	(0.003)	
0.07	3.3332	2.9919	0.3413
	(0.0022)	(0.0035)	
0.08	3.7682	3.4925	0.2757
	(0.0027)	(0.0037)	
0.09	4.2826	4.0538	0.2288
	(0.0031)	(0.0049)	
0.1	4.8353	4.6475	0.1878
	(0.0035)	(0.0051)	
0.11	5.4244	5.2808	0.1436
	(0.0043)	(0.0058)	
0.12	6.0586	5.944	0.1146
	(0.0049)	(0.0059)	
0.13	6.6959	6.6209	0.075
	(0.0048)	(0.0066)	
0.14	7.3597	7.317	0.0427
	(0.0059)	(0.0068)	
0.15	8.0388	8.0156	0.0232
	(0.0061)	(0.0076)	

行使価値は小さくなることが分かる.

図 8-3 は, 原資産が Heston モデルに従うときのアメリカン・プットオプションの満期までの時刻, σ, そのときの早期行使境界の関係を表している. σ が大きくなるほど, アメリカンオプションの早期行使価値が小さくなるため, 権利行使する可能性も小さくなることが予想される. 図 8-3 から, σ が大きくな

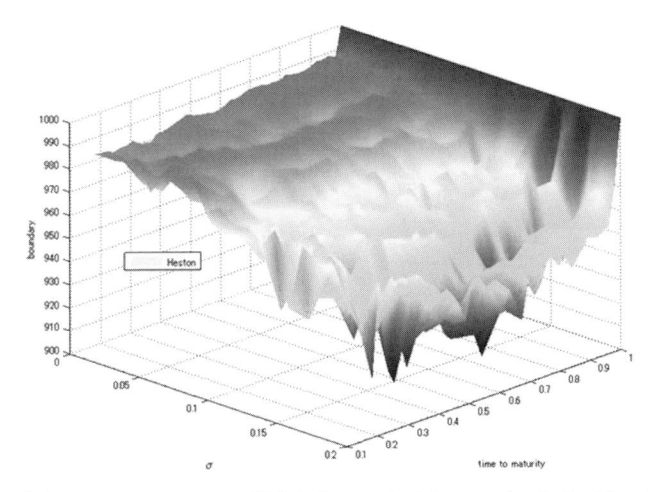

8 Time-changed Lévy 過程の下でのアメリカンオプションの評価

図 8-3 原資産が Heston モデルに従うときのアメリカン・プットオプションの早期行使境界

るほど，早期行使境界は下がる傾向が見られ，権利行使しにくくなることが分かる．4.1 において，BS モデルと NIG 過程の早期行使境界は満期から初期時点に近づくにつれて下がる傾向が見られたが，Heston モデルでは，各 σ の値における早期行使境界は，満期から初期時点の間に極小値を持つような傾向が見られた．

次に，Heston モデルの相関係数 ρ の感度分析を行うことで，株価とボラティリティの相関を考慮することが，アメリカン・プットオプションの行使戦略にどのような影響があるかを検証する．相関係数が負のときを特にレバレッジ効果と呼ぶ．比較に用いる BS モデルのパラメータは，4.1 と同様に $\mu = -0.00025$，$\sigma = 0.015$ とする．Heston モデルのパラメータは，$\kappa = 1.572$，$\theta = 0.0002246$，$v = 0.06$，$v_0 = 0.0002246$ とする．ρ を -0.9 から 0.9 まで変動させたときの価格，行使境界を BS モデルと比較する．行使価格を $X = 1{,}000$ としたときのアメリカン・プットオプションの価格，ヨーロピアン・プットオプションの価格，それぞれの標準誤差を表 8-4 に示す．それぞれ 50,000 本のサンプルパスによる計算を 100 回繰り返したときの平均値，標準誤差を示している．

表 8-4 より，ρ を -0.9 から 0.9 まで変動させたときのオプションの価格は，

表 8-4　Heston モデルに従うときのオプション評価

ρ	American	European	早期行使価値
−0.9	13.6324 (0.0071)	13.6189 (0.008)	0.0135
−0.8	11.844 (0.0068)	11.8343 (0.007)	0.0097
−0.7	10.2353 (0.0076)	10.2237 (0.0073)	0.0116
−0.6	8.7792 (0.0058)	8.7681 (0.006)	0.0111
−0.5	7.4636 (0.0066)	7.459 (0.0051)	0.0046
−0.4	6.258 (0.0069)	6.2513 (0.0048)	0.0067
−0.3	5.1695 (0.0045)	5.1619 (0.0046)	0.0076
−0.2	4.2548 (0.0037)	4.1961 (0.0052)	0.0587
−0.1	3.5643 (0.0027)	3.3328 (0.0039)	0.2314
0	2.9872 (0.0025)	2.581 (0.0032)	0.4062
0.1	2.503 (0.0016)	1.927 (0.0029)	0.576
0.2	2.0765 (0.0015)	1.3751 (0.0021)	0.7014
0.3	1.7175 (0.0011)	0.9262 (0.0017)	0.7913
0.4	1.4108 (0.001)	0.5713 (0.0012)	0.8395
0.5	1.152 (0.0006)	0.3111 (0.0008)	0.841
0.6	0.9371 (0.0005)	0.1403 (0.0006)	0.7969
0.7	0.7656 (0.0004)	0.0455 (0.0003)	0.7201
0.8	0.6279 (0.0004)	0.0073 (0.0001)	0.6205
0.9	0.5132 (0.0003)	0.0003 (0)	0.5129

ρ を大きくするほど小さくなる．レバレッジ効果を考慮すると，オプション価格は大きくなることが分かる．また，アメリカンオプションの早期行使価値は，ρ が負になるほど小さくなる．すなわち，現実の市場で観察されるレバレッジ効果の影響は，アメリカン・プットオプションの価格を高くすると同時に，早期行使価値を小さくすることが分かる．相関を考慮しないとき（$\rho=0$）の早期行使価値 0.4062 はこのときのアメリカンオプションの価格 2.9872 に対して 13.59% の割合があるが，$\rho=-0.3$ のときの早期行使価値 0.0076 は，このときのアメリカンオプションの価格 5.1695 に対して 0.14% の割合しかなく，極めて小さい値であると言える．よって，$-0.9 \leq \rho \leq -0.3$ では，アメリカンオプションの早期行使価値は極めて小さいことが分かる．

4.3 ファットテイル，ボラティリティ変動を考慮する場合

4.3 では原資産株価が NIG 過程にさらに確率的なボラティリティの変動を加えた NIG-CIR 過程に従うときのアメリカン・プットオプションの価格，最適行使境界を求める．また，ファットテイルを考慮した 4.1 から，さらに確率的なボラティリティの変動を考慮すると，アメリカン・プットオプションの行使戦略にどのような影響があるかを検証する．

NIG-CIR 過程は，株価の変動を NIG 過程によって表し，確率的なボラティリティの変動を CIR time-change によって表す．ここで，4.3 で用いる NIG-CIR 過程のパラメータ設定について述べる．

4.3 では，ボラティリティの変動が小さい場合と大きい場合の 2 種類の NIG-CIR 過程のパラメータを用いてアメリカン・プットオプションの評価を行う．まず，ボラティリティの変動が小さい場合の NIG 過程のパラメータは，4.1 でも用いた前川 (2008) の結果を用いて，$\alpha=78.004$, $\beta=0.7391$, $\delta=0.017525$, $\mu=-0.00042$ とし，CIR time-change に用いる CIR モデルのパラメータは，4.2 で用いたパラメータを用いて，$\kappa=1.572$, $\theta=1$, $\sigma=0.06$, $v_0=1$ とする．ボラティリティの変動が大きい場合の NIG 過程のパラメータは，前川 (2008) の結果を使い，CIR モデルのパラメータは $\kappa=1.572$, $\theta=2$, $\sigma=0.5$, $v_0=1$ とする．ボラティリティ変動の大きさは，θ と σ により調整しているため，これ以降 θ, σ の値により，2 種類の NIG-CIR 過程の区別をする．

これらのパラメータを用いて，リスク中立エッシャー測度の下で，行使価格 $X=993$ から $X=1,007$ までのアメリカン・プットオプションの価格を LSM アルゴリズムによりそれぞれ計算する．原資産が NIG-CIR 過程に従うときの各行使価格におけるアメリカン・プットオプション，ヨーロピアン・プットオプションの価格と標準誤差，そして早期行使価値は表 8-5 のようになる．それぞれ 50,000 本のサンプルパスによる計算を 100 回繰り返したときの平均値，標準誤差を示している．

原資産が $\theta=1$，$\sigma=0.06$ のときの NIG-CIR 過程に従うときのアメリカンオプションの価格と，表 8-2 の原資産が NIG 過程に従うときのアメリカンオプションの価格は，平均値の差の検定の結果，有意水準 5% でこの 2 種類の価格の評価には差がないと判断されている．そこで，4.3 では $\theta=1$，$\sigma=0.06$ と $\theta=2$，$\sigma=0.5$ のときのオプション価格，最適行使境界を比較することで，ボラティリティの変動の影響を検証することにする．

表 8-5 から，NIG 過程に確率的なボラティリティの変動を加えると，アメリカン・プットオプションの価格は，初期時点がアウトオブザマネーの状態になるに従い高く評価される．また，ヨーロピアン・プットオプションの価格は，初期時点がアウトオブザマネーのときには高く評価され，インザマネーのときは低く評価されるため，早期行使価値は，初期時点がインザマネーの状態になるに従い高く評価される．

アメリカン・プットオプションの価格に関しては，表 8-5 から，どの行使価格においても $\theta=2$，$\sigma=0.5$ のときが高く評価されることが分かる．$\theta=1$，$\sigma=0.06$ と $\theta=2$，$\sigma=0.5$ のときの価格差は，行使価格 $X=993$ のとき 0.3275 であり，$\theta=1$，$\sigma=0.06$ の状態から 28.9% 大きい値となっている．行使価格を高くしていくと価格差は徐々に小さくなっていき，行使価格 $X=1,000$ のとき 0.3611 であり，$\theta=1$，$\sigma=0.06$ の状態から 12.2% 大きい値となっている．最もボラティリティ変動の影響が小さいときは，数値実験で一番高い行使価格である $X=1,007$ のときである．このときの価格差は 0.1089 であり，$\theta=1$，$\sigma=0.06$ の状態から 1.55% 大きい値となっている．従って，NIG 過程に確率的なボラティリティの変動を加えたとき，アメリカン・プットオプションの価格は行使価格によって与える影響は異なり，初期時点がアウトオブザマネーの状態

8 Time-changed Lévy 過程の下でのアメリカンオプションの評価

表 8-5 NIG-CIR 過程に従うときのオプション評価

行使価格	$\theta=1$	$\sigma=0.06$	早期行使価値	$\theta=2$	$\sigma=0.5$	早期行使価値
	American	European		American	European	
993	1.1325	0.9686	0.1638	1.46	1.1429	0.3171
	(0.0016)	(0.0017)		(0.0019)	(0.0017)	
994	1.3042	1.1107	0.1935	1.6455	1.2801	0.3654
	(0.0016)	(0.0017)		(0.0019)	(0.0019)	
995	1.5023	1.2737	0.2286	1.8532	1.4334	0.4199
	(0.0015)	(0.0018)		(0.0019)	(0.0019)	
996	1.7269	1.4576	0.2693	2.0876	1.6034	0.4842
	(0.0015)	(0.0019)		(0.0019)	(0.0021)	
997	1.9757	1.6589	0.3168	2.345	1.7894	0.5557
	(0.0018)	(0.0019)		(0.0022)	(0.0022)	
998	2.2652	1.8892	0.376	2.6385	1.9854	0.6531
	(0.0021)	(0.0026)		(0.0021)	(0.0026)	
999	2.5868	2.1415	0.4453	2.9565	2.209	0.7475
	(0.0024)	(0.0023)		(0.002)	(0.0025)	
1,000	2.9511	2.4177	0.5334	3.3122	2.444	0.8682
	(0.0021)	(0.0026)		(0.0022)	(0.0029)	
1,001	3.3577	2.7344	0.6233	3.7081	2.7092	0.9989
	(0.0023)	(0.0027)		(0.0022)	(0.0026)	
1,002	3.8093	3.0681	0.7412	4.1436	2.9867	1.1569
	(0.0023)	(0.0028)		(0.0026)	(0.0029)	
1,003	4.3189	3.4284	0.8906	4.6168	3.2801	1.3367
	(0.0024)	(0.0028)		(0.0026)	(0.003)	
1,004	4.8763	3.827	1.0492	5.1476	3.601	1.5466
	(0.0024)	(0.0035)		(0.0026)	(0.0036)	
1,005	5.5052	4.2474	1.2578	5.7372	3.9429	1.7943
	(0.0021)	(0.003)		(0.0025)	(0.0032)	
1,006	6.2071	4.6995	1.5077	6.3847	4.3094	2.0753
	(0.0021)	(0.0035)		(0.0023)	(0.0037)	
1,007	7.0093	5.1802	1.8291	7.1182	4.6915	2.4267
	(0.0015)	(0.0033)		(0.0018)	(0.0038)	

になるに従い高く評価される.

一方,ヨーロピアン・プットオプションに関しては,表8-5から,行使価格 $X=993$ から $X=1,000$ までは $\theta=2$, $\sigma=0.5$ のときが高く評価されることが分かる. $\theta=1$, $\sigma=0.06$ と $\theta=2$, $\sigma=0.5$ のときの価格差は,行使価格 $X=993$ のとき 0.1743 であり,$\theta=1$, $\sigma=0.06$ の状態から 18.0% 大きい値となっている.

行使価格を高くしていくと価格差は徐々に小さくなっていき,行使価格 $X=1,000$ のときには価格差が 0.0223 となり,$\theta=1$,$\sigma=0.06$ の状態からの増加率は 0.92% である.初期時点がアットザマネーの状態では,ボラティリティの変動はヨーロピアン・プットオプションの価格にほとんど影響を及ぼさないと言える.行使価格をさらに高くすると,ヨーロピアン・プットオプションの価格は $\theta=1$,$\sigma=0.06$ のときが高く評価される.行使価格 $X=1,007$ のときの価格差 0.4887 が最も大きく,$\theta=2$,$\sigma=0.5$ の状態から 10.4% 大きい値となっている.従って,NIG 過程に確率的なボラティリティの変動を加えると,ヨーロピアン・プットオプションの価格は初期時点でアウトオブザマネーのときは高く評価され,アットザマネーのときはほとんど影響を及ぼさず,インザマネーのときは低く評価される.

よって,NIG 過程に確率的なボラティリティの変動を加えると,アメリカン・プットオプションの早期行使価値は行使価格が高くなるほど高く評価される.行使価格が大きいときほど,保持しているプットオプションを早期行使する確率が高くなる.4.1 において,ファットテイルを考慮するとアメリカン・プットオプションの早期行使価値は BS モデルと比べ,行使価格が高くなるほど低く評価されていたが,ファットテイルを考慮した上で,確率的なボラティリティの変動を考慮すると NIG 過程と比べ行使価格が高くなるほど高く評価され,BS モデルに近づくことが分かる.

各行使価格における,原資産が NIG 過程に従うときのアメリカン・プットオプションの価格からどの程度高く評価されるかは NIG-CIR 過程に用いる CIR モデルのパラメータに依存すると考えられる.そこで,ボラティリティの変動の具合が,アメリカン・プットオプションの価格がどのような影響を及ぼすかを調べるために,CIR モデルのパラメータ σ と θ について感度分析を行う.行使価格 $X=993$ から $X=1,007$ までのアメリカン・プットオプションの価格をそれぞれ 50,000 本のサンプルパスによる計算により求め,図 8-4 では,$\sigma=0.01, 0.06, 0.1, 0.5$ のときの各行使価格におけるアメリカン・プットオプションの価格,図 8-5 では,$\theta=0.5, 1, 2, 5$ のときの各行使価格におけるアメリカン・プットオプションの価格を示している.σ の感度分析におけるその他のパラメータは $\kappa=1.572$,$\theta=1$,$v_0=1$,θ の感度分析におけるその他のパラメー

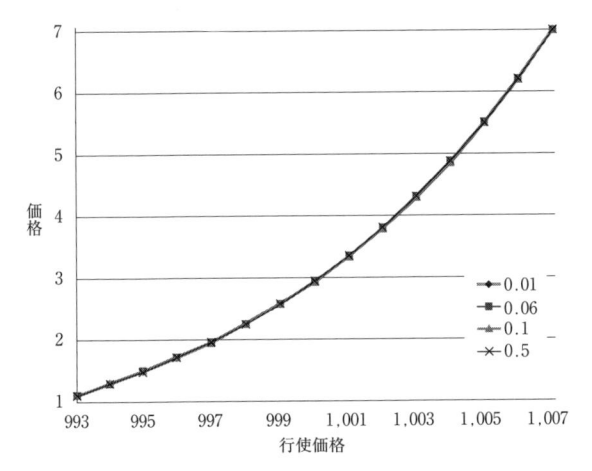

8 Time-changed Lévy 過程の下でのアメリカンオプションの評価　227

図 8-4　各 σ でのアメリカン・プットの価格

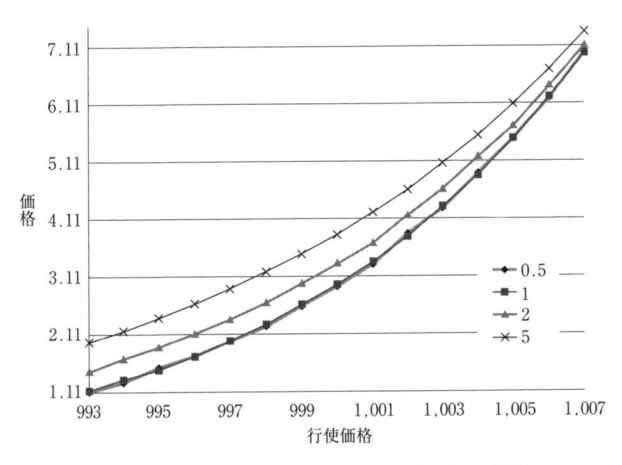

図 8-5　各 θ でのアメリカン・プットの価格

タは，$\kappa=1.572$, $\sigma=1$, $v_0=1$ としている．

　図 8-4 から，どの σ の値においてもアメリカン・プットオプションの価格はほとんど同じであることが分かる．よって，ボラティリティのボラティリティの大きさは，アメリカン・プットオプションの価格にはほとんど影響しないことが分かる．また，図 8-5 から，θ の値が大きくなるにつれて，特に初期時点でアウトオブザマネーの状態になるに従って，アメリカン・プットオプション

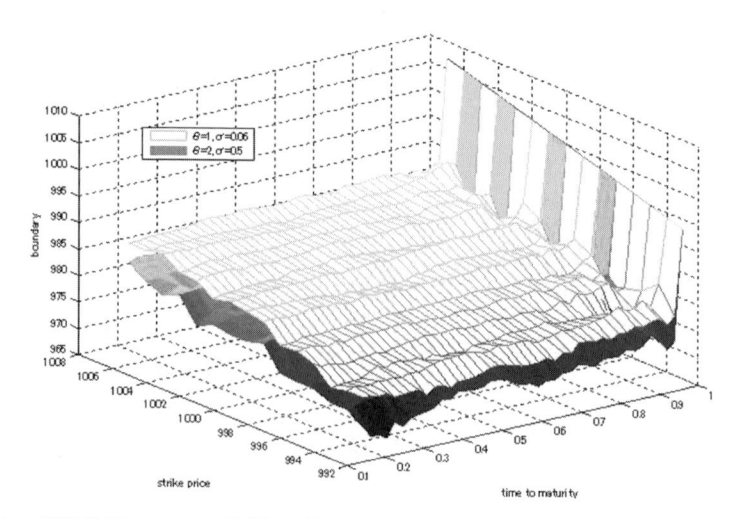

図 8-6 原資産が NIG-CIR 過程に従うときのアメリカン・プットオプションの早期行使境界

の価格は高く評価されることが分かる．

　原資産が NIG-CIR 過程に従うときのアメリカン・プットオプションの最適行使境界は図 8-6 のようになる．NIG-CIR 過程は，$\theta=1$, $\sigma=0.06$ と $\theta=2$, $\sigma=0.5$ に従っているときである．図 8-6 は，満期までの時刻，行使価格，そのときの早期行使境界の関係を表している．$\theta=1$, $\sigma=0.06$ と $\theta=2$, $\sigma=0.5$ のときの早期行使境界は，どの時刻，行使価格においても，$\theta=1$, $\sigma=0.06$ の場合が高く，一定の間隔を保っている傾向が見られる．満期までの時間との関係は，どの行使価格においても満期直前までは一定に近い境界を構成し，満期直前に各行使価格まで上昇する．行使価格が下がるほど，早期行使境界は徐々に下がることも分かる．よって，確率的なボラティリティの変動を加えることによって，特に初期時点でアウトオブザマネーのときにはさらに権利行使しにくくなることが分かる．

5　結　　　論

　本稿では，原資産が NIG-CIR 過程に従うときのアメリカン・プットオプシ

ョンの価格評価，最適行使境界の導出を LSM アルゴリズムを用いて行った．NIG-CIR 過程は，Time-changed Lévy 過程というクラスに属しており，stylized fact として知られている資産価格のジャンプ，確率的なボラティリティの変動，株価とボラティリティの相関を同時に考慮することのできる，より現実を反映したモデルであるといえる．これまでのアメリカンオプションの評価に用いられてきた Black-Scholes モデルや，Heston モデルではこの現象を説明しきれないため，先行研究と比べてより現実を反映した確率過程のもとでアメリカン・プットオプションの評価が行えたといえる．また，本稿ではファットテイル，確率的なボラティリティの変動，レバレッジ効果が，それぞれアメリカン・プットオプションの行使戦略にどのような影響が及ぼすかを数値実験により検証した．

　資産価格のジャンプを考慮すると，アメリカン・プットオプションの価格はどの行使価格においても低く評価され，ヨーロピアン・プットオプションの価格は高く評価される．早期行使境界は満期直前までほぼ一定となり，初期時点の近くでは権利行使しやすく，満期が近づくにつれ権利行使しにくくなることが明らかとなった．次に，確率的なボラティリティの変動を考慮すると，ボラティリティのボラティリティが大きい状態ではアメリカンオプションの価格は高くなるが，早期行使価値は小さくなる．早期行使境界はボラティリティのボラティリティが大きくなるほど低くなる傾向が見られ，権利行使しにくくなる．レバレッジ効果を考慮すると，アメリカンオプションの価格は高くなるが，早期行使価値は極めて小さくなることが確認された．数値実験の最後では，NIG-CIR 過程の下でアメリカン・プットオプションの評価を行い，ジャンプを考慮した上でボラティリティの変動を考慮したときの行使戦略について考察した．結果として，NIG 過程に従うときと比べ，アメリカン・プットオプションの価格は，初期時点がアウトオブザマネーの状態になるに従い高く評価される．また，ヨーロピアン・プットオプションの価格は，初期時点がアウトオブザマネーのときには高く評価され，インザマネーのときは低く評価されるため，早期行使価値は，初期時点がインザマネーの状態になるに従い高く評価される．早期行使境界は，ボラティリティの変動を加えたことによりさらに低くなり，行使しにくくなる．本稿では，より現実に即した確率過程を想定してアメリカ

ン・プットオプションの価格評価と行使境界の導出を行ったが，ファットテイルとボラティリティの変動を考慮することで早期行使境界は低くなるため，アメリカン・プットオプションの買い手は，満期に近づくにつれ，BSモデルで評価したときと比べて，より株価が下がったときに権利を行使するのが良いという示唆を与えることができた．

今後の課題として、実証分析が挙げられる．実データからキャリブレーションされたパラメータを用いて NIG-CIR 過程の下でのアメリカンオプションの評価することで，より現実に近いオプション価格を求めることができることが期待される．また，本稿でアメリカンプットオプションの評価に用いた LSM アルゴリズムは，多次元問題にも応用が可能であるため，本研究では扱うことのできなかった多資産型のアメリカンオプションやその他のエキゾチックオプションの評価に対して適用されることが望まれる．

〔参考文献〕

林　高樹 (2009)，高頻度データと時間変更，統計数理 **57**，39-65．

前川功一 (2008)，株価収益率の GH 分布モデルによるオプション価格評価，広島経済大学経済研究論集 **31**，19-35．

AitSahlia, F. and M. Goswami (2010), "American option pricing under stochastic volatility: an efficient numerical approach" *Computational Management Science* **7**, 171-187.

AitSahlia, F. and M. Goswami (2010), "American option pricing under stochastic volatility:an empirical evaluation" *Computational Management Science* **7**, 189-206.

Applebaum, D. (2003), *Lévy processes and stochastic calculus*, (Cambridge Studies in Advanced Mathematics)

Barndorff-Nielsen, O.E. (1998), "Processes of normal inverse gaussian type" *Finance and Stochastics* **2**, 41-68.

Barndorff-Nielsen, O.E., E. Nicolato, and N. Shephard (2002), "Some recent developments in stochastic volatility modelling" *Quantitative Finance* **2**, 11-23.

Beyer, P. and J. Kienitz (2009), "Pricing Forward Start Options in Models Based on (Time-Changed) Lévy Processes" *ICFAI Journal of Derivatives Markets* **6**,

7-23.

Black, F. and M. Scholes (1973), "The pricing of options and corporate liabilities" *Journal of Political Economy* **81**, 637-654.

Black F. (1976), "Studies of stock market volatility changes" *Proceedings of the American Statistical Association, Business & Economic Statistics Section* 177-181.

Carr, P., H. Geman, D.B. Madan and M. Yor (2003), "Stochastic volatility for levy processes" *Mathematical Finance* **13**, 345-382.

Carr, P. and L. Wu (2004), "Time-changed Lévy processes and option pricing" *Journal of Financial Economics* **71**, 113-141.

Carr, P. and A. Itkin (2010), "Pricing swaps and options on quadratic variation under stochastic time change models-discrete observations case" *Review of Derivatives Research* **13**, 141-176.

Carriere, J.F. (1996), "Valuation of the early-exercise price for options using simulations and nonparametric regression" *Insurance: Mathematics and Economics* **19**, 19-30.

Chockalingam, A. and K. Muthuraman (2010), "Pricing American options when asset prices jump" *Operations Research Letter* **38**, 82-86.

Cont, R. (2001), "Empirical properties of asset returns:stylized facts and statistical issues" *Quantitive Finance* **1**, 223-236.

Cox, J. J., Ingersoll and S. Ross (1985), "A theory of the term structure of interest rates" *Econometrica* **53**, 385-408.

Devroye, L. (1986), *Non-uniform random variate generation*. Springer.

Gerber, H.U. and E.S.W. Shiu (1994), "Option pricing by esscher transforms" *Transactions of the Society of Actuaries* **46**, 99-191.

Heston, S. (1993), "A closed-form solution for options with stochastic volatility with applications to bond and currency opitons" *Review of Financial Studies* **6**, 327-343.

Hull, J. and A. White (1987), "The pricing of options on assets with stochastic volatilities" *Journal of Finance* **42**, 281-300.

Keller, U. (1997),"*Realistic model of financial derivatives*" Dissertation.

Longstaff, F.A. and E.S. Schwartz (2001),"Valuing American option by simulation: a simple least-squares approach" *The Review of Financial Studies* **14**, 113-147.

Mandelbrot, B. and H.M. Taylor (1967), "On the distribution of stock price differences" *Operations Research* **15**, 1057-1062.

Medvedev, A. and O. Scaillet (2010), "Pricing American options under stochastic volatility and stochastic interest rates" *Journal of Financial Economics* **98**, 145-159.

Nelson, D.B. (1991), "Conditional heteroskedasticity in asset returns: a new approach" *Journal of the Econometric Society* **59**, 347-370.

Raible, S. (2000), "Lévy processes in finance: theory, numerics, and empirical facts, Ph.D. thesis" University of Freiburg.

Schoutens, W. (2003), "*Lévy Process in Finance*" John Wiley, 43-129.

Steven, V. and C. Andrew (2008), "*A note on the suboptimality of path-dependent pay-offs in Lévy markets*" Katholieke Universiteit Leuven.

Tweedie, M.C.K. (1947), "Functions of a statistical variate with given means, with special reference to Laplacian distributions" *Proceeding of the Cambridge Philosophical Society* **43**, 41-49.

Tilly, J.A. (1993), "Valuing American options in a path simulation model" *Transactions of the Society of Actuaries* **45**, 83-104.

Wang, Y. and R. Caflisch (2009), "Pricing and hedging American-style options: a simple simulations-based approach" *Journal of Computational Finance* **4**, 1-30.

謝辞　本研究の第2著者は学術研究費助成基金助成金（基盤研究(C)24510200）を受けています．また，貴重なアドバイスをくださった査読者に感謝いたします．

(杉浦大輔：慶應義塾大学大学院理工学研究科)

(今井潤一：慶應義塾大学大学院理工学研究科)

『ジャフィー・ジャーナル』投稿規定

1. 『ジャフィー・ジャーナル』への投稿原稿は，金融工学，金融証券計量分析，金融経済学，行動ファイナンス，企業経営分析，コーポレートファイナンスなど資本市場と企業行動に関連した内容で，理論・実証・応用に関する内容を持ち，未発表の和文の原稿に限ります．

2. 投稿原稿は，以下の種とします．
    (1) 論文（Paper）
    　　金融工学，金融証券計量分析，金融経済学，行動ファイナンス，企業経営分析，コーポレートファイナンス等の領域，および，その関連領域に貢献するオリジナルな研究成果
    (2) 展望論文（Review Article）
    　　特定のテーマに関する一連の研究，その周辺領域の発展と未解決問題を，総括的，かつ，体系的に著者独自の視点から報告したもの
    (3) 研究ノート（Short Communication）
    　　研究速報，事例報告や既発表の論文に対するコメントなどで金融工学，金融証券計量分析，金融経済学，行動ファイナンス，企業経営分析，コーポレートファイナンス等の領域に関して記録する価値があると認められるもの

3. 投稿された原稿は，『ジャフィー・ジャーナル』編集委員会が選定・依頼した査読者の審査を経て，掲載の可否を決定し，本編集委員会から著者に連絡する．

4. 原稿は，PDFファイルに変換したものをEメールでJAFEE事務局へ提出する．原則として，原稿は返却しない．なお，投稿原稿には，著者名，所属，連絡先を記載せず，別に，標題，種別，著者名，所属，連絡先（住所，Eメールアドレス，電話番号）を明記したものを添付する．

5. 査読者の審査を経て，採択された原稿は，原則としてLaTex形式で入稿しなければならない．なお，『ジャフィー・ジャーナル』への掲載図表も論文投稿者が作成する．

6. 著作権
    (1) 掲載された論文などの著作権は日本金融・証券計量・工学学会に帰属する（特別な事情がある場合には，著者と本編集委員会との間で協議の上措置する）．
    (2) 投稿原稿の中で引用する文章や図表の著作権に関する問題は，著者の責任において処理する．

[既刊ジャフィー・ジャーナル]

① 1995 年版　**金融・証券投資戦略の新展開**（森棟公夫・刈屋武昭編）
　　　　　　A5 判 176 頁　ISBN4-492-71097-3
② 1998 年版　**リスク管理と金融・証券投資戦略**（森棟公夫・刈屋武昭編）
　　　　　　A5 判 215 頁　ISBN4-492-71109-0
③ 1999 年版　**金融技術とリスク管理の展開**（今野　浩編）
　　　　　　A5 判 185 頁　ISBN4-492-71128-7
④ 2001 年版　**金融工学の新展開**（高橋　一編）
　　　　　　A5 判 166 頁　ISBN4-492-71145-7
⑤ 2003 年版　**金融工学と資本市場の計量分析**（高橋　一・池田昌幸編）
　　　　　　A5 判 192 頁　ISBN4-492-71161-9
⑥ 2006 年版　**金融工学と証券市場の計量分析 2006**（池田昌幸・津田博史編）
　　　　　　A5 判 227 頁　ISBN4-492-71171-6
⑦ 2007 年版　**非流動性資産の価格付けとリアルオプション**
　　　　　　（津田博史・中妻照雄・山田雄二編）
　　　　　　A5 判 276 頁　ISBN978-4-254-29009-7
⑧ 2008 年版　**ベイズ統計学とファイナンス**
　　　　　　（津田博史・中妻照雄・山田雄二編）
　　　　　　A5 判 256 頁　ISBN978-4-254-29011-0
⑨ 2009 年版　**定量的信用リスク評価とその応用**
　　　　　　（津田博史・中妻照雄・山田雄二編）
　　　　　　A5 判 240 頁　ISBN978-4-254-29013-4
⑩ 2010 年版　**バリュエーション**（日本金融・証券計量・工学学会編）
　　　　　　A5 判 240 頁　ISBN978-4-254-29014-1
⑪ 2011 年版　**市場構造分析と新たな資産運用手法**
　　　　　　（日本金融・証券計量・工学学会編）
　　　　　　A5 判 216 頁　ISBN978-4-254-29018-9
　　　　　　　（①〜⑥発行元：東洋経済新報社，⑦〜⑪発行元：朝倉書店）

役 員 名 簿

会長	：宮原孝夫
副会長，和文誌担当	：津田博史
副会長，庶務担当	：中川秀敏
英文誌担当	：赤堀次郎
会計担当	：大上慎吾　石井昌宏
広報担当	：塚原英敦　伊藤有希
ジャフィー・コロンビア担当	：林　高樹
大会兼フォーラム担当	：山田雄二　中妻照雄　山内浩嗣
	石島　博　新井拓児　室井芳史
法人担当	：池森俊文　吉野貴晶
監事	：木村　哲　中村信弘

(2013年1月1日　現在)

＊　　＊　　＊　　＊　　＊

『ジャフィー・ジャーナル』編集委員会
　　編集長：津田博史
　　副編集長：中妻照雄　山田雄二

なお，日本金融・証券計量・工学学会については，以下までお問い合わせ下さい：
〒101-8439　東京都千代田区一ツ橋2-1-2　学術総合センタービル8F
　　一橋大学大学院国際企業戦略研究科　金融戦略共同研究室内
　　ジャフィー事務局
　　　　　　TEL：03-4212-3112
　　　　　　FAX：03-4212-3020
　　　　　　E-mail：office@jafee.gr.jp
詳しいことはジャフィー・ホームページをご覧下さい．
　　http://www.jafee.gr.jp/

日本金融・証券計量・工学学会（ジャフィー）会則

1. 本学会は，日本金融・証券計量・工学学会と称する．英語名は The Japanese Association of Financial Econometrics & Engineering とする．略称をジャフィー（英語名：JAFEE）とする．本学会の設立趣意は次のとおりである．

    「**設立趣意**」日本金融・証券計量・工学学会（ジャフィー）は，広い意味での金融資産価格や実際の金融的意思決定に関わる実証的領域を研究対象とし，産学官にわたる多くのこの領域の研究・分析者が自由闊達な意見交換，情報交換，研究交流および研究発表するための学術的組織とする．特に，その設立の基本的な狙いは，フィナンシャル・エンジニアリング，インベストメント・テクノロジー，クウォンツ，理財工学，ポートフォリオ計量分析，ALM，アセット・アロケーション，派生証券分析，ファンダメンタルズ分析等の領域に関係する産学官の研究・分析者が，それぞれの立場から個人ベースでリベラルな相互交流できる場を形成し，それを通じてこの領域を学術的領域として一層発展させ，国際的水準に高めることにある．

    組織は個人会員が基本であり，参加資格はこの領域に興味を持ち，設立趣意に賛同する者とする．運営組織は，リベラルかつ民主的なものとする．

2. 本学会は，設立趣意の目的を達成するために，次の事業を行う．
    (1) 研究発表会（通称，ジャフィー大会），その他学術的会合の開催
    (2) 会員の研究成果の公刊
    (3) その他本学会の目的を達成するための適切な事業

3. 本学会は，個人会員と法人会員からなる．参加資格は，本学会の設立趣旨に賛同するものとする．個人会員は，正会員，学生会員および名誉会員からなる．法人会員は口数で加入し，1法人1部局（機関）2口までとする．

4. 1）会員は以下の特典を与えられる．

    (1) 日本金融・証券計量・工学学会誌（和文会誌）について，個人正会員は1部無料で配付される．また，法人会員は1口あたり1部を無料で配付される．

    (2) 英文会誌 Asia-Pacific Financial Markets について，個人正会員は電子ジャーナル版へのアクセス権が無料で付与される．また，法人会員は1口あたり冊子体1部を無料で配付される．

(3) 本学会が催す，研究発表会等の国内学術的会合への参加については，以下のように定める．

(ア) 個人正会員，学生会員，名誉会員とも原則有料とし，その料金は予め会員に通知されるものとする．

(イ) 法人会員は，研究発表会については1口の場合3名まで，2口の場合5名までが無料で参加できるものとし，それを超える参加者については個人正会員と同額の料金で参加できるものとする．また，研究発表会以外の会合への参加は原則有料とし，その料金は予め会員に通知されるものとする．

(4) 本学会が催す国際的学術的会合への参加については，個人正会員，学生会員，名誉会員，法人会員とも原則有料とし，その料金は予め個人正会員，学生会員，名誉会員，法人会員に通知されるものとする．

2) 各種料金については，会計報告によって会員の承認を得るものとする．

5. 学生会員および法人会員は，選挙権および被選挙権をもたない．名誉会員は被選挙権をもたない．
6. 入会にあたっては，入会金およびその年度の会費を納めなければならない．
7. 1) 会員の年会費は以下のように定める．

   (1) 関東地域（東京都，千葉県，茨城県，群馬県，栃木県，埼玉県，山梨県，神奈川県）に連絡先住所がある個人正会員は10,000円とする．

   (2) 上記以外の地域に連絡先住所がある個人正会員は6,000円とする．

   (3) 学生会員は2,500円とする．

   (4) 法人会員の年会費は，1口70,000円，2口は100,000円とする．

   (5) 名誉会員は無料とする．

   2) 入会金は，個人正会員は2,000円，学生会員は500円，法人会員は1口10,000円とする．

   3) 会費を3年以上滞納した者は，退会したものとみなすことがある．会費滞納により退会処分となった者の再入会は，未納分の全納をもって許可する．

8. 正会員であって，本学会もしくは本学界に大きな貢献のあったものは，総会の承認を得て名誉会員とすることができる．その細則は別に定める．
9. 本会に次の役員をおく．

   会長1名，副会長2名以内，評議員20名，理事若干名，監事2名
   評議員は原則として学界10名，産業界および官界10名とし，1法人（機関）1部局あたり1名までとする．

10. 会長および評議員は，個人正会員の中から互選する．評議員は，評議員会を組

織して会務を審議する．
11. 理事は，会長が推薦し，総会が承認する．ただし，会誌編集理事（エディター）は評議員会の承認を得て総会が選出する．理事は会長，副会長とともに第2条に規定する会務を執行する．理事は次の会務の分担をする．
　　庶務，会計，渉外，広報，会誌編集，大会開催，研究報告会のプログラム編成，その他評議員会で必要と議決された事務．
12. 会長は選挙によって定める．会長は，本学会を代表し，評議員会の議長となる．会長は第10条の規定にかかわらず評議員となる．会長は（1）評議員会の推薦した候補者，（2）20名以上の個人正会員の推薦を受けた候補者，もしくは（3）その他の個人正会員，の中から選出する．（1）（2）の候補者については，本人の同意を必要とする．（1）（2）の候補者については経歴・業績等の個人情報を公開するものとする．
13. 副会長は，会長が個人正会員より推薦し，総会が承認する．副会長は，評議員会に出席し，会長を補佐する．
14. 監事は，評議員会が会長，副会長，理事以外の個人正会員から選出する．監事は会計監査を行う．
15. 本学会の役員の任期は，原則2年とする．ただし，連続する任期の全期間は会長は4年を超えないものとする．なお，英文会誌編集担当理事（エディター）の任期は附則で定める．
16. 評議員会は，評議員会議長が必要と認めたときに招集する．また，評議員の1/2以上が評議員会の開催を評議員会議長に要求したときは，議長はこれを招集しなければならない．
17. 総会は会長が招集する．通常総会は，年1回開く．評議員会が必要と認めたときは，臨時総会を開くことができる．正会員の1/4以上が，署名によって臨時総会の開催を要求したときは，会長はこれを開催しなければならない．
18. 総会の議決は，出席者の過半数による．
19. 次の事項は，通常総会に提出して承認を受けなければならない．
　　（1）事業計画および収支予算
　　（2）事業報告および収支決算
　　（3）会則に定められた承認事項や決定事項
　　（4）その他評議員会で総会提出が議決された事項
20. 本学会は，会務に関する各種の委員会をおくことができる．各種委員会の運営は，別に定める規定による．
21. 本学会の会計年度は，毎年4月1日に始まり，3月31日に終わる．

22. 本学会の運営に関する細則は別に定める．
23. 本会則の変更は，評議員会の議決を経て，総会が決定する．

附則 1. 英文会誌編集担当理事（エディター・イン・チーフ）の任期は 4 年とする．

  改正 1999 年 8 月 29 日
  改正 2000 年 6 月 30 日
  改正 2008 年 8 月 2 日
  改正 2009 年 1 月 29 日
  改正 2009 年 7 月 29 日
  改正 2009 年 12 月 23 日
  改正 2013 年 1 月 25 日

memo

編集委員略歴

津田博史(つだ　ひろし)
1959 年生まれ
現　在　同志社大学 理工学部 数理システム学科 教授，
　　　　学術博士（統計科学）
著　書　『株式の統計学』（シリーズ〈社会現象の計量分析〉2），
　　　　朝倉書店，1994 年

中妻照雄(なかつま　てるお)
1968 年生まれ
現　在　慶應義塾大学 経済学部 教授，Ph. D.（経済学）
著　書　『入門ベイズ統計学』（ファイナンス・ライブラリー 10），
　　　　朝倉書店，2007 年
　　　　『実践ベイズ統計学』（ファイナンス・ライブラリー 12），
　　　　朝倉書店，2013 年

山田雄二(やまだ　ゆうじ)
1969 年生まれ
現　在　筑波大学 ビジネスサイエンス系 准教授，
　　　　博士（工学）
著　書　『チャンスとリスクのマネジメント』（シリーズ〈ビジネ
　　　　スの数理〉2），朝倉書店，2006 年
　　　　『計算で学ぶファイナンス—MATLAB による実装—』
　　　　（シリーズ〈ビジネスの数理〉6），朝倉書店，2008 年

ジャフィー・ジャーナル―金融工学と市場計量分析
実証ファイナンスとクオンツ運用

定価はカバーに表示

2013 年 3 月 30 日　初版第 1 刷

編　者　日本金融・証券計量・工学学会
発行者　朝　倉　邦　造
発行所　株式会社　朝　倉　書　店

東京都新宿区新小川町 6-29
郵便番号　162-8707
電　話　03(3260)0141
FAX　03(3260)0180
http://www.asakura.co.jp

〈検印省略〉

© 2013〈無断複写・転載を禁ず〉

新日本印刷・渡辺製本

ISBN 978-4-254-29020-2　C 3050　　Printed in Japan

JCOPY　〈(社)出版者著作権管理機構 委託出版物〉
本書の無断複写は著作権法上での例外を除き禁じられています．複写される場合は，そのつど事前に，(社)出版者著作権管理機構（電話 03-3513-6969，FAX 03-3513-6979，e-mail: info@jcopy.or.jp）の許諾を得てください．

日銀金融研 小田信之著
ファイナンス・ライブラリー1
金融デリバティブズ
29531-3 C3350　　　　A5判 184頁 本体3600円

抽象的な方法論だけでなく，具体的なデリバティブズの商品例や応用計算例等も盛り込んで解説した"理論と実務を橋渡しする"書。〔内容〕プライシングとリスク・ヘッジ／イールドカーブ・モデル／信用リスクのある金融商品のプライシング

日銀金融研 小田信之著
ファイナンス・ライブラリー2
金融リスクの計量分析
29532-0 C3350　　　　A5判 192頁 本体3600円

金融取引に付随するリスクを計量的に評価・分析するために習得すべき知識について，"理論と実務のバランスをとって"体系的に整理して解説。〔内容〕マーケット・リスク／信用リスク／デリバティブズ価格に基づく市場分析とリスク管理

日銀金融研 家田 明著
ファイナンス・ライブラリー3
リスク計量とプライシング
29533-7 C3350　　　　A5判 180頁 本体3300円

〔内容〕政策保有株式のリスク管理／与信ポートフォリオの信用リスクおよび銀行勘定の金利リスクの把握手法／オプション商品の非線型リスクの計量化／モンテカルロ法によるオプション商品のプライシング／有限差分法を用いた数値計算手法

慶大 小暮厚之・東北大 照井伸彦著
ファイナンス・ライブラリー4
計量ファイナンス分析の基礎
29534-4 C3350　　　　A5判 264頁 本体3800円

ファイナンスで用いられる確率・統計について，その数理的理解に配慮して解説。〔内容〕金融資産の価値と収益率／リスク／統計的推測／ポートフォリオ分析／資産価格評価モデル／派生資産の評価／回帰分析／時系列分析／データ／微分・積分

神戸大 加藤英明著
ファイナンス・ライブラリー5
行動ファイナンス
——理論と実証——
29535-1 C3350　　　　A5判 208頁 本体3400円

2002年ノーベル経済学賞のカーネマン教授の業績をはじめ最新の知見を盛り込んで解説された行動ファイナンスの入門書。〔内容〕市場の効率性／アノマリー／心理学からのアプローチ／ファイナンスへの適用／日本市場の実証分析／人工市場／他

J.-P.ブショー他著　早大 森平爽一郎監修
ファイナンス・ライブラリー6
金融リスクの理論
——経済物理からのアプローチ——
29536-8 C3350　　　　A5判 260頁 本体4800円

"Theory of Financial Risks:From Statistical Physics to Risk Management"の和訳。〔内容〕確率理論：基礎概念／実際の価格の統計／最大リスクと最適ポートフォリオ／先物とオプション：基本概念／オプション：特殊問題／金融用語集

早大 葛山康典著
ファイナンス・ライブラリー7
企業財務のための金融工学
29537-5 C3350　　　　A5判 176頁 本体3400円

〔内容〕危険回避的な投資家と効用／ポートフォリオ選択理論／資本資産評価モデル／市場モデルと裁定価格理論／投資意思決定の理論／デリバティブズ／離散時間でのオプション評価／Black-Scholesモデル／信用リスクと社債の評価／他

芝浦工大 安岡孝司著
ファイナンス・ライブラリー8
市場リスクとデリバティブ
29538-2 C3350　　　　A5判 176頁 本体2700円

基礎的な確率論と微積分の知識を有する理工系の人々を対象に，実例を多く揚げ市場リスク管理実現をやさしく説いた入門書。〔内容〕金融リスク／金融先物および先渡／オプション／オプションの価格付け理論／金利スワップ／金利オプション

前広島大 前川功一訳
ファイナンス・ライブラリー9
ビョルク 数理ファイナンスの基礎
——連続時間モデル——
29539-9 C3350　　　　A5判 308頁 本体6200円

抽象的な測度論に深入りせずに金融デリバティブの包括的な解説を行うファイナンスの入門的教科書〔内容〕1期間モデル／確率積分／裁定価格／完備性とヘッジング／非完備市場／配当／通貨デリバティブ／債券と利子率／短期金利モデル／など

統数研 山下智志・三菱東京UFJ銀行 三浦 翔著
ファイナンス・ライブラリー11
信用リスクモデルの予測精度
——AR値と評価指標——
29541-2 C3350　　　　A5判 224頁 本体3900円

モデルを評価するための指南書。〔内容〕評価の基本的概念／モデルのバリエーション／AR値を用いたモデル評価法／AR値以外の評価指標／格付モデルの評価指標／モデル利用に適した複合評価／パラメータ推計での目的関数と評価関数の一致

明大 刈屋武昭・広経大 前川功一・東大 矢島美寛・
学習院大 福地純一郎・統数研 川崎能典編

経済時系列分析ハンドブック

29015-8 C3050　　　　A 5 判　788頁　本体18000円

経済分析の最前線に立つ実務家・研究者へ向けて主要な時系列分析手法を俯瞰。実データへの適用を重視した実践志向のハンドブック。〔内容〕時系列分析基礎(確率過程・ARIMA・VAR他)／回帰分析基礎／シミュレーション／金融経済財務データ(季節調整他)／ベイズ統計とMCMC／資産収益率モデル(酔歩・高頻度データ他)／資産価格モデル／リスクマネジメント／ミクロ時系列分析(マーケティング・環境・パネルデータ)／マクロ時系列分析(景気・為替他)／他

前京大 茨木俊秀・前京大 片山　徹・京大 藤重　悟監修

数　理　工　学　事　典

28003-6 C3550　　　　B 5 判　624頁　本体22000円

数理工学は統計科学，システム，制御，ORなど幅広い分野を扱う。本書は多岐にわたる関連分野から約200のキーワードを取り上げ，1項目あたり2頁前後で解説した読む事典である。分野間の相互関係に配慮した解説，専門外の読者にもわかる解説により，関心のある項目を読み進めながら数理工学の全体像を手軽に把握することができる関係者待望の書。〔内容〕基礎(統計科学，機械学習，情報理論ほか)／信号処理／制御／待ち行列・応用確率論／ネットワーク／数理計画・OR

日大 蓑谷千凰彦・東京国際大 牧　厚志編

応用計量経済学ハンドブック
―CD-ROM付―

29012-7 C3050　　　　A 5 判　672頁　本体19000円

計量経済学の実証分析分野における主要なテーマをまとめたハンドブック。本文中の分析プログラムとサンプルデータが利用可。〔内容〕応用計量経済分析とは／消費者需要分析／消費者購買行動の計量分析／消費関数／投資関数／生産関数／労働供給関数／住宅価格変動の計量経済分析／輸出・輸入関数／為替レート関数／貨幣需要関数／労働経済／ファイナンシャル計量分析／ベイジアン計量分析／マクロ動学的均衡モデル／産業組織の実証分析／産業連関分析の応用／資金循環分析

V.J.バージ・V.リントスキー編
首都大 木島正明監訳

金　融　工　学　ハ　ン　ド　ブ　ッ　ク

29010-3 C3050　　　　A 5 判　1028頁　本体28000円

各テーマにおける世界の第一線の研究者が専門家向けに書き下ろしたハンドブック。デリバティブ証券，金利と信用リスクとデリバティブ，非完備市場，リスク管理，ポートフォリオ最適化，の4部構成から成る。〔内容〕金融資産価格付けの基礎／金融証券収益率のモデル化／ボラティリティ／デリバティブの価格付けにおける変分法／クレジットデリバティブの評価／非完備市場／オプション価格付け／モンテカルロシミュレーションを用いた全リスク最小化／保険分野への適用／他

日大 蓑谷千凰彦・東大 縄田和満・京産大 和合　肇編

計　量　経　済　学　ハ　ン　ド　ブ　ッ　ク

29007-3 C3050　　　　A 5 判　1048頁　本体28000円

計量経済学の基礎から応用までを30余のテーマにまとめ，詳しく解説する。〔内容〕微分・積分，伊藤積分／行列／統計的推測／確率過程／標準回帰モデル／パラメータ推定(LS,QML他)／自己相関／不均一分散／正規性の検定／構造変化テスト／同時方程式／頑健推定／包括テスト／季節調整法／産業連関分析／時系列分析(ARIMA,VAR他)／カルマンフィルター／ウェーブレット解析／ベイジアン計量経済学／モンテカルロ法／質的データ／生存解析モデル／他

同志社大 津田博史・慶大 中妻照雄・筑波大 山田雄二編
ジャフィー・ジャーナル：金融工学と市場計量分析
非流動性資産の価格付けと リアルオプション
29009-7 C3050　　　　A 5 判 276頁 本体5200円

〔内容〕代替的な環境政策の選択／無形資産価値評価／資源開発プロジェクトの事業価値評価／冬季気温リスク・スワップ／気温オプションの価格付け／風力デリバティブ／多期間最適ポートフォリオ／拡張Mertonモデル／株式市場の風見鶏効果

同志社大 津田博史・慶大 中妻照雄・筑波大 山田雄二編
ジャフィー・ジャーナル：金融工学と市場計量分析
ベイズ統計学とファイナンス
29011-0 C3050　　　　A 5 判 256頁 本体4200円

〔内容〕階層ベイズモデルによる社債格付分析／外国債券投資の有効性／株式市場におけるブル・ベア相場の日次データ分析／レジーム・スイッチング不動産価格評価モデル／企業の資源開発事業の統合リスク評価／債務担保証券（CDO）の価格予測

同志社大 津田博史・慶大 中妻照雄・筑波大 山田雄二編
ジャフィー・ジャーナル：金融工学と市場計量分析
定量的信用リスク評価とその応用
29013-4 C3050　　　　A 5 判 240頁 本体3800円

〔内容〕スコアリングモデルのチューニング／格付予測評価指標と重み付き最適化／小企業向けスコアリングモデルにおける業歴の有効性／中小企業CLOのデフォルト依存関係／信用リスクのデルタヘッジ／我が国におけるブル・ベア市場の区別

日本金融・証券計量・工学学会編
ジャフィー・ジャーナル：金融工学と市場計量分析
バリュエーション
29014-1 C3050　　　　A 5 判 240頁 本体3800円

〔内容〕資本コスト決定要因と投資戦略への応用／構造モデルによるクレジット・スプレッド／マネジメントの価値創造力とM&Aの評価／銀行の流動性預金残高と満期の推定モデル／不動産価格の統計モデルと実証／教育ローンの信用リスク

日本金融・証券計量・工学学会編
ジャフィー・ジャーナル：金融工学と市場計量分析
市場構造分析と新たな資産運用手法
29018-9 C3050　　　　A 5 判 212頁 本体3600円

市場のミクロ構造を分析し資産運用の新手法を模索〔内容〕商品先物価格の実証分析／M&Aの債権市場への影響／株式リターン分布の歪み／共和分性による最適ペアトレード／効用無差別価格による事業価値評価／投資法人債の信用リスク評価

同志社大 津田博史著
シリーズ〈社会現象の計量分析〉2
株式の統計学
12632-7 C3341　　　　A 5 判 180頁 本体3500円

現実のデータを適用した場合の実証分析を基に、具体的・実際的に解説。〔内容〕株式の統計学／基本統計量と現代ポートフォリオ理論／株価変動と回帰モデル／株価変動の分類／因子分析と主成分分析による株価変動モデル／株価変動の予測／他

慶大 中妻照雄著
ファイナンス・ライブラリー10
入門ベイズ統計学
29540-5 C3350　　　　A 5 判 200頁 本体3600円

ファイナンス分野で特に有効なデータ分析手法の初歩を懇切丁寧に解説。〔内容〕ベイズ分析を学ぶ／ベイズ的視点から世界を見る／成功と失敗のベイズ分析／ベイズ的アプローチによる資産運用／マルコフ連鎖モンテカルロ法／練習問題／他

慶大 中妻照雄著
ファイナンス・ライブラリー12
実践ベイズ統計学
29542-9 C3350　　　　A 5 判 180頁 本体3400円

前著『入門編』の続編として、初学者でも可能なExcelによるベイズ分析の実際を解説。練習問題付〔内容〕基本原理／信用リスク分析／ポートフォリオ選択／回帰モデルのベイズ分析／ベイズ型モデル平均／数学補論／確率分布と乱数生成法

東大 大澤幸生・筑波大 徐 驊・筑波大 山田雄二編著
シリーズ〈ビジネスの数理〉2
チャンスとリスクのマネジメント
29562-7 C3350　　　　A 5 判 216頁 本体3500円

人はなぜダイスを振るのか―ビジネスの現場で表裏一体となるチャンスとリスクの利用・管理技術の全貌を提示。〔内容〕チャンスマネジメントのプロセス／チャンス発見のためのデータ可視化技術／リスクマネジメント／リスク特定の方法／他

筑波大 山田雄二・筑波大 牧本直樹著
シリーズ〈ビジネスの数理〉6
計算で学ぶファイナンス
―MATLABによる実装―
29566-5 C3350　　　　A 5 判 180頁 本体3000円

数値計算ソフトウェアを利用しながらファイナンス理論の理解とその実装のノウハウ習得を目指す〔内容〕二項モデルでのオプション価格付け／連続時間モデルとブラック-ショールズ方程式／アメリカンオプション／リアルオプション解析／他

上記価格（税別）は 2013 年 3 月現在